한국어능력시험

TOPIK

3·4급 문법 포인트

한국어능력시험 TOPIK 3~4급 문법 포인트

지은이 전나영, 손성희
펴낸이 정규도
펴낸곳 (주)다락원

1판 1쇄 발행 2026년 1월 20일

기획 권혁주, 김태광
편집장 이후춘
편집 김효은, 박소영

디자인 싱타디자인
일러스트 김시현

🔲 다락원 경기도 파주시 문발로 211
내용 문의: (02)736-2031 내선 291~296
구입 문의: (02)736-2031 내선 250~252
Fax: (02)732-2037

출판등록 1977년 9월 16일 제406-2008-000007호

ISBN 978-89-277-7566-9 13710

www.darakwon.co.kr

다락원 홈페이지를 방문하시면 상세한 출판 정보와 함께 동영상 강좌, MP3 자료 등
다양한 어학 정보를 얻으실 수 있습니다.

한국어능력시험

TOPIK

3·4급 문법 포인트

전나영·손성희 저

TOPIK 3~4 LEVEL

DARAKWON

Your key to TOPIK success

K-POP, K-드라마, K-웹툰 등 한국 콘텐츠를 통해 한국 문화와 한국을 좋아하는 외국인들의 한국어에 대한 관심이 지속적으로 높아지고 있다. 한국 문화와 한국어에 대한 관심은 한국 유학, 취업 등으로도 이어지는데 한국에서 유학하거나 취업하고자 하는 외국인이라면 한국어능력시험(TOPIK)에 응시하여 각 요건을 충족시킬 수 있는 자격을 획득해야 한다.

이 책은 유학, 취업 등의 자격 요건으로 한국어능력시험(TOPIK) 3~4급을 목표로 하는 학습자들을 위해 출간되었다. 한국어능력시험(TOPIK)Ⅱ 듣기 50문제와 쓰기 5문제, 읽기 50문제의 유형에 익숙해질 수 있도록 실제 시험 문제 유형에 맞춰 구성했으며 모든 지문은 3~4급 수준의 학습자에게 필요한 어휘와 문법을 포함하도록 구성했다.

한국어능력시험(TOPIK)Ⅱ 문제를 해결하기 위해서 필요한 문법과 문형을 미리 학습하는 〈학습 포인트〉와 학습한 내용을 확인할 수 있는 〈체크 포인트〉를 구성했다. 그리고 한국어능력시험(TOPIK)Ⅱ에 출제되는 해당 문제의 유형을 풀어 볼 수 있도록 〈연습문제〉를 구성했다. 듣기, 쓰기, 읽기 영역별 학습을 마치고 〈실전 모의고사〉를 풀어봄으로써 최종적으로 실력을 점검해볼 수 있다.

이 책으로 한국어능력시험(TOPIK) 3~4급을 목표로 하는 학습자들의 한국어 실력이 향상되기를 바란다.

이 책의 구성

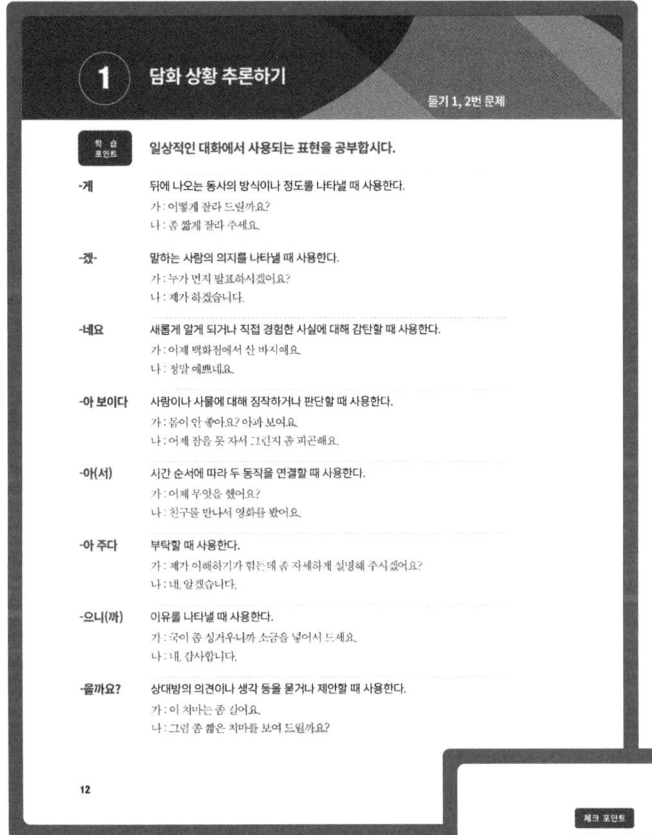

〈학습 포인트〉는 해당 문제와 관련이 있는 문법이나 문형을 제시하여 의미를 설명하고 예문을 실었다. 예문은 TOPIK II에 출제되는 해당 문제의 유형에 맞는 형식과 내용으로 구성했다.

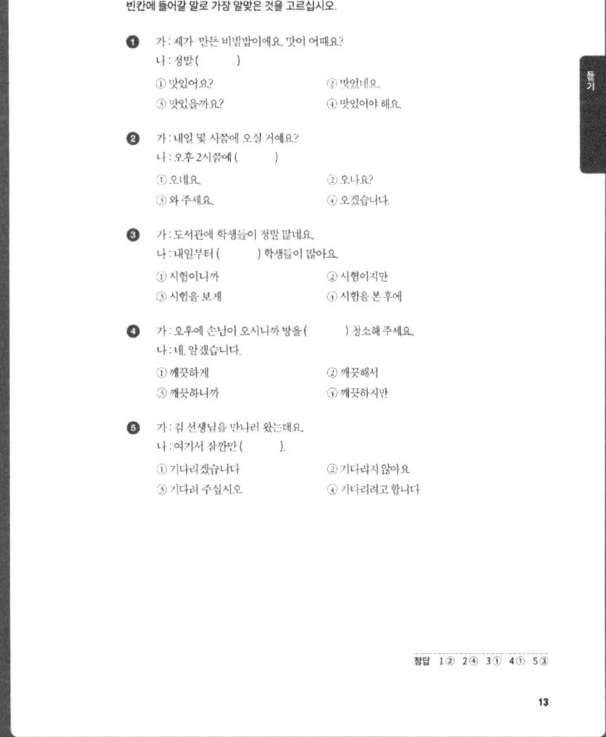

〈체크 포인트〉는 〈학습 포인트〉에서 공부한 문법과 문형을 정확하게 이해했는지 확인해 볼 수 있도록 문제를 구성했다. 문장과 문맥의 의미를 파악하고 학습한 문법이나 문형을 활용해서 완성하는 문제로 구성했다.

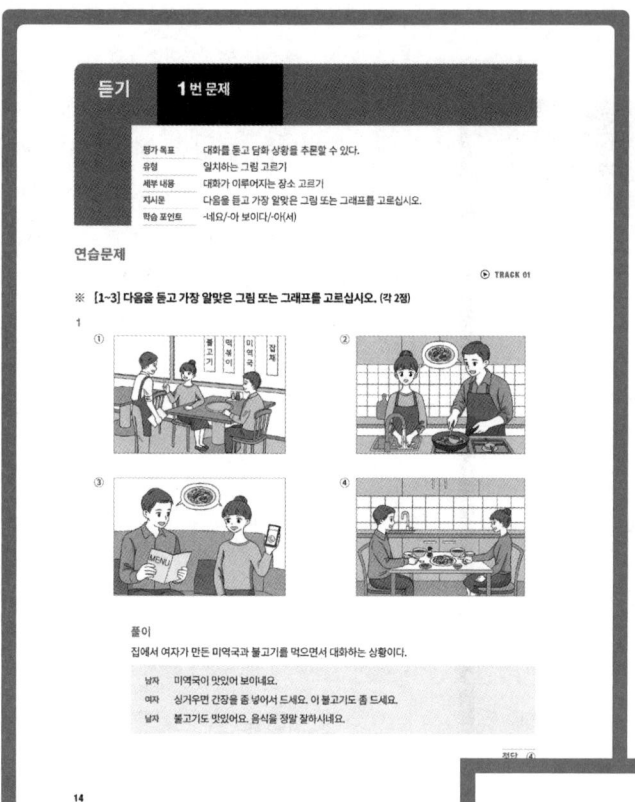

듣기 문제의 음성 파일은 다락원USA 홈페이지(www.darakwonusa.com)에서 들을 수 있다.

듣기 음성 파일

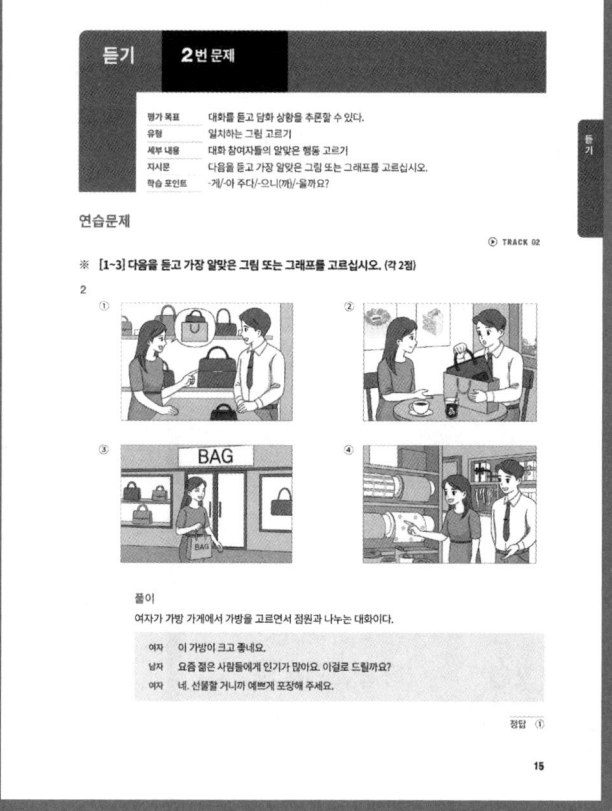

〈연습문제〉는 TOPIK II의 지시문을 그대로 따랐으며 다만 지문의 내용은 3~4급 수준의 문법과 어휘를 포함해서 구성했다.

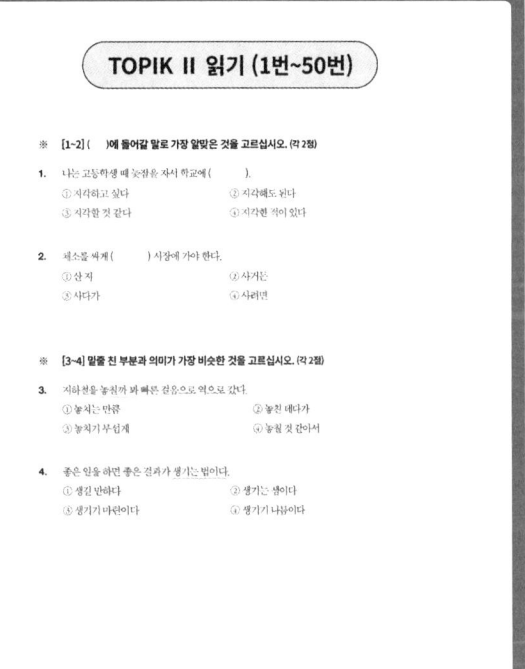

〈실전 모의고사〉는 현재 시행되고 있는 TOPIK Ⅱ의 수준으로 구성하여 3급에서 6급까지의 한국어 능력을 판단할 수 있도록 하였다. 문항의 유형과 지문의 내용은 TOPIK Ⅱ의 문제를 분석해서 이에 맞춰 구성했다. 지문은 다양한 내용을 주제로 해서 시험에 대비할 수 있도록 구성했다.

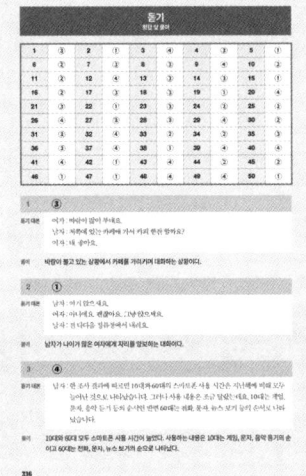

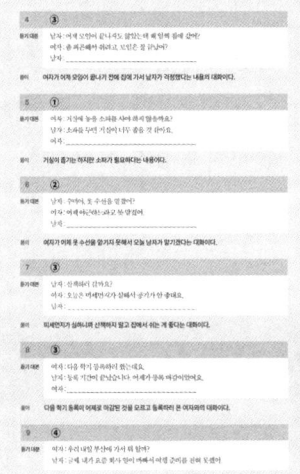

〈실전 모의고사〉'풀이'로 문제의 포인트를 이해하고 학습하는 데 도움이 되도록 했다.

PART 3 읽기

PART 1

듣기
(유형 1~24)

듣기 음성 파일

 **1** **담화 상황 추론하기**

듣기 1, 2번 문제

학습 포인트 **일상적인 대화에서 사용되는 표현을 공부합시다.**

-게 뒤에 나오는 동사의 방식이나 정도를 나타낼 때 사용한다.

가 : 어떻게 잘라 드릴까요?

나 : 좀 짧게 잘라 주세요.

-겠- 말하는 사람의 의지를 나타낼 때 사용한다.

가 : 누가 먼저 발표하시겠어요?

나 : 제가 하겠습니다.

-네요 새롭게 알게 되거나 직접 경험한 사실에 대해 감탄할 때 사용한다.

가 : 어제 백화점에서 산 바지예요.

나 : 정말 예쁘네요.

-아 보이다 사람이나 사물에 대해 짐작하거나 판단할 때 사용한다.

가 : 몸이 안 좋아요? 아파 보여요.

나 : 어제 잠을 못 자서 그런지 좀 피곤해요.

-아(서) 시간 순서에 따라 두 동작을 연결할 때 사용한다.

가 : 어제 무엇을 했어요?

나 : 친구를 만나서 영화를 봤어요.

-아 주다 부탁할 때 사용한다.

가 : 제가 이해하기가 힘든데 좀 자세하게 설명해 주시겠어요?

나 : 네. 알겠습니다.

-으니(까) 이유를 나타낼 때 사용한다.

가 : 국이 좀 싱거우니까 소금을 넣어서 드세요.

나 : 네. 감사합니다.

-을까요? 상대방의 의견이나 생각 등을 묻거나 제안할 때 사용한다.

가 : 이 치마는 좀 길어요.

나 : 그럼 좀 짧은 치마를 보여 드릴까요?

빈칸에 들어갈 말로 가장 알맞은 것을 고르십시오.

1 가 : 제가 만든 비빔밥이에요. 맛이 어때요?

　　나 : 정말 (　　　　)

　① 맛있어요?　　　　　　　　② 맛있네요.

　③ 맛있을까요?　　　　　　　④ 맛있어야 해요.

2 가 : 내일 몇 시쯤에 오실 거예요?

　　나 : 오후 2시쯤에 (　　　　)

　① 오네요.　　　　　　　　② 오나요?

　③ 와 주세요.　　　　　　　④ 오겠습니다.

3 가 : 도서관에 학생들이 정말 많네요.

　　나 : 내일부터 (　　　　) 학생들이 많아요.

　① 시험이니까　　　　　　　② 시험이지만

　③ 시험을 보게　　　　　　　④ 시험을 본 후에

4 가 : 오후에 손님이 오시니까 방을 (　　　　) 청소해 주세요.

　　나 : 네. 알겠습니다.

　① 깨끗하게　　　　　　　　② 깨끗해서

　③ 깨끗하니까　　　　　　　④ 깨끗하지만

5 가 : 김 선생님을 만나러 왔는데요.

　　나 : 여기서 잠깐만 (　　　　).

　① 기다리겠습니다　　　　　② 기다리지 않아요

　③ 기다려 주십시오　　　　　④ 기다리려고 합니다

정답　1② 　2④ 　3① 　4① 　5③

평가 목표	대화를 듣고 담화 상황을 추론할 수 있다.
유형	일치하는 그림 고르기
세부 내용	대화가 이루어지는 장소 고르기
지시문	다음을 듣고 가장 알맞은 그림 또는 그래프를 고르십시오.
학습 포인트	-네요/-아 보이다/-아(서)

연습문제

▶ TRACK 01

※ **[1~3]** 다음을 듣고 가장 알맞은 그림 또는 그래프를 고르십시오. (각 2점)

①

②

③

④

풀이

집에서 여자가 만든 미역국과 불고기를 먹으면서 대화하는 상황이다.

남자	미역국이 맛있어 보이네요.
여자	싱거우면 간장을 좀 넣어서 드세요. 이 불고기도 좀 드세요.
남자	불고기도 맛있어요. 음식을 정말 잘하시네요.

정답 ④

듣기　2번 문제

평가 목표	대화를 듣고 담화 상황을 추론할 수 있다.
유형	일치하는 그림 고르기
세부 내용	대화 참여자들의 알맞은 행동 고르기
지시문	다음을 듣고 가장 알맞은 그림 또는 그래프를 고르십시오.
학습 포인트	-게/-아 주다/-으니(까)/-을까요?

연습문제

▶ TRACK 02

※ [1~3] 다음을 듣고 가장 알맞은 그림 또는 그래프를 고르십시오. (각 2점)

2

① 　②

③ 　④

풀이

여자가 가방 가게에서 가방을 고르면서 점원과 나누는 대화이다.

여자	이 가방이 크고 좋네요.
남자	요즘 젊은 사람들에게 인기가 많아요. 이걸로 드릴까요?
여자	네. 선물할 거니까 예쁘게 포장해 주세요.

정답　①

2 뉴스의 세부 내용 파악하기

학 습 포인트 **뉴스에서 조사 결과를 발표할 때 사용되는 표현을 공부합시다.**

-고 있다
진행을 나타낼 때 사용한다.

한국어능력시험 응시자는 점점 늘어나고 있으며 앞으로도 지속적으로 증가할 것으로 예측됩니다.

-는 이유로는
이유나 원인을 설명할 때 사용한다.

육아휴직 신청자들이 늘어난 이유로는 육아휴직에 대한 정부의 정책 변화가 가장 큰 것으로 보입니다.

-으며
두 가지 이상이 대등하게 연결됨을 나타낼 때 사용한다.

대학 졸업자들의 취업률은 작년에 비해 낮은 것으로 나타났으며 그 원인으로 경제적인 불황이 가장 큰 것으로 보입니다.

-을까요?
문제를 제기할 때 사용한다.

이번 조사 결과는 어떻게 나왔을까요? 그 결과를 살펴보도록 하겠습니다.

에 대해(서)
뒤에 나오는 문장의 대상이 될 때 사용한다.

한 연구소에서 청소년들의 고민에 대해 조사했는데요. 그 결과는 다음과 같습니다.

에 따르면
정보의 출처를 나타낼 때 사용한다.

한 조사 결과에 따르면 한국어능력시험 응시자가 대폭 늘어날 가능성이 있다고 합니다.

으로 나타나다
어떤 결과를 보일 때 사용한다.

작년에 비해 육아휴직 신청자들이 많이 증가한 것으로 나타났습니다.

을 넘다
앞의 기준보다 많음을 표현할 때 사용한다.

청년 실업률이 올해 처음으로 40%를 넘은 것으로 나타났습니다.

체크 포인트

빈칸에 들어갈 말로 가장 알맞은 것을 고르십시오.

❶ 혼자 사는 1인 가구가 해마다 빠르게 (   ). 3년 전에는 9%, 작년에는 12%였던 1인 가구의 비율이 올해는 20%인 것으로 나타났습니다.

① 증가할까요   ② 증가해야 합니다

③ 증가하고 있습니다   ④ 증가할 수 있습니다

❷ 정부가 청년 실업 문제(   ) 조사한 결과를 발표했습니다.

① 이지만   ② 이니까

③ 때문에   ④ 에 대해

❸ 통계청 조사 결과(   ) 한국의 출산율이 세계 최저인 것으로 나타났습니다.

① 에 대해   ② 에 따르면

③ 이기 때문   ④ 를 이용해서

❹ 60대 이상의 노인층 비율이 30%를 (   ) 가난한 노인의 비율도 크게 늘었습니다.

① 넘었으며   ② 넘었지만

③ 넘고 있어서   ④ 넘었기 때문에

❺ 그렇다면 한국의 출산율이 낮은 이유가 무엇일까요? 설문조사 결과를 보면 경제저인 부담이 18%로 가장 많았고 그다음으로는 육아의 부담이 (   ).

① 15%로 보입니다   ② 15%인 것 같습니다

③ 15%로 나타났습니다   ④ 15%로 감소하고 있습니다

정답 1③   2④   3②   4①   5③

평가 목표	뉴스를 듣고 세부 내용을 파악할 수 있다.
유형	일치하는 도표 고르기
세부 내용	내용에 맞는 그래프 고르기
지시문	다음을 듣고 가장 알맞은 그림 또는 그래프를 고르십시오.
학습 포인트	-으며/-을까요?/에 따르면/으로 나타나다

연습문제

▶ **TRACK 03**

※ **[1~3] 다음을 듣고 가장 알맞은 그림 또는 그래프를 고르십시오. (각 2점)**

3

①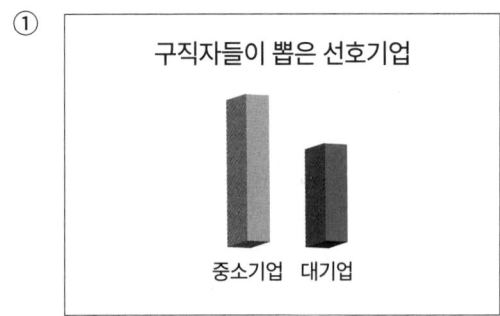

②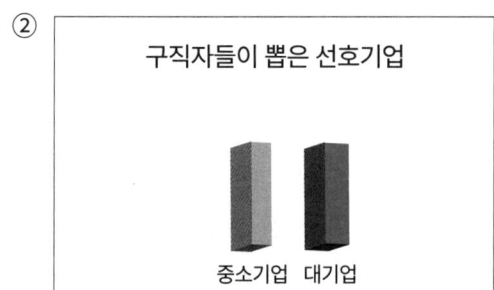

③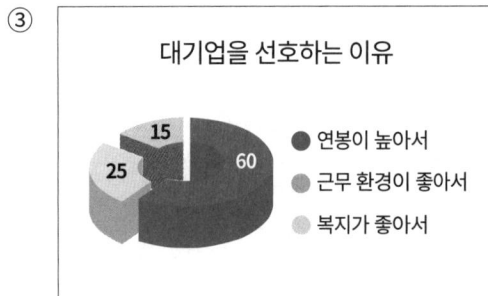

④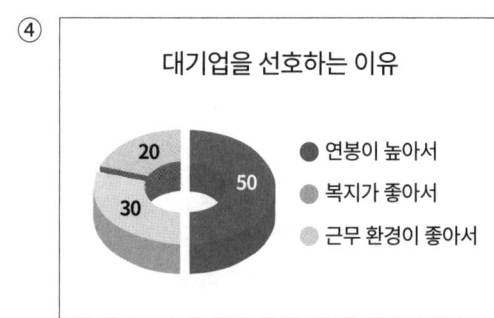

풀이

중소기업보다 대기업에 대한 선호도가 높은 것으로 나타났는데 그 이유로는 높은 연봉, 복지, 근무 환경의 순이었다.

> 남자 한 조사 결과에 따르면 대기업을 선호하는 구직자가 중소기업을 선호하는 구직자보다 2배 이상 많은 것으로 나타났습니다. 대기업을 선호하는 이유는 무엇일까요? 그 이유로는 '연봉이 높아서'가 가장 많았으며 '복지가 좋아서', '근무 환경이 좋아서'가 그 뒤를 이었습니다.

정답 ④

학습 포인트 **일상적인 대화에서 사용하는 표현을 공부합시다.**

-는 것 같다   추측을 표현할 때 사용한다.
가 : 날씨가 많이 흐려요. 비가 올 것 같아요.
나 : 그러네요. 빨리 출발합시다.

-는 게 어때?   의견을 제안하거나 조언을 할 때 사용한다.
가 : 집에서 드라마나 볼까?
나 : 날씨도 좋은데 공원에 가는 게 어때?

-는다고 하다   다른 사람의 말을 인용할 때 사용한다.
가 : 내일부터 백화점에서 대폭 할인 판매를 한다고 해요.
나 : 그래요? 그럼 우리도 한번 가 볼까요?

-는지   의문을 나타낼 때 사용한다.
가 : 뭘 찾고 있어?
나 : 근처에 어떤 맛집이 있는지 알아보고 있어.

-아도   앞의 내용과 상관없이 뒤의 행동이 있음을 나타낼 때 사용한다.
가 : 바빠도 밥은 꼭 챙겨 먹어.
나 : 네. 그럴게요.

-으려고   의도나 목적을 나타낼 때 사용한다.
가 : 왜 꽃을 샀어요?
나 : 여자 친구에게 주려고 샀어요.

-으면 좋겠다   원하는 것을 나타낼 때 사용한다.
가 : 합격자 발표가 언제예요?
나 : 내일이에요. 이번에는 꼭 합격했으면 좋겠어요.

-을 게 아니라   다른 것을 추천하거나 제안할 때 사용한다.
가 : 열이 떨어지지 않아요. 약을 사 먹어야겠어요.
나 : 약을 먹을 게 아니라 병원에 가 보는 게 좋을 것 같아요.

빈칸에 들어갈 말로 가장 알맞은 것을 고르십시오.

1 가 : 구름이 많네. 곧 비가 (　　　　).

　　나 : 그러네. 우산을 안 가지고 왔는데 큰일이네.

　　① 오지 않아　　　　　　　　② 많이 왔어

　　③ 올 것 같아　　　　　　　　④ 왔으면 좋겠어

2 가 : 오늘까지 이 일을 끝낼 수 없을 것 같아요.

　　나 : 그럼 지금이라도 부장님께 (　　　　)

　　① 말씀드렸을까요?　　　　　② 말씀드리기로 했어요.

　　③ 말씀드리지 않았어요.　　　④ 말씀드리는 게 어때요?

3 가 : 왜 한국어를 배워요?

　　나 : 한국에서 (　　　　) 한국어를 배우고 있어요.

　　① 취직하면　　　　　　　　② 취직하려고

　　③ 취직하니까　　　　　　　④ 취직하지만

4 가 : 피곤해 보여요. 오늘은 좀 쉬세요.

　　나 : 요즘은 (　　　　) 이상하게 피곤해요.

　　① 쉬어도　　　　　　　　　② 쉬니까

　　③ 쉬려고　　　　　　　　　④ 쉬어서

5 가 : 취직을 해야 할지 대학원에 가야 할지 고민이야.

　　나 : 혼자 계속 (　　　　) 선배를 만나서 상담해 보는 게 어때?

　　① 고민하는지　　　　　　　② 고민하면서

　　③ 고민하기 때문에　　　　　④ 고민할 게 아니라

듣기 · 4번 문제

평가 목표	대화를 듣고 다음에 이어질 말을 파악할 수 있다.
유형	이어지는 말 고르기
세부 내용	앞 사람의 말 다음에 이어지는 말 고르기
지시문	다음을 듣고 이어질 수 있는 말로 가장 알맞은 것을 고르십시오.
학습 포인트	-는 것 같다/-는지

연습문제

▶ TRACK 04

※ [4~8] 다음을 듣고 이어질 수 있는 말로 가장 알맞은 것을 고르십시오. (각 2점)

4 ① 언제 여행을 가는 거야?

② 알았어. 지금 바로 예매할게.

③ 이것보다 더 싼 표가 있을까?

④ 나도 같이 여행을 갔으면 좋겠다.

풀이

더 싼 표를 알아보려는 여자에게 이 표가 가장 싼 표일 것이라고 대답하는 남자의 대화이다.

남자	비행기표가 생각보다 싸네. 지금 비행기표를 예매할까?
여자	더 싼 표가 있는지 좀 더 알아보고 예매하는 게 좋을 것 같아.
남자	_____

정답 ③

평가 목표	대화를 듣고 다음에 이어질 말을 파악할 수 있다.
유형	이어지는 말 고르기
세부 내용	앞 사람의 말 다음에 이어지는 말 고르기
지시문	다음을 듣고 이어질 수 있는 말로 가장 알맞은 것을 고르십시오.
학습 포인트	-으면 좋겠다

연습문제

▶ **TRACK 05**

※ **[4~8] 다음을 듣고 이어질 수 있는 말로 가장 알맞은 것을 고르십시오. (각 2점)**

5 ① 중국어 통역을 찾아보세요.

② 아직 김수미 씨에게 맡기지 않았는데요.

③ 그래요? 그럼 김수미 씨에게 부탁합시다.

④ 그럼 중국어 전문가를 찾아보도록 합시다.

풀이

김수미 씨가 중국어를 잘하니까 통역을 부탁하려는 대화이다.

여자	통역은 누구에게 맡기면 좋을까요?
남자	김수미 씨가 중국어에 능통하니까 잘할 것 같습니다.
여자	_____

정답 ③

듣기 **6번 문제**

평가 목표	대화를 듣고 다음에 이어질 말을 파악할 수 있다.
유형	이어지는 말 고르기
세부 내용	앞 사람의 말 다음에 이어지는 말 고르기
지시문	다음을 듣고 이어질 수 있는 말로 가장 알맞은 것을 고르십시오.
학습 포인트	-는 게 어때?/-을 게 아니라

연습문제

▶ TRACK 06

※ **[4~8] 다음을 듣고 이어질 수 있는 말로 가장 알맞은 것을 고르십시오. (각 2점)**

6 ① 역시 새 차를 사는 게 좋지.

　 ② 아무래도 중고차는 좀 문제가 있지.

　 ③ 나도 중고차를 사고 후회를 많이 했어.

　 ④ 내가 잘 아는 중고차 거래소를 알려 줄게.

풀이

중고차를 구매하려는 여자에게 중고차 거래소를 알려 주려는 남자의 대화이다.

남자	새 차를 구입할 게 아니라 중고차를 사는 게 어때?
여자	그렇지 않아도 중고차를 사는 게 좋을 것 같아서 찾아보는 중이야.
남자	_____

정답 ④

평가 목표	대화를 듣고 다음에 이어질 말을 파악할 수 있다.
유형	이어지는 말 고르기
세부 내용	앞 사람의 의견에 대해 이어지는 말 고르기
지시문	다음을 듣고 이어질 수 있는 말로 가장 알맞은 것을 고르십시오.
학습 포인트	-는다고 하다/-아도

연습문제

▶ **TRACK 07**

※ **[4~8] 다음을 듣고 이어질 수 있는 말로 가장 알맞은 것을 고르십시오. (각 2점)**

7　① 결혼하는 것보다 혼자 사는 게 편하지요.

　② 개인의 인생을 즐기겠다는 것도 하나의 이유가 되겠지요.

　③ 아이의 교육 문제는 부부가 함께 고민해야 하는 문제지요.

　④ 결혼을 하지 않겠다는 젊은이들이 늘어서 사회 문제가 되고 있잖아요.

풀이

아이를 낳지 않는 이유에 대해 대화하는 내용이다.

남자	요즘은 결혼을 해도 아이를 낳지 않는 부부가 많다고 해요.
여자	맞아요. 경제적인 부담 때문에 아이를 낳지 않는 것 같아요.
남자	_____

정답　②

듣기 **8번 문제**

평가 목표	대화를 듣고 다음에 이어질 말을 파악할 수 있다.
유형	이어지는 말 고르기
세부 내용	전화 내용을 듣고 다음에 이어지는 말 고르기
지시문	다음을 듣고 이어질 수 있는 말로 가장 알맞은 것을 고르십시오.
학습 포인트	-으려고

연습문제

▶ TRACK 08

※ **[4~8] 다음을 듣고 이어질 수 있는 말로 가장 알맞은 것을 고르십시오. (각 2점)**

8   ① 종합 검진을 빨리 예약해야겠네요.

②종합 검진을 받으면 좋다니까 해 보세요.

③ 저는 김수미입니다. 제일 빠른 날짜가 언제예요?

④ 요즘은 종합 검진 일정을 변경하는 사람이 많아요.

풀이

병원 예약 일정을 변경하려고 이름을 말하고 예약이 가능한 빠른 날짜를 물어보는 대화이다.

여자	종합 검진 예약 일정을 변경하려고 하는데요.
남자	성함과 변경하려고 하는 날짜를 말씀해 주세요.
여자	_____

정답 ③

4 대화 참여자의 이어질 행동 파악하기

| 학 습 포인트 | **일상적인 대화에서 사용하는 표현을 공부합시다.** |

-나요?
부드럽게 질문할 때 사용한다.

가 : 오늘의 수업 내용에 대해 질문이 있나요?

나 : 없습니다. 감사합니다.

-으면 되다
필요한 조건을 표현할 때 사용한다.

가 : 내일 몇 시까지 와야 해요?

나 : 9시까지 오시면 됩니다.

-을게요
약속하거나 의지를 표현할 때 사용한다.

가 : 어, 생수가 좀 부족할 것 같은데요.

나 : 제가 사 올게요.

-을 때
행동이 계속되거나 그 일이 생기는 경우를 표현할 때 사용한다.

가 : 잠이 안 올 때 어떻게 하면 좋을까요?

나 : 가볍게 운동을 하거나 따뜻한 우유를 마시면 도움이 될 거예요.

-을 수 없다
불가능을 나타낼 때 사용한다.

가 : 학생증이 없는데요.

나 : 학생증이 없으면 도서관에 들어갈 수 없습니다.

-을 줄 모르다
어떤 사실이나 상태를 모를 때 사용한다.

가 : 면접 잘 봤어요?

나 : 이렇게 긴장될 줄 몰랐어요. 대답을 제대로 했는지 잘 모르겠어요.

-을 테니까
의지를 나타낼 때 사용한다.

가 : 설거지는 내가 할 테니까 너는 청소해.

나 : 그래. 집안일을 빨리 끝내고 영화 보러 가자.

밖에
다른 가능성이나 선택이 없음을 나타낼 때 사용한다.

가 : 빨간색이 저에게 안 어울리는 것 같아요. 다른 색은 없어요?

나 : 손님, 죄송합니다. 다른 색은 다 팔려서 빨간색밖에 없습니다.

빈칸에 들어갈 말로 가장 알맞은 것을 고르십시오.

1 가 : 여행 계획을 세워야 하지 않을까?

나 : 맞아. 내가 교통편을 (　　　　) 너는 숙소를 알아봐.

① 알아봐도　　　　　　　　② 알아보든지

③ 알아보려고　　　　　　　④ 알아볼 테니까

2 가 : 요즘은 공부에 너무 집중이 안 돼.

나 : 공부가 잘 (　　　　) 그냥 며칠 푹 쉬는 것도 좋아.

① 안 되어도　　　　　　　　② 안 되지만

③ 안 될 때는　　　　　　　　④ 안 될 테니까

3 가 : 영수증을 가지고 오지 않았는데요.

나 : 괜찮아요. 신분증만 (　　　　).

① 있으면 돼요　　　　　　　② 있어야 해요

③ 있는 것 같아요　　　　　　④ 있으면 좋겠어요

4 가 : 수미야, 미안한데 5만 원만 빌려 줄 수 있어?

나 : 어떡하지? 지금 (　　　　) 없는데…

① 만 원만　　　　　　　　　② 만 원이

③ 만 원밖에　　　　　　　　④ 만 원이라도

5 가 : 10분밖에 안 지났는데 들어가면 안 돼요?

나 : 죄송합니다. 공연이 시작된 후에는 (　　　　).

① 들어가십시오　　　　　　② 들어가겠습니다

③ 들어가야 합니다　　　　　④ 들어갈 수 없습니다

정답　1④　2③　3①　4③　5④

평가 목표	대화를 듣고 대화 참여자의 이어질 행동을 추론할 수 있다.
유형	알맞은 행동 고르기
세부 내용	이어질 여자의 행동 고르기
지시문	다음을 듣고 여자가 이어서 할 행동으로 가장 알맞은 것을 고르십시오.
학습 포인트	-을 줄 모르다/-을 테니까

연습문제

▶ **TRACK 09**

※ **[9~12] 다음을 듣고 여자가 이어서 할 행동으로 가장 알맞은 것을 고르십시오. (각 2점)**

9　① 표를 산다.

　　② 매표소로 간다.

　　③ 지하 주차장으로 간다.

　　④ 지상에서 빈자리를 찾는다.

풀이

여자가 지하 주차장에 자리가 있는지 알아보겠다고 했으므로 지하 주차장으로 갈 것이다.

여자	지상에는 빈자리가 거의 없네.
남자	이렇게 차가 많을 줄 몰랐어.
여자	나는 지하 주차장으로 가 볼 테니까 너는 먼저 내려서 표를 사.
남자	알았어. 주차하고 매표소로 와.

정답　③

듣기　　10번 문제

평가 목표	대화를 듣고 대화 참여자의 이어질 행동을 추론할 수 있다.
유형	알맞은 행동 고르기
세부 내용	이어질 여자의 행동 고르기
지시문	다음을 듣고 여자가 이어서 할 행동으로 가장 알맞은 것을 고르십시오.
학습 포인트	-으면 되다/-을 때

연습문제

▶ TRACK 10

※ [9~12] 다음을 듣고 여자가 이어서 할 행동으로 가장 알맞은 것을 고르십시오. (각 2점)

10 ① 카드를 전해 준다.

② 가방을 찾아 준다.

③ 호텔 객실을 안내한다.

④ 호텔을 이용하는 방법을 알려준다.

풀이

가방을 찾을 때 필요한 카드를 건네주는 행동이 이어져야 한다.

여자	저희 호텔을 이용해 주셔서 감사합니다. 불편한 점은 없었습니까?
남자	아주 편하게 잘 묵었습니다. 혹시 이 가방을 좀 맡길 수 있을까요?
여자	네. 가방을 찾을 때 이 카드를 가지고 오시면 됩니다.
남자	감사합니다.

정답　①

평가 목표	대화를 듣고 대화 참여자의 이어질 행동을 추론할 수 있다.
유형	알맞은 행동 고르기
세부 내용	이어질 여자의 행동 고르기
지시문	다음을 듣고 여자가 이어서 할 행동으로 가장 알맞은 것을 고르십시오.
학습 포인트	-을게요/밖에

연습문제

▶ TRACK 11

※ **[9~12] 다음을 듣고 여자가 이어서 할 행동으로 가장 알맞은 것을 고르십시오. (각 2점)**

11 ① 곰 인형을 찾는다.

　　② 담당자를 찾으러 간다.

　　③ 품절인 이유를 알아본다.

　　④ 하얀색 곰 인형을 가져온다.

풀이

곰 인형이 언제 들어오는지 담당자에게 물어본다고 했으므로 담당자를 찾으러 가는 행동이 이어져야 한다.

남자	곰 인형은 이것밖에 없어요?
여자	하얀색 곰 인형도 있는데 지금 품절이에요.
남자	언제 다시 들어오는지 알 수 있을까요?
여자	잠깐만요, 제가 담당자에게 물어보고 알려 드릴게요.

정답　②

듣기 | 12번 문제

평가 목표	대화를 듣고 대화 참여자의 이어질 행동을 추론할 수 있다.
유형	알맞은 행동 고르기
세부 내용	이어질 여자의 행동 고르기
지시문	다음을 듣고 여자가 이어서 할 행동으로 가장 알맞은 것을 고르십시오.
학습 포인트	-나요?/-을 수 없다

연습문제

▶ TRACK 12

※ **[9~12] 다음을 듣고 여자가 이어서 할 행동으로 가장 알맞은 것을 고르십시오. (각 2점)**

12 ① 시험지를 걷는다.

② 시험지를 제출한다.

③ 시험지에 이름을 쓴다.

④ 시험 시간을 연장한다.

풀이

남자에게 시험지를 제출하라고 했으므로 여자는 시험지를 걷을 것이다.

여자	시험이 끝났습니다. 이름을 정확하게 썼는지 확인해 주십시오.
남자	혹시 5분만 시간을 더 주실 수 있나요?
여자	시간을 더 드릴 수 없습니다. 지금 시험지를 제출해 주십시오.
남자	네. 알겠습니다.

정답 ①

| 학 습 포인트 | 일상적인 대화에서 사용되는 표현을 공부합시다. |

-느라(고)

하지 못한 이유를 나타낼 때 사용한다.

가 : 어제 왜 모임에 안 나왔어?

나 : 갑자기 회사에 급한 일이 생겨서 일하느라고 못 갔어.

-다니

놀람을 표현할 때 사용한다.

가 : 김영수 씨가 대기업의 사장이 되다니 대단하다.

나 : 능력도 있고 성실하니까 승진이 빠른 것 같아.

-아 보다

시도나 경험을 표현할 때 사용한다.

가 : 떡볶이를 먹어 봤어?

나 : 응. 조금 매웠지만 너무 맛있었어.

-아(서)

이유를 표현할 때 사용한다.

가 : 어디 가세요?

나 : 머리가 좀 아파서 약을 사러 약국에 가는 길이에요.

-아야겠다

강한 의지를 표현할 때 사용한다.

가 : 다음 학기 등록했어?

나 : 아니. 등록 마감이 언제까지인지 알아봐야겠다.

-아지다

변화를 표현할 때 사용한다.

가 : 한국 생활이 어때요?

나 : 처음에는 힘들었는데 이젠 많이 익숙해졌어요.

-은 적이 있다

경험을 표현할 때 사용한다.

가 : 김영수 씨를 알아?

나 : 응. 예전에 같이 일한 적이 있어.

-잖아

상대방에게 확인해 주거나 알려 줄 때 사용한다.

가 : 이번에 나온 신제품이 인기가 많네.

나 : 디자인이 좋잖아.

빈칸에 들어갈 말로 가장 알맞은 것을 고르십시오.

1 가 : 어제 동창회에 왜 안 왔어? 다들 기다렸는데.
　　나 : 미안해. 어제 회사에서 일을 (　　　　) 못 갔어.

　　① 해도　　　　　　　　　　② 하지만
　　③ 하느라고　　　　　　　　④ 할 테니까

2 가 : 김수미 씨를 어떻게 알아?
　　나 : 1년 전에 한 번 (　　　　).

　　① 만나면 돼　　　　　　　② 만날 것 같아
　　③ 만난 적이 있어　　　　　④ 만났으면 좋겠어

3 가 : 서울에서 어디에 (　　　　)?
　　나 : 경복궁이요. 정말 아름다웠어요. 또 가고 싶어요.

　　① 가 봤어요　　　　　　　② 가는 게 어때
　　③ 갈 수 있어요　　　　　　④ 갈 줄 몰라요

4 가 : 내일 저녁에 시간이 있어? 같이 저녁 먹자.
　　나 : 미안해. 내일은 선약이 (　　　　) 시간이 안 돼.

　　① 있지만　　　　　　　　　② 있어서
　　③ 있어도　　　　　　　　　④ 있으면

5 가 : 한국말 발음이 많이 (　　　　).
　　나 : 감사합니다. 한국 친구들과 이야기를 많이 해서 그런 것 같아요.

　　① 좋았습니다　　　　　　　② 좋아졌어요
　　③ 좋아야 해요　　　　　　　④ 좋을 수 없어요

평가 목표	대화를 듣고 세부 내용을 파악할 수 있다.
유형	일치하는 내용 고르기
세부 내용	일상 대화의 세부 내용 이해하기
지시문	다음을 듣고 들은 내용과 같은 것을 고르십시오.
학습 포인트	-다니/-아야겠다

연습문제

▶ **TRACK 13**

※ **[13~16] 다음을 듣고 들은 내용과 같은 것을 고르십시오. (각 2점)**

13　① 여자는 서울에서 직장생활을 한다.

　　② 기후동행카드는 전국에서 이용할 수 있다.

　　③ 남자는 기후동행카드를 오래전부터 이용했다.

　　④ 기후동행카드는 지하철에서만 이용할 수 있다.

풀이

① 여자는 서울에서 직장생활을 한다.

② 기후동행카드는 서울에서만 이용이 가능하다.

③ 남자는 기후동행카드에 대해 지금 알게 되었다.

④ 기후동행카드는 지하철과 시내버스에서 이용할 수 있다.

여자	너는 기후동행카드를 안 써? 우리처럼 서울에서 출퇴근하는 사람들에게 너무 좋아.
남자	기후동행카드가 뭐야?
여자	서울 지하철과 시내버스를 무제한으로 이용할 수 있는 카드야.
남자	그런 좋은 카드가 있었다니…… 지금 당장 구매해야겠다.

정답　①

 학 습 포인트 | **안내 방송에서 사용되는 표현을 공부합시다.**

-기 때문에
이유를 나타낼 때 사용한다.

지금부터 샌드위치를 판매합니다. 즉석에서 손님들이 원하는 재료로 만들기 때문에 아주 인기가 많습니다.

-기 바라다
희망을 표현할 때 사용한다.

3층 핸드폰 매장에 지갑을 두고 가신 손님께서는 1층 안내 데스크로 오시기 바랍니다.

-아 있다
상태가 지속됨을 나타낼 때 사용한다.

참가 신청서는 회사 로비 입구에 놓여 있습니다. 필요하신 분은 가져가시기 바랍니다.

-아야 하다
의무를 표현할 때 사용한다.

회사 마라톤 대회에 참여하실 분은 오늘까지 신청하셔야 합니다.

-으면
조건을 표현할 때 사용한다.

아이를 보셨거나 보호하고 계시면 지금 3층 방송실로 연락을 주시기 바랍니다.

-을 예정이다
계획을 나타낼 때 사용한다.

이번 주 목요일에 사무실 대청소를 할 예정입니다.

-지 말다
금지를 표현할 때 사용한다.

짐은 통로에 두지 마시고 선반 위에 올려 주십시오.

을 위한
목적이나 의도를 나타낼 때 사용한다.

내일 3시에 대강당에서 신입생을 위한 오리엔테이션이 있습니다.

빈칸에 들어갈 말로 가장 알맞은 것을 고르십시오.

1 지방 학생을 (   ) 기숙사를 짓고 있습니다.

① 위한   ② 위해도

③ 위하지만   ④ 위하려고

2 마라톤에 참여하시는 분들을 위한 선물이 (   ). 많은 참여를 부탁드립니다.

① 준비하면 됩니다   ② 준비해야 합니다

③ 준비되어 있습니다   ④ 준비할 수 없습니다

3 마라톤 대회 참여를 원하시는 분은 이번 주 금요일까지 (   ).

① 신청했어요   ② 신청해야겠어요

③ 신청할 수 없습니다   ④ 신청해 주시기 바랍니다

4 안내 말씀드립니다. 이번 주말에 사무실 물청소를 (   ).

① 했습니다   ② 할 예정입니다

③ 해 봤습니다   ④ 한 적이 있습니다

5 우리 건물은 금연 건물입니다. 건물 안에서 담배를 (   ).

① 피우면 됩니다   ② 피워야 합니다

③ 피우지 마십시오   ④ 피운 적이 있습니다

정답 1① 2③ 3④ 4② 5③

36

듣기　　14번 문제

평가 목표	안내나 공지를 듣고 세부 내용을 파악할 수 있다.
유형	일치하는 내용 고르기
세부 내용	안내 방송의 내용 이해하기
지시문	다음을 듣고 들은 내용과 같은 것을 고르십시오.
학습 포인트	-기 바라다/-을 예정이다

연습문제

▶ TRACK 14

※ [13~16] 다음을 듣고 들은 내용과 같은 것을 고르십시오. (각 2점)

14 ① 지금은 2시가 넘었다.

　　② 이 행사는 생선 코너에서 진행한다.

　　③ 30% 싸게 살 수 있는 좋은 기회이다.

　　④ 남아 있는 것만 싸게 판매할 예정이다.

풀이

① 지금은 2시 전이다.

② 이 행사는 양념 갈비 행사이다.

③ 반값에 살 수 있는 좋은 기회이다.

④ 남아 있는 것만 싸게 판매할 예정이다.

> 여자 (딩동댕) 안내 말씀드립니다. 조금 후 2시 정각부터 양념 갈비를 반값에 판매합니다. 남아 있는 물량만 판매할 예정이니 빨리 오셔서 저렴한 가격으로 구매하시기 바랍니다. 주말에 가족들과 즐거운 저녁 식사를 할 수 있는 좋은 기회를 놓치지 마십시오. (딩동댕)

정답 ④

7 뉴스/보도의 세부 내용 파악하기

학 습 포인트 뉴스나 보도에서 사용되는 표현을 공부합시다.

-는 것으로 보다 생각이나 의견을 추측하여 표현할 때 사용한다.

계속되는 자동차 방화는 범인이 동일인인 것으로 보고 조사를 하고 있습니다.

-다(가) 앞의 행위나 상태가 중단되고 다른 상황으로 바뀜을 표현할 때 사용한다.

이번 사고는 운전자가 졸음운전을 하다가 중앙선을 넘은 것으로 밝혀졌습니다.

-던 끝나지 않고 중단됨을 나타낼 때 사용한다.

노인들을 대상으로 보이스 피싱을 해 오던 일당이 모두 잡혔습니다.

만에 어떤 행위가 다시 일어날 때까지 걸린 시간을 나타낼 때 사용한다.

이틀 만에 다시 발생한 산불은 5시간 만에 겨우 진화되었습니다.

으로 알려지다 모르던 사이에 밖으로 드러남을 나타낼 때 사용한다.

이번 사고로 인한 인명 피해는 없는 것으로 알려졌습니다.

으로 인해(서) 원인을 나타낼 때 사용한다.

오늘 오후 5시에 발생한 사고로 인해 교통이 통제되고 있습니다.

을 대상으로 어떤 일의 목표나 목적이 되는 상대를 나타낼 때 사용한다.

사고 현장 주위에 있던 목격자를 대상으로 사고 원인을 조사하고 있습니다.

중이다 앞의 일이 진행되고 있음을 나타낼 때 사용한다.

경찰은 정확한 사고 원인을 조사 중입니다.

빈칸에 들어갈 말로 가장 알맞은 것을 고르십시오.

1 오늘 새벽 5시경, 횡단보도를 (   ) 노인이 승용차와 부딪쳐 사망하는 사건이 발생했습니다.

① 건너던   ② 건너려고

③ 건너느라고   ④ 건너기 위해

2 이번 사고는 등산객이 밤에 산을 (   ) 길을 잃은 것으로 알려졌습니다.

① 오르면   ② 오르다가

③ 오르거나   ④ 오를 테니까

3 화재 현장을 직접 목격한 (   ) 정확한 사고 원인을 조사하고 있습니다.

① 사람들을 위한   ② 사람들로 인해

③ 사람들에 따르면   ④ 사람들을 대상으로

4 서울 지역의 (   ) 지하철 운행이 중단되었습니다.

① 폭우이지만   ② 폭우로 인해

③ 폭우일 테니까   ④ 폭우이기 때문에

5 경찰은 담배꽁초로 인한 화재로 보고 정확한 화재 원인을 (   ).

① 조사 중입니다   ② 조사하면 됩니다

③ 조사해야 합니다   ④ 조사하기 바랍니다

정답   1 ①   2 ②   3 ④   4 ②   5 ①

평가 목표	뉴스나 보도를 듣고 세부 내용을 파악할 수 있다.
유형	일치하는 내용 고르기
세부 내용	뉴스의 내용 이해하기
지시문	다음을 듣고 들은 내용과 같은 것을 고르십시오.
학습 포인트	만에/으로 인해(서)

연습문제

▶ **TRACK 15**

※ [13~16] 다음을 듣고 들은 내용과 같은 것을 고르십시오. (각 2점)

15　① 사고 원인이 정확하게 밝혀졌다.

　　② 이번 사고로 2명이 목숨을 잃었다.

　　③ 싱크홀 사고는 이번이 처음이 아니다.

　　④ 9일 동안 양방향 교통이 통제될 예정이다.

풀이

① 사고 원인은 아직 밝혀지지 않았다.

② 9일 전에 일어난 사고로 2명이 목숨을 잃었다.

③ 싱크홀 사고는 이번이 처음이 아니다.

④ 사고 조사를 위해 지금 교통이 통제되고 있다.

> **남자** 인주동에서 땅이 꺼지는 싱크홀이 발생했습니다. 대형 싱크홀 사고로 인해 2명의 시민이 목숨을 잃은 지 9일 만에 또다시 비슷한 사고가 일어났습니다. 다행히 인명 피해는 없었지만 사고 조사를 위해 현재 양방향 교통이 통제되고 있습니다. 싱크홀 사고 예방을 위해 정확한 조사가 이루어져야 할 것 같습니다.

정답　③

| 학 습 포인트 | **인터뷰에서 사용되는 표현을 공부합시다.** |

-거나 선택을 나타낼 때 사용한다.

가 : 유치원 교사로서 보람을 느낄 때는 언제입니까?

나 : 많지요. 아이들이 저를 보고 반갑게 인사를 하거나 환하게 웃는 모습을 보면 보람을 느낍니다.

-고는 앞의 행동 후에 기대하지 않은 행동이나 상황이 이어질 때 사용한다.

가 : 식당을 운영하시면서 가장 어려운 점은 무엇입니까?

나 : 예약을 하고는 오시지 않는 손님들이 가끔 있습니다. 이런 점이 식당을 운영할 때 힘든 부분이라고 할 수 있지요.

-기 때문이다 앞 문장에 대한 원인을 나타낼 때 사용한다.

가 : 요즘은 산불이 자주 발생하는데요. 그 이유가 무엇입니까?

나 : 고온 현상에다가 기후가 너무 건조하기 때문입니다.

-는 데 경우나 일을 나타낼 때 사용한다.

가 : 웃음 치료가 정신적인 건강을 회복하는 데 도움이 될까요?

나 : 물론입니다. 특별한 것이 없어도 큰소리로 웃게 되면 기분이 좋아집니다.

-지 않으면 문제 상황을 가정할 때 사용한다.

가 : 사회 복지사가 되려면 꼭 자격증을 따야 합니까?

나 : 네. 자격증을 취득하지 않으면 일을 할 수 없습니다.

에 따라(서) 어떤 상황이나 기준을 나타낼 때 사용한다.

가 : 모든 나무의 치료 방법이 동일한가요?

나 : 아닙니다. 병이 발생한 원인에 따라 치료 방법도 다릅니다.

을 통해(서) 수단이나 과정, 경험을 나타낼 때 사용한다.

가 : 강도 높은 운동보다 식단이 중요하다고 하셨는데요. 그 이유가 무엇입니까?

나 : 이번 연구를 통해 체중 감량에 가장 중요한 것은 식단이라고 밝혀졌습니다.

처럼 비슷한 정도를 나타낼 때 사용한다.

가 : 유치원 교사의 어려움도 많을 것 같습니다.

나 : 네. 그렇지만 아이들이 저를 부모처럼 따를 때 책임감과 함께 보람도 느낍니다.

빈칸에 들어갈 말로 가장 알맞은 것을 고르십시오.

① 가 : 선생님, 초등학생들의 비만이 심각한 이유는 무엇입니까?

나 : 어렸을 때 비만을 (　　　) 성인병에 걸릴 확률이 아주 높기 때문입니다.

① 치료해서　　　　　　　　② 치료하니까

③ 치료하느라고　　　　　　④ 치료하지 않으면

② 가 : 요즘은 게임 개발자가 되고 싶어 하는 청소년들이 많은데요. 게임의 장점은 무엇일까요?

나 : 게임에 대한 부정적인 생각도 많지만 게임은 스트레스를 (　　　) 도움이 됩니다.

① 풀려고　　　　　　　　　② 풀다가

③ 푸는 데　　　　　　　　　④ 풀 테니까

③ 가 : 이곳에서 아픈 동물들을 치료하기도 하나요?

나 : 그건 동물들의 (　　　) 다릅니다. 급한 경우에는 이곳에서 치료하지만 대부분의 경우 동물병원으로 보냅니다.

① 증상에 따라　　　　　　② 증상에 대해

③ 증상에 따르면　　　　　④ 증상으로 인해

④ 가 : 요즘은 드론을 많이 사용하는 것 같습니다.

나 : 맞습니다. 예전에는 드론으로 영상을 (　　　) 사진을 촬영하는 데 사용했는데요. 요즘은 배달 등 다양하게 활용되고 있습니다.

① 찍어도　　　　　　　　　② 찍어서

③ 찍거나　　　　　　　　　④ 찍는지

⑤ 가 : 나무 의사가 어떤 일을 하는지 궁금합니다.

나 : 보통 의사가 사람들의 병을 (　　　) 나무 의사는 나무의 병을 치료합니다.

① 치료할 때　　　　　　　② 치료하니까

③ 치료하느라고　　　　　④ 치료하는 것처럼

정답　1④　2③　3①　4③　5④

듣기 16번 문제

평가 목표	인터뷰를 듣고 세부 내용을 파악할 수 있다.
유형	일치하는 내용 고르기
세부 내용	인터뷰의 내용 이해하기
지시문	다음을 듣고 들은 내용과 같은 것을 고르십시오.
학습 포인트	에 따라(서)/을 통해(서)

연습문제

▶ **TRACK 16**

※ **[13~16] 다음을 듣고 들은 내용과 같은 것을 고르십시오. (각 2점)**

16　① 예술치료의 효과는 바로 나타난다.

　　② 예술치료는 다양한 예술 매체를 활용한다.

　　③ 예술치료를 통해 말로 표현하는 방법을 배운다.

　　④ 예술치료는 심각한 정신질환자에게 효과적이다.

풀이

① 예술치료 몇 번으로 바로 좋아지지는 않는다.

② 예술치료는 다양한 예술 매체를 활용한다.

③ 예술치료를 통해 사람의 마음을 치료한다.

④ 심각한 정신질환자는 의학적인 치료가 우선되어야 한다.

> **남자** 예술치료사는 어떤 일을 하는지 말씀해 주시겠습니까?
>
> **여자** 예술치료사는 미술이나 무용, 음악 등 다양한 예술을 통해서 사람들의 마음을 치료하는 일을 합니다. 말로 표현하기 어려운 감정을 그림이나 춤을 통해 표현하고 풀 수 있도록 도움을 주는 거지요. 물론 예술치료 몇 번으로 바로 좋아지지는 않습니다. 그리고 심각한 정신질환자는 환자의 상태에 따라 의학적인 치료가 우선되어야 합니다.

정답　②

| 학 습
포인트 | **일상 대화에서 사용되는 표현을 공부합시다.** |

-기는 하지만 상대방의 말을 인정하면서 반대의 의견을 나타낼 때 사용한다.

가 : 이 컴퓨터가 어때요? 화면도 크고 가벼워서 아주 좋아요.

나 : 좋기는 하지만 가격이 너무 비싸서 고민이에요.

-기에는 어떠한 상황을 기준으로 함을 나타낼 때 사용한다.

가 : 한국 회사에 취직하는 건 어때요?

나 : 한국 회사에 취직하기에는 제 한국어 실력이 부족해요.

-는지 추측을 표현할 때 사용한다.

가 : 수미 씨가 무슨 일이 있는지 말도 없이 일찍 퇴근했어요.

나 : 오늘 몸이 좀 안 좋아서 일찍 퇴근했어요.

-다고 해도 앞의 내용에 구애받지 않고 뒤의 내용을 주장할 때 사용한다.

가 : 아무리 화가 났다고 해도 회의 중에 나가버리면 안 되지요.

나 : 죄송합니다. 너무 화가 나서 참을 수가 없었어요.

-으면서 두 가지 사실이 동시에 있음을 나타낼 때 사용한다.

가 : 저렇게 이어폰을 꽂고 음악을 들으면서 걸어가는 것은 위험한 것 같아.

나 : 맞아. 차가 오는 것도 모를 때가 많으니까 사고의 위험이 있어.

-은들 앞 문장을 해도 결과가 부정적임을 나타낼 때 사용한다.

가 : 좀 더 열심히 준비할걸. 너무 후회가 돼.

나 : 지금 후회한들 무슨 소용이 있겠어? 다음 기회에 잘하면 되지.

-을까 하다 계획이나 의도를 표현할 때 사용한다.

가 : 부모님 환갑을 맞아 온 가족이 모처럼 해외여행을 갈까 해요.

나 : 좋은 생각이에요. 어디에 갈 생각이에요?

에 대한 뒤 내용의 대상이 됨을 나타낼 때 사용한다.

가 : 이번에 발표한 신제품에 대한 반응이 아주 뜨겁습니다.

나 : 우리 팀이 아주 고생했는데 결과가 좋아서 다행이네요.

빈칸에 들어갈 말로 가장 알맞은 것을 고르십시오.

❶ 가 : 수미는 어디에 있어?

나 : 급한 일이 (   ) 수업이 끝나자마자 바로 갔어.

① 있는지 ② 있거나

③ 있다니 ④ 있어도

❷ 가 : 주말에 특별한 계획이 있어?

나 : 아니. 몸도 좀 피곤하고 해서 집에서 (   ).

① 쉴까 해 ② 쉬면 돼

③ 쉴 수 없어 ④ 쉬기 때문이야

❸ 가 : 회사일이 너무 많고 힘들어서 그만두고 싶어.

나 : 아무리 (   ) 참고 다녀야지. 요즘 취직하기가 얼마나 힘든데.

① 힘들거나 ② 힘들어서

③ 힘들지 않으면 ④ 힘들다고 해도

❹ 가 : 이 집이 어때요? 지하철역도 가깝고 좋은 것 같아요.

나 : 교통은 괜찮은데 우리 가족이 (   ) 좀 좁지 않을까?

① 사는지 ② 살기에는

③ 산다고 해도 ④ 살기는 하지만

❺ 가 : 피곤해 보이네.

나 : 응. 회사에 (   ) 공부하는 게 쉬운 일이 아니야. 두 가지를 하는 게 힘드네.

① 다닐 때 ② 다니면서

③ 다니니까 ④ 다니기는 하지만

들기

평가 목표	대화를 듣고 중심 생각을 추론할 수 있다.
유형	중심 생각 고르기
세부 내용	남자의 생각 파악하기
지시문	다음을 듣고 남자의 중심 생각으로 가장 알맞은 것을 고르십시오.
학습 포인트	-는지/-은들

연습문제

▶ **TRACK 17**

※ **[17~20] 다음을 듣고 남자의 중심 생각으로 가장 알맞은 것을 고르십시오. (각 2점)**

17 ① 수면은 건강과 직결된다.

② 쉬면 수면 문제는 괜찮아질 것이다.

③ 건강을 위해서 회사 업무를 줄여야 한다.

④ 수면에 문제가 있다면 병원 치료를 받는 것이 좋다.

풀이

남자는 며칠 쉬면 잠을 잘 잘 수 있을 거라고 생각한다.

남자	요즘 회사 업무에 대한 스트레스 때문인지 통 잠을 못 자.
여자	잠이 보약인데 그렇게 잠을 자지 못하면 병원에 가 봐야 하는 거 아냐?
남자	병원에 간들 무슨 소용이 있겠어? 며칠 쉬면 좋아질 거야.

정답 ②

듣기   18번 문제

평가 목표	대화를 듣고 중심 생각을 추론할 수 있다.
유형	중심 생각 고르기
세부 내용	남자의 생각 파악하기
지시문	다음을 듣고 남자의 중심 생각으로 가장 알맞은 것을 고르십시오.
학습 포인트	-다고 해도/-을까 하다/에 대한

연습문제

▶ TRACK 18

※ [17~20] 다음을 듣고 남자의 중심 생각으로 가장 알맞은 것을 고르십시오. (각 2점)

18   ① 취업 준비를 할 필요가 없다.

② 취업 준비는 미리미리 해야 한다.

③ 준비가 부족해도 지원해 보는 게 좋다.

④ 신입사원 채용 공고를 잘 이해해야 한다.

풀이

남자는 지원 준비가 덜 되었다고 해도 지원하는 것이 좋다고 생각한다.

남자	인주그룹 신입사원 채용에 대한 공고가 났어. 너도 지원할 거지?
여자	나도 봤는데 아직 준비가 안 돼서 다음에 지원할까 해.
남자	준비가 덜 되었다고 해도 같이 지원해 보자.

정답   ③

평가 목표	대화를 듣고 중심 생각을 추론할 수 있다.
유형	중심 생각 고르기
세부 내용	남자의 생각 파악하기
지시문	다음을 듣고 남자의 중심 생각으로 가장 알맞은 것을 고르십시오.
학습 포인트	-기는 하지만/-기에는/-으면서

연습문제

▶ TRACK 19

※ [17~20] 다음을 듣고 <u>남자의 중심 생각</u>으로 가장 알맞은 것을 고르십시오. (각 2점)

19　① 집은 넓을수록 좋다.

　　② 집에서 재충전할 필요가 없다.

　　③ 집을 구할 때 교통의 편의성이 중요하다.

　　④ 출퇴근할 때는 지하철을 이용하는 것이 좋다.

풀이

남자는 집이 좁아도 출퇴근할 때 교통이 편한 곳이 좋다고 생각한다.

여자	교통이 편하기는 하지만 두 사람이 살기에는 집이 좀 좁지 않아?
남자	좁기는 하지만 지하철역이 가까우니까 출퇴근이 편해서 좋을 것 같은데?
여자	집은 쉬면서 재충전을 하는 곳인데 너무 답답할 것 같아.
남자	그래도 출퇴근이 편한 게 낫지 않을까?

정답　③

| 학 습 포인트 | **인터뷰에서 사용되는 표현을 공부합시다.** |

-거든요　　　이유를 나타낼 때 사용한다.

　　　가 : 아무도 예상하지 못했던 우승을 하셨는데요. 우승의 비결이 무엇이라고 보십니까?

　　　나 : 선수들의 간절함이라고 생각합니다. 이번 시합이 우리 팀의 마지막 시합이거든요.

-기도 하다　　　내용을 나열할 때 사용한다.

　　　가 : 어려운 시기에 사장으로 승진하셨는데요. 소감을 부탁드립니다.

　　　나 : 힘든 시기에 중요한 자리를 맡게 되어서 어깨가 무겁기도 하고 잘하고 싶다는 욕심이 생기기도 합니다.

-기 위한　　　목적이나 의도를 나타낼 때 사용한다.

　　　가 : 교수님의 강의가 유난히 인기가 많은 이유가 무엇입니까?

　　　나 : 정신적인 문제로 힘들어하는 분들에게 마음을 치료하기 위한 실제적인 방법을 소개하기 때문이라고 생각합니다.

-는다기보다는　　　뒤 문장의 내용이 더 적절함을 나타낼 때 사용한다.

　　　가 : 일자리가 부족해서 청년들의 실업률이 높은 걸까요?

　　　나 : 일자리가 부족하다기보다는 청년들에게 적절한 일자리가 없다는 게 문제입니다.

-다고 생각하다　　　자신의 생각이나 의견을 나타낼 때 사용한다.

　　　가 : 한국어의 가장 큰 특징이 무엇입니까?

　　　나 : 한국어는 조사와 높임법이 발달한 것이 가장 큰 특징이라고 생각합니다.

-다시피 하다　　　실제로 그렇게 함과 가까움을 표현할 때 사용한다.

　　　가 : 게임 개발자로 성공하셨는데요. 지금도 게임을 많이 하시는지요?

　　　나 : 물론 지금도 게임을 합니다만 어렸을 때는 정말 많이 했어요. 게임을 하느라고 피시방에 살다시피 해서 부모님께 야단도 많이 맞았어요.

-아 나가다　　　앞의 행위가 계속 진행됨을 나타낼 때 사용한다.

　　　가 : 앞으로의 계획에 대해 말씀해 주십시오.

　　　나 : 우리 회사는 앞으로도 신입사원 채용을 지속적으로 늘려 나갈 계획입니다.

-을수록	정도가 점점 심해짐을 나타낼 때 사용한다.

가 : 하시는 사업마다 성공하는 비결이 무엇입니까?

나 : 특별한 비결은 없습니다. 운이 좋아서 문제없이 사업을 하고 있지만 사업은 하면 할수록 어렵다는 생각이 듭니다.

체크 포인트

빈칸에 들어갈 말로 가장 알맞은 것을 고르십시오.

① 가 : 감독님이 맡으시는 팀마다 우승을 했는데요. 감독님만의 특별한 비결이 있습니까?

　　나 : 팀이 우승한 것은 제가 (　　　　) 선수들이 열심히 한 결과라고 생각합니다.

　　① 잘하지 않으면　　　　　　　　② 잘했다고 해도

　　③ 잘할 게 아니라　　　　　　　　④ 잘했다기보다는

② 가 : 이번 드라마가 성공한 이유 중의 하나가 주연을 맡은 김수미 배우의 연기력인 것 같습니다.

　　나 : 맞습니다. 제가 이번 드라마 원고를 쓸 때부터 김수미 배우를 생각하고 원고를 (　　　　).

　　① 썼거든요　　　　　　　　　　② 쓸까 해요

　　③ 써야 합니다　　　　　　　　　④ 쓴 적이 있어요

③ 가 : 제품을 만들 때 어떤 부분을 가장 중요하게 생각하시나요?

　　나 : 사용의 편리성이 가장 (　　　　)

　　① 중요할까요?　　　　　　　　　② 중요하다고 생각합니다.

　　③ 중요한 것으로 나타났습니다.　④ 중요한 것으로 알려졌습니다.

④ 가 : 다른 가게보다 이 가게의 김밥이 정말 많이 팔리는 것 같아요.

　　나 : 가격이 (　　　　) 김밥의 맛도 상당히 좋은 편이거든요.

　　① 싸니까　　　　　　　　　　　② 싸지 않으면

　　③ 싸다고 해도　　　　　　　　　④ 싸기도 하고

⑤ 가 : 한국의 교육열은 정말 대단한 것 같습니다.

　　나 : 맞습니다. 소득이 (　　　　) 사교육을 더 시키는 것으로 나타났습니다. 아무래도 경제적인 여유가 있으니까 자녀들의 사교육에 더 열을 올리는 것 같습니다.

　　① 높지만　　　　　　　　　　　② 높거나

　　③ 높은지　　　　　　　　　　　④ 높을수록

정답　1④　2①　3②　4④　5④

듣기　20번 문제

평가 목표	인터뷰를 듣고 중심 생각을 추론할 수 있다.
유형	중심 생각 고르기
세부 내용	남자의 생각 파악하기
지시문	다음을 듣고 남자의 중심 생각으로 가장 알맞은 것을 고르십시오.
학습 포인트	-기 위한/-다고 생각하다/-아 나가다

연습문제

▶ TRACK 20

※ **[17~20] 다음을 듣고 남자의 중심 생각으로 가장 알맞은 것을 고르십시오. (각 2점)**

20 ① 집을 지을 때는 설계가 중요하다.

　② 집은 사는 사람이 중심이 되어야 한다.

　③ 집을 지을 때는 설계사를 잘 선택해야 한다.

　④ 집을 지을 때는 좋은 재료를 사용해야 한다.

풀이

남자는 집을 지을 때는 사는 사람에게 맞는 공간을 만드는 것이 중요하다고 생각한다.

여자	선생님께 많은 분들이 설계를 의뢰하는 이유는 무엇이라고 생각하십니까?
남자	저는 집을 설계할 때 그 집의 주인이 제일 중요하다고 생각합니다. 집은 다른 사람에게 보여주기 위한 곳이 아니라 생활해야 하는 장소이니까요. 좋은 재료를 사용하여 멋진 집을 짓는 것도 좋지만 자신에게 맞는 생활 공간을 만들어 나가는 것이 중요하지요.

정답 ②

학습 포인트 **공적 상황의 대화에서 사용되는 표현을 공부합시다.**

-기 마련이다 당연함을 표현할 때 사용한다.

가 : 이번 참가자들이 유난히 긴장을 많이 하는 것 같습니다.

나 : 이런 큰 대회에 나오게 되면 누구나 긴장하기 마련이지요.

-는 데다(가) 내용을 추가해서 강조할 때 사용한다.

가 : 최근에 해외여행객이 증가한 이유가 무엇입니까?

나 : 경제가 좀 좋아진 데다가 여행 프로그램이 인기를 끌고 있기 때문인 것 같습니다.

-는 편이다 어느 부류에 속하는지를 표현할 때 사용한다.

가 : 직원들이 구내식당을 많이 이용하는 편입니까?

나 : 네. 특히 최근에 구내식당 이용자들이 많이 늘었습니다.

-다고 하던데 다른 사람에게 들은 말을 전달할 때 사용한다.

가 : 연말 보너스에 대해 직원들의 불만이 많다고 하던데 사실입니까?

나 : 작년에 비해 보너스가 줄어서 그런 의견이 있는 것 같습니다.

-을 만하다 가치가 있음을 표현할 때 사용한다.

가 : 우리 회사가 앞으로 자동차 사업을 할까 하는데 어떻게 생각하십니까?

나 : 우리 회사의 기술력을 생각해 볼 때 해 볼 만하다고 생각합니다.

보다 비교를 나타낼 때 사용한다.

가 : 4월 둘째 주 토요일에 행사를 진행하려고 합니다.

나 : 행사 날짜보다 장소를 먼저 정해야 하지 않을까요?

에 달려 있다 앞의 내용에 따라 결과가 달라짐을 표현할 때 사용한다.

가 : 올해는 우리 회사의 경제 사정이 좀 나아질까요?

나 : 회사의 경제 사정은 이번에 새로 나온 핸드폰의 판매 실적에 달려 있다고 봅니다.

에 비해(서) 비교의 기준을 나타낼 때 사용한다.

가 : 이번에 새로 나온 신제품이 잘 팔립니까?

나 : 네. 지난번 제품에 비해 판매 실적이 좋습니다.

빈칸에 들어갈 말로 가장 알맞은 것을 고르십시오.

1 가 : 김영수 과장을 부장으로 승진시켰으면 하는데요. 어떻습니까?
　　나 : 김영수 과장은 충분히 (　　　　) 생각합니다. 작년 판매 실적도 가장 좋았습니다.

　　① 승진할 만하다고　　　　　　　② 승진하면 안 된다고
　　③ 승진하기 바란다고　　　　　　④ 승진한 적이 있다고

2 가 : 연구계획서를 봤는데 연구 목적도 (　　　　) 연구 방법도 잘 계획했던데요.
　　나 : 감사합니다. 교수님, 그럼 이대로 연구를 진행하면 될까요?

　　① 분명하니까　　　　　　　　　② 분명한 데다가
　　③ 분명하다기보다는　　　　　　④ 분명하기는 하지만

3 가 : 직원들이 재택근무를 많이 합니까?
　　나 : 부서마다 좀 다른데요. 우리 부서는 재택근무를 많이 (　　　　).

　　① 할까 합니다　　　　　　　　　② 하는 편입니다
　　③ 하기 마련입니다　　　　　　　④ 하다시피 합니다

4 가 : 입사한 지 두 달이 넘었는데 신입 사원들이 아직 긴장이 풀리지 않은 것 같아요.
　　나 : 모든 것이 낯설고 어색하니까 신입 사원일 때에는 (　　　　).

　　① 긴장할 수 없습니다　　　　　② 긴장하면 좋겠습니다
　　③ 긴장하기 때문입니다　　　　④ 긴장하기 마련이지요

5 가 : 여보세요, 올해 신입 사원을 (　　　　) 일정이 정해졌나요?
　　나 : 아직 정확한 일정은 정해지지 않았습니다.

　　① 뽑으면　　　　　　　　　　　② 뽑을 테니까
　　③ 뽑는 데다가　　　　　　　　　④ 뽑는다고 하던데

평가 목표	대화를 듣고 중심 생각을 추론할 수 있다.
유형	중심 생각 고르기
세부 내용	남자의 생각 파악하기
지시문	남자의 중심 생각으로 가장 알맞은 것을 고르십시오.
학습 포인트	-는 데다가/-다고 하던데/에 달려 있다/에 비해(서)

연습문제

▶ **TRACK 21**

※ **[21~22] 다음을 듣고 물음에 답하십시오. (각 2점)**

21 남자의 중심 생각으로 가장 알맞은 것을 고르십시오.

① 새로운 제품을 출시하기가 쉽지 않다.

② 개인의 사용 후기는 분석할 필요가 없다.

③ 이번 신제품은 개발 과정에서 문제가 있다.

④ 제품의 사용 후기 내용이 판매에 큰 영향을 미친다.

풀이

남자는 제품을 사용한 사람의 후기가 제품의 판매에 큰 영향을 미친다고 생각한다.

여자	부장님, 이번에 새로 나온 제품의 판매 결과 분석표입니다. 지난번 제품에 비해 판매 실적이 좋지 않습니다.
남자	제품 사용 후기를 보면 사용하기에 불편함이 많다고 하던데 확인하셨습니까?
여자	아직 출시된 지 한 달도 되지 않은 데다가 사용 후기가 너무 다양해서 자세하게 분석하지 않았습니다.
남자	제품의 성공 여부는 사용자들의 후기에 달려 있다고 봅니다. 사용한 사람이 불편하다고 하면 어느 소비자가 제품을 구입하겠습니까?

정답 ④

평가 목표	대화를 듣고 세부 내용을 파악할 수 있다.
유형	일치하는 내용 고르기
세부 내용	세부 내용 파악하기
지시문	들은 내용과 같은 것을 고르십시오.
학습 포인트	-는 데다가/-다고 하던데/에 달려 있다/에 비해(서)

연습문제

▶ TRACK 22

※ [21~22] 다음을 듣고 물음에 답하십시오. (각 2점)

22 들은 내용과 같은 것을 고르십시오.

① 신제품을 출시한 지 한 달이 넘었다.

② 제품 사용 후기는 긍정적이나 판매는 저조하다.

③ 이번 신제품에 대한 소비자들의 반응이 좋지 않다.

④ 여자는 제품 이용 후기를 분석하여 보고하고 있다.

풀이

① 신제품을 출시한 지 한 달이 되지 않았다.

② 제품 사용 후기가 부정적이고 판매 실적도 좋지 않다.

③ 이번 신제품에 대한 소비자들의 반응이 좋지 않다.

④ 여자는 제품 이용 후기가 다양해서 자세히 분석하지 않았다.

여자	부장님, 이번에 새로 나온 제품의 판매 결과 분석표입니다. 지난번 제품에 비해 판매 실적이 좋지 않습니다.
남자	제품 사용 후기를 보면 사용하기에 불편함이 많다고 하던데 확인하셨습니까?
여자	아직 출시된 지 한 달도 되지 않은 데다가 사용 후기가 너무 다양해서 자세하게 분석하지 않았습니다.
남자	제품의 성공 여부는 사용자들의 후기에 달려 있다고 봅니다. 사용한 사람이 불편하다고 하면 어느 소비자가 제품을 구입하겠습니까?

정답 ③

평가 목표	대화를 듣고 담화 상황을 추론할 수 있다.
유형	담화 상황 고르기
세부 내용	남자가 무엇을 하는지 파악하기
지시문	남자가 무엇을 하고 있는지 고르십시오.
학습 포인트	-는 편이다/보다

연습문제

▶ **TRACK 23**

※ **[23~24] 다음을 듣고 물음에 답하십시오. (각 2점)**

23 남자가 무엇을 하고 있는지 고르십시오.

① 전자제품을 판매하고 있다.

② 전자제품을 설치하고 있다.

③ 주문한 전자제품을 확인하고 있다.

④ 물건 배송을 위한 일정을 맞추고 있다.

풀이

남자는 전자제품을 배송하기 위해 일정을 맞추고 있다.

남자	주문하신 전자제품을 내일 배송하려고 하는데요. 내일 오후에 댁에 계신가요?
여자	제가 내일 일이 있는데 혹시 정확한 도착 시간을 알 수 있을까요?
남자	정확한 시간은 말씀드리기가 어렵습니다. 대략 1시에서 2시쯤 도착할 예정이고 설치 시간은 2시간 정도입니다.
여자	생각보다 설치하는 시간이 많이 걸리는 편이네요. 알겠습니다.

정답 ④

듣기　24번 문제

평가 목표	대화를 듣고 세부 내용을 파악할 수 있다.
유형	일치하는 내용 고르기
세부 내용	세부 내용 파악하기
지시문	들은 내용과 같은 것을 고르십시오.
학습 포인트	-는 편이다/보다

연습문제

▶ **TRACK 24**

※ **[23~24] 다음을 듣고 물음에 답하십시오.** (각 2점)

24 들은 내용과 같은 것을 고르십시오.

① 남자는 전자제품을 주문한 적이 있다.

② 남자는 정확한 도착 시간을 알려 주었다.

③ 여자는 오늘 오후에 전자제품을 받을 것이다.

④ 여자는 설치 시간이 2시간이나 걸릴 줄 몰랐다.

풀이

① 여자가 전자제품을 주문했다.

② 남자는 정확한 도착 시간을 알 수 없다.

③ 여자는 내일 오후에 전자제품을 받을 것이다.

④ 여자는 설치 시간이 2시간이나 걸릴 줄 몰랐다.

남자	주문하신 전자제품을 내일 배송하려고 하는데요. 내일 오후에 댁에 계신가요?
여자	제가 내일 일이 있는데 혹시 정확한 도착 시간을 알 수 있을까요?
남자	정확한 시간은 말씀드리기가 어렵습니다. 대략 1시에서 2시쯤 도착할 예정이고 설치 시간은 2시간 정도입니다.
여자	생각보다 설치하는 시간이 많이 걸리는 편이네요. 알겠습니다.

정답 ④

12 인터뷰의 내용 이해하기 1

학습 포인트 인터뷰에서 사용되는 표현을 공부합시다.

-게 되다

외부의 영향으로 어떤 상황이 되거나 바뀌었을 때 사용한다.

가 : 박사님은 어떻게 나무 치료사의 일을 시작하게 되셨습니까?

나 : 제가 나무를 좋아하는 게 첫 번째 이유지요. 좋아하는 나무가 아픈 걸 보고
   그 나무를 치료해야겠다는 생각을 하게 된 것 같습니다.

-기로 하다

결심이나 결정을 표현할 때 사용한다.

가 : 앞으로도 이런 축제를 계속 진행하실 계획입니까?

나 : 네. 앞으로는 매년 축제를 열기로 했습니다.

-는 반면(에)

앞의 내용과 뒤 내용이 반대됨을 나타낼 때 사용한다.

가 : 이번에 새로 나온 자동차가 유럽에서 인기를 끌고 있다면서요?

나 : 네. 그런데 유럽에서는 많이 팔리는 반면에 국내에서는 판매가 잘되지 않아
   서 문제입니다.

-다가는

계속되면 원하지 않는 결과가 오게 됨을 나타낼 때 사용한다.

가 : 환경 문제에 관심이 많으시다고 들었습니다.

나 : 네. 그렇습니다. 우리 모두가 환경보호에 대해 관심을 가져야 합니다. 이대로
   가다가는 곧 인간이 생활하기도 힘들게 될 것이라고 생각합니다.

-다 보니(까)

새로운 사실을 알게 됨을 나타낼 때 사용한다.

가 : 누구보다도 일찍 시작해서 늦게까지 연습을 하신다고 들었습니다.

나 : 네. 날마다 그렇게 연습을 하다 보니 습관이 된 것 같습니다.

-아 내다

주어가 자신의 힘으로 이루었음을 나타낼 때 사용한다.

가 : 새로운 치료제가 나왔다면서요?

나 : 네. 연구원들이 열심히 연구하여 드디어 새로운 치료제를 개발해 냈습니다.

-았던 것 같다

어떤 사실을 추측하여 말할 때 사용한다.

가 : 우승하신 것을 축하합니다. 우승의 비결이 무엇인지요?

나 : 저보다 잘하는 분들도 많은데 제가 운이 좋았던 것 같습니다.

을 맞이하여

찾아오는 것을 맞거나 환영함을 나타낼 때 사용한다.

가 : 이번 행사에 대해 간단하게 말씀해 주시겠습니까?

나 : 회사 창립 50주년을 맞이하여 사회에 봉사하고자 행사를 준비했습니다.

빈칸에 들어갈 말로 가장 알맞은 것을 고르십시오.

❶ 가 : 직장 생활을 하시다가 5년 전부터 떡집을 운영하고 계신다고 들었습니다.

　　나 : 네. 맞습니다. 할아버지 때부터 떡집을 했는데요. 아버지께서 이어받아 계속하시다가 건강이 안 좋아지셔서 제가 (　　　　).

　　① 할 예정입니다　　　　　　　　② 하기도 합니다

　　③ 하게 되었습니다　　　　　　　④ 했던 것 같습니다

❷ 가 : 죽어 가던 전통 시장을 젊은이들이 좋아하는 장소로 (　　　　). 비결이 무엇인가요?

　　나 : 젊은 사람들이 주인이 되어 가게를 꾸미니까 자연히 젊은이들이 많이 모이게 되더라고요.

　　① 만들면 되는데요　　　　　　　② 만들어야겠는데요

　　③ 만들게 되었는데요　　　　　　④ 만들어 내셨는데요

❸ 가 : 친환경 제품을 계속 만드시는 이유가 있습니까?

　　나 : 환경오염 문제에 대한 기사를 보고 우리 회사는 비용이 많이 들어도 친환경 제품을 (　　　　). 그때부터 지금까지 친환경 제품만 만들어 오고 있습니다.

　　① 개발할까 합니다　　　　　　　② 개발하기도 합니다

　　③ 개발하기로 했습니다　　　　　④ 개발하다시피 했습니다

❹ 가 : 이번 행사에 대해서 간단히 소개해 주시겠습니까?

　　나 : 세계 (　　　　) 우리 모두가 물의 소중함과 물 부족의 심각성을 알아야 한다는 생각으로 행사를 준비했습니다.

　　① 물의 날처럼　　　　　　　　　② 물의 날로 인해

　　③ 물의 날을 위한　　　　　　　　④ 물의 날을 맞이하여

❺ 가 : 청소년들의 스트레스가 큰 문제가 되고 있습니다.

　　나 : 네. 청소년들의 스트레스를 가볍게 (　　　　) 큰 문제로 이어질 수 있습니다.

　　① 생각하다가는　　　　　　　　② 생각하지 않으면

　　③ 생각한다고 해도　　　　　　　④ 생각하는 데다가

정답　1③　2④　3③　4④　5①

평가 목표	인터뷰를 듣고 중심 생각을 추론할 수 있다.
유형	중심 생각 고르기
세부 내용	남자의 중심 생각 찾기
지시문	남자의 중심 생각으로 가장 알맞은 것을 고르십시오.
학습 포인트	-다 보니(까)/-았던 것 같다

연습문제

▶ TRACK 25

※ **[25~26] 다음을 듣고 물음에 답하십시오. (각 2점)**

25　남자의 중심 생각으로 가장 알맞은 것을 고르십시오.

① 전통 시장의 변화 가능성은 적다.

② 전통 시장 매장의 인테리어가 중요하다.

③ 경제적인 지원이 전통 시장의 변화를 가져 왔다.

④ 중장년층만 이용하는 전통 시장은 사라져야 한다.

풀이

남자는 경제적으로 지원한 덕분에 젊은이들이 창업을 하면서 다른 전통 시장과 달리 젊은이들에게 인기가 있다고 생각한다.

여자	전통 시장은 보통 중장년층들이 이용하는 공간이라고 생각하는데요. 이렇게 젊은이들에게 인기가 많은 비결이 무엇인가요?
남자	새로 가게를 내는 젊은이들에게 월세를 대폭 낮추고 인테리어 비용 등 가게 운영에 필요한 비용을 지원한 것이 성공 요인이라고 생각합니다. 경제적인 부담을 줄여 주니 젊은이들이 좀 더 쉽게 창업을 할 수 있었던 것 같습니다. 젊은이들의 생각으로 가게를 꾸미다 보니 분위기가 색다른 전통 시장이 되더라고요. 이게 입소문이 나면서 많은 젊은이들이 찾고 있습니다. 우리 전통 시장이 모범 사례가 되어 힘들어하는 다른 전통 시장에 도움이 되었으면 합니다.

정답　③

듣기　26번 문제

평가 목표	인터뷰를 듣고 세부 내용을 파악할 수 있다.
유형	일치하는 내용 고르기
세부 내용	인터뷰의 세부 내용 파악하기
지시문	들은 내용과 같은 것을 고르십시오.
학습 포인트	-다 보니(까)/-았던 것 같다

연습문제

▶ TRACK 26

※ [25~26] 다음을 듣고 물음에 답하십시오. (각 2점)

26 들은 내용과 같은 것을 고르십시오.

① 이 전통 시장은 젊은 고객들이 많다.

② 이 전통 시장은 음식이 색달라서 인기가 많다.

③ 이 전통 시장은 다른 전통 시장의 도움을 많이 받았다.

④ 이 전통 시장은 월세가 비싸서 임대가 잘되지 않았다.

풀이

① 이 전통 시장은 젊은 고객들이 많다.

② 이 전통 시장은 분위기가 색달라서 인기가 많다.

③ 이 전통 시장은 다른 전통 시장에 도움이 되기를 바란다.

④ 이 전통 시장은 월세가 비싸지 않다.

> 여자　전통 시장은 보통 중장년층들이 이용하는 공간이라고 생각하는데요. 이렇게 젊은이들에게 인기가 많은 비결이 무엇인가요?
>
> 남자　새로 가게를 내는 젊은이들에게 월세를 대폭 낮추고 인테리어 비용 등 가게 운영에 필요한 비용을 지원한 것이 성공 요인이라고 생각합니다. 경제적인 부담을 줄여 주니 젊은이들이 좀 더 쉽게 창업을 할 수 있었던 것 같습니다. 젊은이들의 생각으로 가게를 꾸미다 보니 분위기가 색다른 전통 시장이 되더라고요. 이게 입소문이 나면서 많은 젊은이들이 찾고 있습니다. 우리 전통 시장이 모범 사례가 되어 힘들어하는 다른 전통 시장에 도움이 되었으면 합니다.

정답 ①

| 학습
포인트 | **공적인 주제의 대화에서 사용되는 표현을 공부합시다.** |

-는 게 말이 돼? 이해하기 어려움을 나타낼 때 사용한다.

가 : 다음 달부터 재택근무를 할 수 없다고 해.

나 : 갑자기 그런 결정을 하는 게 말이 돼? 직원들의 생각도 물어봐야 하는 거 아냐?

-는다고 해도 앞 내용과 상관없이 뒤 내용을 주장할 때 사용한다.

가 : 대기업은 입사하기가 너무 힘들지 않아?

나 : 그렇긴 하지. 떨어진다고 해도 한번 도전해 보려고 해.

-는대 들은 사실을 전달할 때 사용한다. '-는다고 하다'와 동일한 표현이다.

가 : 5월 3일이 임시 공휴일로 정해졌대.

나 : 그래? 그럼 5일 연휴가 되겠네.

-는 모양이다 추측을 표현할 때 사용한다.

가 : 이번 연말에 보너스가 나올까?

나 : 회사가 아주 어려운 모양이야. 어떻게 될지 모르겠네.

-다(가) 보면 어떤 행위나 상태가 계속되는 동안에 발생하는 상황이나 알게 된 사실을 설명할 때 사용한다.

가 : 한국말 발음을 연습하는데도 좋아지지가 않아.

나 : 친구들과 자주 만나서 이야기하다 보면 좋아질 거야. 너무 걱정하지 마.

-을걸 후회하거나 아쉬움을 표현할 때 사용한다.

가 : 어제 오랜만에 정말 좋은 연극을 봤어. 배우들의 연기도 좋고 음악도 정말 좋더라.

나 : 그래? 나도 갈걸.

그러게 상대방의 말에 동의함을 나타낼 때 사용한다.

가 : 김영수 과장이 승진한 것에 대해 직원들이 말이 많은 모양이야.

나 : 그러게. 모두들 최민철 과장이 승진할 거라고 생각했잖아.

말이야 알고 있는 화제를 꺼낼 때 사용한다.

가 : 우리가 창업하는 거 말이야. 좀 더 생각해 봐야겠어.

나 : 왜? 무슨 문제가 생겼어?

체크 포인트

빈칸에 들어갈 말로 가장 알맞은 것을 고르십시오.

❶ 가 : 입사 시험에 몇 번 떨어지니까 이젠 자신감이 없어져.

  나 : 누구나 다 그래. 열심히 (   ) 좋은 결과가 나올 거야.

  ① 노력하다 보니   ② 노력하다 보면

  ③ 노력하는 반면에   ④ 노력하기는 하지만

❷ 가 : 김 과장님께서 조금 전에 과로로 (   )

  나 : 오늘 아침에 내가 만났는데 정말이야? 누구한테 들었어?

  ① 쓰러지셨대.   ② 쓰러지셨나요?

  ③ 쓰러지기도 해.   ④ 쓰러지셨기 때문이야.

❸ 가 : 이번에 새로 나온 과자가 아주 인기가 (   ).

  나 : 응. 뉴스에서 봤는데 아침 일찍 줄을 서야 살 수 있대.

  ① 있거든   ② 있을 만해

  ③ 있어야 해   ④ 있는 보양이야

❹ 가 : 김수미 과장 말이야. 부장님과 사이가 안 좋아서 회사를 그만둔대.

  나 : (   ) 회사를 그만둔다고?

  ① 그렇다고 해도   ② 그렇다고 하면

  ③ 그렇다고 하니까   ④ 그렇다고 하던데

❺ 가 : 제주도 여행이 정말 재미있었어.

  나 : 그랬구나. 나도 (   ).

  ① 갈걸   ② 간대

  ③ 가게 됐어   ④ 간 모양이야

정답 1② 2① 3④ 4① 5①

평가 목표	대화를 듣고 화자의 의도나 목적을 추론할 수 있다.
유형	화자의 의도/목적 고르기
세부 내용	공적인 주제의 대화에서 남자의 의도 파악하기
지시문	남자가 말하는 의도로 알맞은 것을 고르십시오.
학습 포인트	-는 게 말이 돼?/-는다고 해도

연습문제

▶ **TRACK 27**

※ **[27~28] 다음을 듣고 물음에 답하십시오. (각 2점)**

27 남자가 말하는 의도로 알맞은 것을 고르십시오.

　① 상여금의 필요성을 알려 주려고

　② 상여금 지급에 대해 문의하려고

　③ 상여금을 지급하지 못하는 이유에 대해 설명하려고

　④ 상여금을 지급하지 않는 것에 대한 부당함을 알리려고

풀이

남자는 회사 사정이 어려워도 상여금을 지원해야 한다고 말하고 있다.

남자	그 소식 들었어? 올해는 회사 사정이 좋지 않아서 상여금을 지급하지 않기로 결정이 났대.
여자	그래? 수출이 급감해서 회사 자금 사정이 어렵다는 소문이 사실이었네. 그래도 상여금을 안 줄 줄은 몰랐어.
남자	그렇다고 해도 약속한 상여금을 지급하지 않는다는 게 말이 돼? 회사가 약속한 상여금을 지급하지 않는 것은 문제가 있다고 봐.
여자	이렇게까지 하는 걸 보면 회사가 정말 어려운 모양이지. 회사 사정으로 문을 닫은 곳도 많은데 우리가 이해해야 하지 않을까?

정답 ④

듣기 **28**번 문제

평가 목표	대화를 듣고 세부 내용을 파악할 수 있다.
유형	일치하는 내용 고르기
세부 내용	공적인 주제의 대화에서 세부 내용 파악하기
지시문	들은 내용과 같은 것을 고르십시오.
학습 포인트	-는 게 말이 돼?/-는다고 해도

연습문제

▶ **TRACK 28**

※ **[27~28] 다음을 듣고 물음에 답하십시오. (각 2점)**

28 들은 내용과 같은 것을 고르십시오.

① 이 회사는 곧 문을 닫을 것이다.

② 올해 이 회사는 수출을 많이 했다.

③ 이 회사는 경제적인 어려움을 겪고 있다.

④ 여자는 상여금을 지급하지 않는다는 것을 알고 있었다.

풀이

① 이 회사는 현재 자금 사정이 어렵지만 문을 닫을 것이라는 내용은 없다.

② 올해 이 회사는 수출이 급감했다.

③ 이 회사는 경제적인 어려움을 겪고 있다.

④ 여자는 상여금을 지급하지 않는다는 사실을 몰랐다.

남자	그 소식 들었어? 올해는 회사 사정이 좋지 않아서 상여금을 지급하지 않기로 결정이 났대.
여자	그래? 수출이 급감해서 회사 자금 사정이 어렵다는 소문이 사실이었네. 그래도 상여금을 안 줄 줄은 몰랐어.
남자	그렇다고 해도 약속한 상여금을 지급하지 않는다는 게 말이 돼? 회사가 약속한 상여금을 지급하지 않는 것은 문제가 있다고 봐.
여자	이렇게까지 하는 걸 보면 회사가 정말 어려운 모양이지. 회사 사정으로 문을 닫은 곳도 많은데 우리가 이해해야 하지 않을까?

정답 ③

| 학 습
포인트 | **인터뷰에서 사용되는 표현을 공부합시다.** |

-기 전에

뒤의 내용이 앞의 내용보다 앞설 때 사용한다.

가 : 배우가 되기 전에 무슨 일을 하셨습니까?

나 : 안 해 본 일이 별로 없습니다. 할 수 있는 아르바이트는 다 했으니까요.

-는 동안

계속되는 시간을 표현할 때 사용한다.

가 : 새로운 약을 개발하는 동안 가장 힘든 점이 무엇이었습니까?

나 : 결과에 대한 불안이 제일 힘들었던 것 같습니다.

-는다고요?

들은 사실을 확인할 때 사용한다.

가 : 이번 제품은 알약을 잘 먹지 못하는 사람들을 위해 개발하셨다고요?

나 : 네. 알약의 크기를 절반으로 줄여 사람들이 쉽게 먹을 수 있도록 했습니다.

-다는 점에서

근거를 제시하고 뒤 문장에서 평가를 내릴 때 사용한다.

가 : 전자제품을 사지 않고 구독해서 사용하는 것의 가장 큰 장점이 무엇입니까?

나 : 처음에 큰돈이 들어가지 않는다는 점에서 인기를 끌고 있습니다.

-아 놓다

행동이 끝난 상태가 지속됨을 나타낼 때 사용한다.

가 : 하루에 어떻게 이렇게 많은 일을 처리할 수 있는지 궁금합니다.

나 : 날마다 새벽에 일어나서 오늘 할 일을 정리해 놓습니다. 정리해 놓은 일을 하나씩 하다 보면 생각보다 많은 일을 처리하게 됩니다.

에도 불구하고

기대하는 내용과 다르거나 반대됨을 나타낼 때 사용한다.

가 : 주변의 반대에도 불구하고 사업을 시작하셨는데 이렇게 성공하리라고 생각하셨습니까?

나 : 전혀 아닙니다. 노력도 많이 했지만 운이 따른 결과라고 생각합니다.

을 비롯해(서)

앞의 내용을 시작으로 해서 뒤 문장도 그러함을 나타낼 때 사용한다.

가 : 새로 출시한 제품에 대해 소개를 부탁드립니다.

나 : 기능성 베개를 비롯해서 숙면을 유도하는 다양한 침구를 개발하였습니다.

조차

간단한 것, 기본적인 것을 못함을 강조하여 나타낼 때 사용한다.

가 : 팀장님께서는 새로운 제품을 내놓으실 때마다 인기를 끄는 이유가 무엇일까요?

나 : 회사의 지원이 큰 도움이 되지요. 아이디어가 있어도 시도조차 못하는 곳이 많으니까요.

체크 포인트

빈칸에 들어갈 말로 가장 알맞은 것을 고르십시오.

❶ 가 : 도로 청소를 하시면서 가장 힘든 점은 무엇입니까?

나 : 근무시간이지요. 다른 사람들이 (   ) 청소해야 하니까 보통 새벽 3시에 근무를 시작합니다.

① 주무시면서   ② 주무시기 전에

③ 주무시는 동안   ④ 주무시다 보면

❷ 가 : 구내식당의 점심 메뉴는 그날그날 정하는 건가요?

나 : 아닙니다. 일주일 동안의 점심 메뉴를 미리 (   ). 게시판에 공지도 하고요.

① 정해 놓습니다   ② 정할 만합니다

③ 정하기도 합니다   ④ 정하기 때문입니다

❸ 가 : 교통 방송은 교통 상황에 따라 방송 내용이 달라져야 하니까 원고를 미리 준비할 필요가 없겠네요.

나 : 그렇지 않습니다. 방송을 (   ) 미리 기본적인 내용은 준비합니다.

① 시작할수록   ② 시작하는지

③ 시작한 후에   ④ 시작하기 전에

❹ 가 : 전기 자동차가 인기를 끌고 있습니다.

나 : 환경오염을 (   ) 전기 자동차가 주목을 받고 있는 것 같습니다.

① 줄일 수 있다고 해도   ② 줄일 수 있다는 점에서

③ 줄일 수 있기는 하지만   ④ 줄일 수 있음에도 불구하고

❺ 가 : 요즘은 인공지능 제품이 많아져서 생활이 편해졌습니다.

나 : 그렇습니다. 10년 전만 해도 (   ) 못했던 일들이 현실이 되고 있습니다.

① 생각조차   ② 생각만큼

③ 생각보다   ④ 생각에 비해

정답   1 ③   2 ①   3 ④   4 ②   5 ①

평가 목표	인터뷰를 듣고 참여자에 대해 추론할 수 있다.
유형	대화 참여자 고르기
세부 내용	남자의 직업이나 하는 일 추론하기
지시문	남자가 누구인지 고르십시오.
학습 포인트	-는다고요?/에도 불구하고/을 비롯해(서)

연습문제

▶ **TRACK 29**

※ **[29~30] 다음을 듣고 물음에 답하십시오. (각 2점)**

29　남자가 누구인지 고르십시오.

　　① 가구를 만드는 사람

　　② 가구를 홍보하는 사람

　　③ 해외 유명 제품을 판매하는 사람

　　④ 해외 유명 가구를 수리하는 사람

풀이

남자는 가구를 만드는 사람이다.

여자	새로운 가구를 만들기 전에 해외 유명 제품을 비롯해서 대부분의 관련 제품을 집요하게 써 보신다고요?
남자	네. 관련된 제품을 사용하다 보면 소비자의 입장에서 불편한 점을 발견하게 됩니다. 저는 이러한 단점을 보완한 제품을 만들려고 노력합니다. 이것이 수많은 아이디어 제품을 탄생시킨 비결이지요.
여자	이번에 나온 의자도 반응이 뜨겁습니다.
남자	별다른 홍보를 하지 않았음에도 불구하고 수요가 많아서 공급이 따라가지 못하는 실정입니다. 오랜 시간 의자에 앉아서 근무하는 사람들의 사용 후기가 많은 영향을 미친 것 같습니다.

정답　①

듣기　30번 문제

평가 목표	인터뷰를 듣고 세부 내용을 파악할 수 있다.
유형	일치하는 내용 고르기
세부 내용	인터뷰의 세부 내용 파악하기
지시문	들은 내용과 같은 것을 고르십시오.
학습 포인트	-는다고요?/에도 불구하고/을 비롯해(서)

연습문제

▶ TRACK 30

※ [29~30] 다음을 듣고 물음에 답하십시오. (각 2점)

30 들은 내용과 같은 것을 고르십시오.

① 새로 나온 의자는 해외 유명 제품이다.

② 새로 나온 의자는 단점을 보완해야 한다.

③ 새로 나온 의자에 대한 홍보를 많이 했다.

④ 새로 나온 의자에 대한 소비자의 반응이 좋다.

풀이

① 새로 나온 의자는 남자가 만든 제품이다.

② 가구를 새로 만들 때 단점을 보완하려고 노력한다.

③ 새로 나온 의자에 대한 홍보를 많이 하지 않았다.

④ 새로 나온 의자에 대한 소비자의 반응이 좋다.

> 여자　새로운 가구를 만들기 전에 해외 유명 제품을 비롯해서 대부분의 관련 제품을 집요하게 써 보신다고요?
>
> 남자　네. 관련된 제품을 사용하다 보면 소비자의 입장에서 불편한 점을 발견하게 됩니다. 저는 이러한 단점을 보완한 제품을 만들려고 노력합니다. 이것이 수많은 아이디어 제품을 탄생시킨 비결이지요.
>
> 여자　이번에 나온 의자도 반응이 뜨겁습니다.
>
> 남자　별다른 홍보를 하지 않았음에도 불구하고 수요가 많아서 공급이 따라가지 못하는 실정입니다. 오랜 시간 의자에 앉아서 근무하는 사람들의 사용 후기가 많은 영향을 미친 것 같습니다.

정답　④

15 토론의 내용 이해하기

| 학 습 포인트 | **토론에서 사용되는 표현을 공부합시다.** |

-고요   앞의 문장에 내용을 덧붙일 때 사용한다.

가 : 최근에 중고 거래 사기가 급증했다고 해요. 피해액도 크고요. 정부의 강력한 대책이 필요하다고 생각합니다.

나 : 정부의 규제가 최선은 아니라고 생각합니다.

-는 게 아니라   앞 내용이 아니라 뒤 내용을 주장함을 나타낼 때 사용한다.

가 : 환경보호를 위해 개발을 멈추어야 합니까?

나 : 개발을 중지하라는 게 아니라 환경보호도 고려해야 한다는 것입니다.

-는다면   가능성이 적은 일을 가정할 때 사용한다.

가 : 담배 가격을 인상한다면 흡연율을 줄일 수 있지 않을까요?

나 : 물론 조금은 감소할 수 있겠지만 그 효과는 크지 않으리라고 생각합니다.

-아야   반드시 필요한 조건이나 가정을 표현할 때 사용한다.

가 : 가난한 노인들의 문제가 심각한 상황입니다.

나 : 네. 맞습니다. 저는 정부의 지원이 있어야 이 문제를 해결할 수 있다고 봅니다.

-으려면   의도를 가정할 때 사용한다.

가 : 저출산 문제를 해결하려면 정부의 경제적인 지원이 필요하다고 봐요.

나 : 경제적으로 지원한다고 저출산 문제가 해결될까요? 저는 그렇게 생각하지 않습니다.

-을 텐데요   추측을 표현할 때 사용한다.

가 : 무주택자를 위해서 이곳에 아파트를 많이 지어야 한다고 생각합니다.

나 : 그럼 이곳에 살고 있는 많은 동물들이 살아갈 수 없을 텐데요.

그래도   상대의 말을 인정하면서 반대의 의견을 나타낼 때 사용한다.

가 : 요즘 아이들이 시끄럽다고 출입을 금지하는 카페가 많아요.

나 : 그래도 출입을 금지하는 건 너무 심한 조치인 것 같아요.

그렇기는 하지만 앞의 말을 인정하면서 다른 의견을 표현할 때 사용한다.

가 : 연예인들의 사생활을 파헤치는 것은 문제라고 봐요.

나 : 그렇기는 하지만 연예인도 공인이니까 일정 부분은 공개되어도 되는 거 아니에요?

체크 포인트

빈칸에 들어갈 말로 가장 알맞은 것을 고르십시오.

1 가 : 학교 사물함을 현관 입구에 만들면 어떨까요?

나 : 현관 입구는 많은 사람들이 다니는 곳이라서 좀 (   ).

① 복잡하네요　　　　　　　　② 복잡할 텐데요

③ 복잡하면 됩니다　　　　　　④ 복잡했던 것 같습니다

2 가 : 요즘은 창업해서 성공한 사람들이 많은 것 같습니다.

나 : 누구나 성공하는 것은 아닙니다. 창업하기 전에 철저하게 (   ) 성공의 가능성이 있겠지요.

① 조사해야　　　　　　　　　② 조사하거나

③ 조사하다가　　　　　　　　④ 조사하지 않으면

3 가 : 적당한 음주는 기분을 좋게 하지요. 건강에도 (   ).

나 : 그렇다고 해도 날마다 술을 드시는 것은 좋지 않습니다.

① 도움이 되고요　　　　　　　② 도움이 될 텐데요

③ 도움이 되기 바랍니다　　　　④ 도움이 되어야 합니다

4 가 : 카페에서 장시간 공부하는 학생들이 많아져서 카페 이용 시간을 제한한대요.

나 : (   ) 카페 이용 시간을 제한하는 것은 문제가 있지 않을까요?

① 그래도　　　　　　　　　　② 그래서

③ 그러니까　　　　　　　　　④ 그러다가

5 가 : 70세 이상의 노인들에게 매달 생활비를 지원해 줘야 한다고 생각합니다.

나 : 매달 생활비를 (   ) 엄청난 돈이 필요할 텐데요.

① 지원하려면　　　　　　　　② 지원하다 보니

③ 지원하는 데다가　　　　　　④ 지원하는 게 아니라

정답 1 ② 2 ① 3 ① 4 ① 5 ①

평가 목표	토론을 듣고 중심 생각을 추론할 수 있다.
유형	중심 생각 고르기
세부 내용	남자의 중심 생각 찾기
지시문	남자의 중심 생각으로 가장 알맞은 것을 고르십시오.
학습 포인트	-는 게 아니라/-는다면/그렇기는 하지만

연습문제

▶ **TRACK 31**

※ **[31~32] 다음을 듣고 물음에 답하십시오. (각 2점)**

31 남자의 중심 생각으로 가장 알맞은 것을 고르십시오.

① 임산부 배려석은 유지할 필요가 없다.

② 비어 있는 임산부 배려석은 이용해도 된다.

③ 임산부가 자리 양보를 요구하는 것은 좋지 않다.

④ 임산부 배려석을 이용하는 사람이 많아서 문제이다.

풀이

남자는 임산부가 없을 때는 임산부 배려석을 이용해도 된다고 생각한다.

여자	지하철에서 임산부 배려석에 임산부가 아닌 사람이 앉아 있는 걸 보면 보기가 안 좋아요. 임산부를 배려하려고 만든 자리잖아요.
남자	그렇기는 하지만 계속 비워 놓을 필요가 있을까요? 임산부가 타면 자리를 양보하면 되잖아요.
여자	누군가가 앉아 있다면 임산부가 자리를 비켜 달라고 하기가 불편하지 않을까요? 임산부가 편하게 이용하려면 자리를 비워 놓아야 한다고 생각해요.
남자	임산부에게 자리를 양보하지 않겠다는 게 아니라 임산부가 없을 때 비어 있는 자리를 활용하자는 거지요. 임산부가 타면 바로 양보하면 되지요.

정답 ②

듣기 　**32**번 문제

평가 목표	토론을 듣고 화자의 태도나 말하는 방식을 추론할 수 있다.
유형	화자의 태도/말하는 방식 고르기
세부 내용	남자의 태도 고르기
지시문	남자의 태도로 가장 알맞은 것을 고르십시오.
학습 포인트	-는 게 아니라/-는다면/그렇기는 하지만

연습문제

▶ **TRACK 32**

※ **[31~32] 다음을 듣고 물음에 답하십시오. (각 2점)**

32 남자의 태도로 가장 알맞은 것을 고르십시오.

　① 상대방의 의견에 동의한다.

　② 구체적인 예를 들어 설명하고 있다.

　③ 필요 없는 정책에 대해 우려하고 있다.

　④ 자신의 의견을 지속적으로 주장하고 있다.

풀이

남자는 비어 있는 임산부 배려석을 이용해도 된다는 자신의 생각을 계속 주장하고 있다.

여자	지하철에서 임산부 배려석에 임산부가 아닌 사람이 앉아 있는 걸 보면 보기가 안 좋아요. 임산부를 배려하려고 만든 자리잖아요.
남자	그렇기는 하지만 계속 비워 놓을 필요가 있을까요? 임산부가 타면 자리를 양보하면 되잖아요.
여자	누군가가 앉아 있다면 임산부가 자리를 비켜 달라고 하기가 불편하지 않을까요? 임산부가 편하게 이용하려면 자리를 비워 놓아야 한다고 생각해요.
남자	임산부에게 자리를 양보하지 않겠다는 게 아니라 임산부가 없을 때 비어 있는 자리를 활용하자는 거지요. 임산부가 타면 바로 양보하면 되지요.

정답　④

16 강연의 내용 이해하기 1

| 학 습 포인트 | **강연에서 사용되는 표현을 공부합시다.** |

-는다고 해서 일반적인 생각과 다른 것이 있음을 나타낼 때 사용한다.

전통적인 것을 현대화시켰다고 해서 전통이 사라지는 것은 아니라고 생각합니다.

-는 대신(에) 앞의 행동을 하지 않고 다른 행동으로 대체할 때 사용한다.

환경을 위해 차로 출퇴근하는 대신에 대중교통을 이용하기로 했다.

-는 데 비해(서) 앞의 내용과 비교할 때 사용한다.

문법의 난이도가 높은 데 비해 어휘의 난이도는 그리 높지 않습니다.

-는 한 뒤 내용의 전제나 조건을 나타낼 때 사용한다.

식습관을 개선하지 않는 한 비만은 해결되기 어렵습니다.

과 달리 앞의 내용과 다른 사실을 표현할 때 사용한다.

정부의 예상과 달리 경제가 잘 회복되지 않고 있습니다.

그 결과 앞의 내용에 따른 결과를 나타낼 때 사용한다.

수많은 실패를 경험했습니다. 그 결과 친환경 포장재를 개발하게 되었습니다.

만 해도 예를 들어 제시할 때 사용한다.

10년 전만 해도 인공지능 기술이 이렇게 생활 속에서 활용될지 생각조차 못했습니다.

을 앞세워 앞에 나아가게 하거나 드러내어 주장할 때 사용한다.

인주기업은 인공지능 기술을 앞세워 해외 시장에 진출하겠다고 밝혔습니다.

빈칸에 들어갈 말로 가장 알맞은 것을 고르십시오.

1 정부가 적극적으로 (   ) 청년 실업 문제는 해결되기 어렵다고 생각합니다.

① 나서려면   ② 나서지 않아야

③ 나선다고 해서   ④ 나서지 않는 한

2 (   ) 광고한다고 해도 제품이 좋지 않으면 잘 팔리지 않습니다.

① 인기 배우라면   ② 인기 배우와 달리

③ 인기 배우 대신에   ④ 인기 배우를 앞세워

3 올해부터 세계 경제가 좋아질 것으로 예상했지만 (   ) 경제는 더 안 좋아지고 있습니다.

① 예상과 달리   ② 예상에 대해

③ 예상한 결과   ④ 예상한 것처럼

4 평균 수명은 (   ) 건강 수명은 줄어든 것으로 나타났습니다.

① 늘어나는 한   ② 늘어난다고 해서

③ 늘어난 데 비해   ④ 늘어나기 때문에

5 경제가 (   ) 국민들이 모두 다 잘살게 된 것은 아닙니다.

① 좋아질수록   ② 좋아진 대신에

③ 좋아진 데 비해   ④ 좋아졌다고 해서

듣기

정답   1 ④   2 ④   3 ①   4 ③   5 ④

평가 목표	강연을 듣고 화제를 파악할 수 있다.
유형	화제 고르기
세부 내용	강연의 전체적인 내용 파악하기
지시문	무엇에 대한 내용인지 알맞은 것을 고르십시오.
학습 포인트	그 결과/만 해도

연습문제

▶ **TRACK 33**

※ **[33~34] 다음을 듣고 물음에 답하십시오. (각 2점)**

33 무엇에 대한 내용인지 알맞은 것을 고르십시오.

① 전통 국악의 장점

② 전통문화가 대중화되는 과정

③ 국악의 현대화의 장점과 단점

④ 국악을 현대화해야 하는 이유

풀이

국악의 현대화가 젊은 세대에게 친숙하게 다가갈 수 있다는 장점이 있는 반면 전통문화의 정체성을 잃어버릴 수 있는 단점도 있다는 내용이다.

여자 요즘은 전통을 재해석하는 경우가 많지요? 전통 과자를 요즘 젊은이들의 입맛에 맞게 만들거나 한복을 입기 편하게 바꾸기도 합니다. 그 결과 젊은 세대에게 많은 인기를 끌고 있습니다. 지금 들려 드린 국악도 전통 국악과는 느낌이 좀 다릅니다. 악기는 전통악기를 사용하고 있지만 리듬과 멜로디는 현대음악입니다. 이러한 국악의 현대화는 남녀노소 모두가 즐기는 음악의 한 장르로 자리 잡았습니다. 국악의 현대화가 국악의 대중화를 가져온 거지요. 몇 년 전만 해도 생각지도 못한 변화입니다. 그러나 국악의 현대화 작업이 장점만 있는 것은 아닙니다. 우리 전통문화의 정체성을 잃어버릴 수도 있으니까요. 젊은 세대에게 가까이 다가가는 것도 중요하지만 우리의 국악을 그대로 지키는 것도 중요하다고 봅니다.

정답 ③

듣기　　34번 문제

평가 목표	강연을 듣고 세부 내용을 파악할 수 있다.
유형	일치하는 내용 고르기
세부 내용	강연의 세부 내용 파악하기
지시문	들은 내용과 같은 것을 고르십시오.
학습 포인트	그 결과/만 해도

연습문제

▶ **TRACK 34**

※ **[33~34] 다음을 듣고 물음에 답하십시오. (각 2점)**

34 들은 내용과 같은 것을 고르십시오.

① 국악의 현대화는 국악의 대중화를 가져왔다.

② 전통 한복이 젊은이들에게 인기를 끌고 있다.

③ 현대화된 국악은 젊은 세대만 즐기는 음악이다.

④ 현대화된 국악은 전통악기를 거의 사용하지 않는다.

풀이

① 국악의 현대화는 국악의 대중화를 가져왔다.

② 변형된 한복이 젊은이들에게 인기를 끌고 있다.

③ 현대화된 국악은 남녀노소 모두가 즐기는 음악이다.

④ 현대화된 국악에 전통악기를 사용한다.

> **여자** 요즘은 전통을 재해석하는 경우가 많지요? 전통 과자를 요즘 젊은이들의 입맛에 맞게 만들거나 한복을 입기 편하게 바꾸기도 합니다. 그 결과 젊은 세대에게 많은 인기를 끌고 있습니다. 지금 들려 드린 국악도 전통 국악과는 느낌이 좀 다릅니다. 악기는 전통악기를 사용하고 있지만 리듬과 멜로디는 현대음악입니다. 이러한 국악의 현대화는 남녀노소 모두가 즐기는 음악의 한 장르로 자리 잡았습니다. 국악의 현대화가 국악의 대중화를 가져온 거지요. 몇 년 전만 해도 생각지도 못한 변화입니다. 그러나 국악의 현대화 작업이 장점만 있는 것은 아닙니다. 우리 전통문화의 정체성을 잃어버릴 수도 있으니까요. 젊은 세대에게 가까이 다가가는 것도 중요하지만 우리의 국악을 그대로 지키는 것도 중요하다고 봅니다.

정답　①

학습 포인트 **공식적인 인사말에서 사용되는 표현을 공부합시다.**

-기를 기대하다　기대하는 내용을 표현할 때 사용한다.

앞으로 국가의 발전에 도움이 되는 과학 인재가 많이 나올 수 있기를 기대합니다.

-는 중에　행동이 계속되고 있음을 나타낼 때 사용한다. 인사말에 자주 사용된다.

바쁘신 중에 이렇게 참석해 주셔서 감사합니다.

-아 달라는　요구의 내용을 나타낼 때 사용한다.

과학 인재를 양성해 달라는 정부의 요청에 따라 과학 중점 대학교를 설립하게 되었습니다.

-아 오다　어떤 행동이 계속되어 왔음을 표현할 때 사용한다.

우리 회사는 지난 30년 동안 소비자의 의견을 반영하여 지속적으로 신제품을 개발해 왔습니다.

-을 겁니다　예측하거나 예상을 나타낼 때 사용한다.

여러분은 미래에 한국의 과학 발전을 책임지는 인재로 성장하게 될 겁니다.

에 이어(서)　앞의 내용에 계속 연결됨을 나타낼 때 사용한다.

우리 학교가 작년에 이어 올해도 최우수 교육기관으로 선정되었습니다.

으로서　신분이나 자격을 나타낼 때 사용한다.

우리 회사는 앞으로도 한국을 대표하는 기업으로서 그 역할을 다하겠습니다.

을 바탕으로　기본이나 근거를 나타낼 때 사용한다.

그동안의 연구 개발 경험을 바탕으로 새로운 도전을 시작하고자 합니다.

빈칸에 들어갈 말로 가장 알맞은 것을 고르십시오.

1 나라를 위해서 희생하신 분들이 잊히지 않고 영원히 (   ).

① 기억해 왔습니다   ② 기억되는 모양입니다

③ 기억했던 것 같습니다   ④ 기억되기를 기대합니다

2 저도 한 명의 (   ) 한국 영화를 살리기 위해 이 자리에 나왔습니다.

① 영화인조차   ② 영화인으로서

③ 영화인이라면   ④ 영화인과 달리

3 우리나라 영화가 사라지지 않도록 (   ) 우리의 목소리를 꼭 기억해 주십시오.

① 지키는 한   ② 지키는 중에

③ 지켜 달라는   ④ 지키는 대신에

4 김수미 선수는 아시아 선수권 대회 (   ) 세계 선수권 대회에서도 우승했습니다.

① 우승조차   ② 우승과 달리

③ 우승에 이어   ④ 우승하는 동안

5 앞으로 우리 회사는 세계적인 회사로 (   ). 기대해 주십시오. 감사합니다.

① 성장할 겁니다   ② 성장한 편입니다

③ 성장해 왔습니다   ④ 성장한 모양입니다

정답 1④ 2② 3③ 4③ 5①

평가 목표	공식적인 인사말을 듣고 담화 상황을 추론할 수 있다.
유형	담화 상황 고르기
세부 내용	공식적인 인사말의 전체 내용 파악하기
지시문	남자가 무엇을 하고 있는지 고르십시오.
학습 포인트	-는 중에/을 바탕으로

연습문제

▶ **TRACK 35**

※ **[35~36] 다음을 듣고 물음에 답하십시오. (각 2점)**

35 남자가 무엇을 하고 있는지 고르십시오.

① 시골 학교의 변천 과정을 말하고 있다.

② 김인주 선생님의 업적을 설명하고 있다.

③ 김인주 선생님이 개발한 교육과정을 소개하고 있다.

④ 시골 학교의 어려움을 말하고 지원을 호소하고 있다.

풀이

남자는 정년퇴직을 맞이하는 김인주 선생님의 업적을 소개하고 있다.

> 남자 오늘은 우리 학교에서 35년을 근무하신 김인주 교장 선생님이 정년퇴직을 하시는 날입니다. 바쁘신 중에도 오늘 이 자리에 참석해 주신 모든 분들께 감사의 인사를 전합니다. 선생님께서는 서울에서 2년을 근무하시다가 아무도 희망하지 않았던 이 시골 학교에 지원하셨습니다. 그 당시에는 교실에 책상과 의자도 부족했는데 선생님께서 여러 방면으로 노력하셔서 더 좋은 환경을 만들어 주셨습니다. 자연 속에서 뛰어놀며 배워야 한다는 교육 철학을 바탕으로 여러 프로그램을 개발하셨고 그 덕분에 지금은 도시에서 전학 오는 학생들도 많아졌습니다. 선생님이 오시기 전에 20여 명이었던 학생이 지금은 열 배로 늘었습니다. 선생님의 열정을 우리 모두 잘 간직하겠습니다.

정답 ②

듣기 36번 문제

평가 목표	공식적인 인사말을 듣고 세부 내용을 파악할 수 있다.
유형	일치하는 내용 고르기
세부 내용	공식적인 인사말의 세부 내용 파악하기
지시문	들은 내용과 같은 것을 고르십시오.
학습 포인트	-는 중에/을 바탕으로

연습문제

▶ TRACK 36

※ [35~36] 다음을 듣고 물음에 답하십시오. (각 2점)

36 들은 내용과 같은 것을 고르십시오.

① 이 학교는 35년 전에 만들어졌다.

② 김인주 선생님은 이 학교에서만 근무했다.

③ 이 학교의 재학생은 현재 약 200명 정도이다.

④ 김인주 선생님 덕분에 학생들의 성적이 많이 올랐다.

풀이

① 김인주 선생님이 35년 전에 이 학교에 왔다.

② 김인주 선생님은 서울에서 2년 근무하다가 이 학교로 왔다.

③ 이 학교의 재학생은 현재 약 200명 정도이다.

④ 김인주 선생님 덕분에 도시에서 전학 오는 학생들이 많아졌다.

> 남자 오늘은 우리 학교에서 35년을 근무하신 김인주 교장 선생님이 정년퇴직을 하시는 날입니다. 바쁘신 중에도 오늘 이 자리에 참석해 주신 모든 분들께 감사의 인사를 전합니다. 선생님께서는 서울에서 2년을 근무하시다가 아무도 희망하지 않았던 이 시골 학교에 지원하셨습니다. 그 당시에는 교실에 책상과 의자도 부족했는데 선생님께서 여러 방면으로 노력하셔서 더 좋은 환경을 만들어 주셨습니다. 자연 속에서 뛰어 놀며 배워야 한다는 교육 철학을 바탕으로 여러 프로그램을 개발하셨고 그 덕분에 지금은 도시에서 전학 오는 학생들도 많아졌습니다. 선생님이 오시기 전에 20여 명이었던 학생이 지금은 열 배로 늘었습니다. 선생님의 열정을 우리 모두 잘 간직하겠습니다.

정답 ③

학습 포인트 교양 프로그램에서 사용되는 표현을 공부합시다.

-는 경향이 있다 어떠한 방향으로 치우침을 나타낼 때 사용한다.

가 : 올해 국내 관광 산업이 적자인데요. 그 원인이 무엇일까요?

나 : 요즘 해외로 휴가를 떠나는 경향이 있습니다. 외국인 관광객은 감소하고 우리 국민들은 해외로 많이 나가다 보니 관광 산업이 적자일 수밖에 없지요.

-는 과정에서 하고 있는 동안에 발생한 일을 나타낼 때 사용한다.

가 : 올해 임금 협상이 잘 이루어지지 않은 이유를 무엇이라고 생각하십니까?

나 : 임금 협상을 하는 과정에서 양측의 신뢰 관계가 많이 깨진 것 같습니다.

-는 면에서 어떤 특정한 기준으로 평가할 때 사용한다.

가 : 기존의 제품과 비교해 볼 때 어떤 면에서 가장 큰 차이가 있습니까?

나 : 이번에 나온 신제품은 기존 제품에 비해 기술적으로 모든 면에서 앞선다고 생각합니다.

-는 상황이다 지금의 상태나 모습을 설명할 때 사용한다.

가 : 교수님, 청년 실업률이 점점 증가하고 있다면서요?

나 : 네. 맞습니다. 올해 청년 실업률이 사상 최대치를 기록하고 있는 상황입니다. 이대로 가다가는 큰 사회문제가 될 것입니다.

-아야만 앞의 내용이 필수적인 조건임을 나타낼 때 사용한다.

가 : 일회용품 사용에 대한 문제는 정부의 개입이 있어야만 해결될까요?

나 : 정부의 개입도 필요하지만 개개인의 인식 변화가 우선되어야 한다고 봅니다.

-으므로 이유나 원인을 표현할 때 사용한다.

가 : 청년 실업률이 올해 크게 증가한 이유가 무엇이라고 생각하십니까?

나 : 경제 상황이 좋지 않으므로 기업들이 신규 채용을 줄이는 거지요.

-을 정도이다 비교되는 상황을 통해 강조함을 나타낼 때 사용한다.

가 : 교수님, 물 부족 문제가 그렇게 심각한가요?

나 : 네. 그렇습니다. 몇몇 국가는 마실 수 있는 물이 없어 생명에 위협을 느낄 정도입니다.

그렇다 보니	앞의 상황이 지속되어 결과가 나타날 때 사용한다.

가 : 올해 대기업의 신입사원 채용 규모가 작년의 절반 정도라고 합니다.

나 : 네, 맞습니다. 그렇다 보니 청년 실업률은 작년보다 많이 증가했습니다.

체크 포인트

빈칸에 들어갈 말로 가장 알맞은 것을 고르십시오.

❶ 가 : 교수님, 한국의 인공지능 산업의 발전에 대해서 말씀해 주시겠습니까?

나 : 저는 (   ) 세계 최고 수준이라고 생각합니다.

① 기술을 앞세워 ② 기술을 바탕으로

③ 기술적인 면에서 ④ 기술적인 면에 이어

❷ 가 : 박사님, 인간이 자연과 공존해서 살 수 있는 방법은 뭘까요?

나 : 사실 산업이 (   ) 환경은 많은 피해를 입게 되었지요. 이제는 자연을 보호하면서 산업을 발전시킬 수 있는 방법을 찾아야 합니다.

① 발전한다고 해서 ② 발전하는 면에서

③ 발전한다고 하면 ④ 발전하는 과정에서

❸ 가 : 앞으로 필름 카메라는 완전히 사라질까요?

나 : 그렇지는 않을 겁니다. 물론 필름은 비싸기도 하고 구하기도 (   ) 많이 사용되지 는 않겠지만 사라지지는 않을 거라고 봅니다.

① 쉽지 않으므로 ② 쉽지 않은 반면에

③ 쉽지 않다고 해서 ④ 쉽지 않은 데 비해

❹ 가 : 요즘은 회사에 취직하기가 하늘의 별따기라고 합니다.

나 : 네. (   ) 취업을 포기한 청년들도 많습니다.

① 그러다가 ② 그래야만

③ 그렇다 보니 ④ 그런 게 아니고

❺ 가 : 한국의 출산율이 이렇게 낮은 이유가 무엇이라고 생각하십니까?

나 : 젊은이들이 결혼을 (   ). 결혼을 하지 않으니 출산율도 낮아질 수밖에 없겠지요.

① 하지 않기 바랍니다 ② 하지 않을 예정입니다

③ 하지 않기를 기대합니다 ④ 하지 않으려는 경향이 있습니다

정답 1③ 2④ 3① 4③ 5④

평가 목표	교양 프로그램을 듣고 중심 생각을 추론할 수 있다.
유형	중심 생각 고르기
세부 내용	여자의 중심 생각 추론하기
지시문	여자의 중심 생각으로 가장 알맞은 것을 고르십시오.
학습 포인트	-아야만/-을 정도이다

연습문제

▶ **TRACK 37**

※ [37~38] 다음을 듣고 물음에 답하십시오. (각 2점)

37 여자의 중심 생각으로 가장 알맞은 것을 고르십시오.

① 불면증은 치료가 힘든 질병이다.

② 불면증 전문 치료 병원이 필요하다.

③ 불면증의 원인을 정확하게 알아야 한다.

④ 불면증으로 인해 일상생활이 힘든 사람이 많다.

풀이

여자는 불면증을 해결하려면 근본적인 원인을 찾아야 한다고 생각한다.

> 남자   교수님, 요즘 불면증으로 고생하시는 분들이 상당히 늘었는데요, 수면 장애를 이겨낼 수 있는 좋은 방법은 무엇인가요?
>
> 여자   조명의 불빛을 조절한다든가 따뜻한 차를 마시는 것이 숙면에 도움이 됩니다. 안대 등의 수면 보조 제품을 활용하는 것도 좋고요. 하지만 가장 중요한 것은 불면증의 원인이 무엇인지 정확하게 파악하는 것입니다. 원인을 정확하게 알아야만 그 해결 방법을 찾을 수 있기 때문입니다. 불면증을 그대로 방치하면 정신적인 문제를 유발시킬 수 있습니다. 불면증으로 인해 일상생활이 힘들 정도라면 먼저 병원을 찾아 그 원인을 찾아보는 것이 필요합니다.

정답 ③

듣기 · 38번 문제

평가 목표	교양 프로그램을 듣고 세부 내용을 파악할 수 있다.
유형	일치하는 내용 고르기
세부 내용	교양 프로그램의 세부 내용 파악하기
지시문	들은 내용과 같은 것을 고르십시오.
학습 포인트	-아야만/-을 정도이다

연습문제

▶ TRACK 38

※ **[37~38] 다음을 듣고 물음에 답하십시오. (각 2점)**

38 들은 내용과 같은 것을 고르십시오.

① 수면 보조 제품은 효과가 전혀 없다.

② 불면증으로 고생하는 사람이 감소했다.

③ 불면증의 원인에 따라 해결 방법이 다르다.

④ 불면증은 개인적인 방법으로 해결이 가능하다.

풀이

① 수면 보조 제품을 활용하는 것도 좋다.

② 불면증으로 고생하는 사람이 상당히 늘었다.

③ 불면증의 원인에 따라 해결 방법이 다르다.

④ 불면증이 심한 경우에는 병원에 가서 원인을 찾는 것이 좋다.

> 남자 교수님, 요즘 불면증으로 고생하시는 분들이 상당히 늘었는데요, 수면 장애를 이겨낼 수 있는 좋은 방법은 무엇인가요?
>
> 여자 조명의 불빛을 조절한다든가 따뜻한 차를 마시는 것이 숙면에 도움이 됩니다. 안대 등의 수면 보조 제품을 활용하는 것도 좋고요. 하지만 가장 중요한 것은 불면증의 원인이 무엇인지 정확하게 파악하는 것입니다. 원인을 정확하게 알아야만 그 해결 방법을 찾을 수 있기 때문입니다. 불면증을 그대로 방치하면 정신적인 문제를 유발시킬 수 있습니다. 불면증으로 인해 일상 생활이 힘들 정도라면 먼저 병원을 찾아 그 원인을 찾아보는 것이 필요합니다.

정답 ③

| 학 습 포인트 | 대담에서 사용되는 표현을 공부합시다. |

-고자 하다

의도를 나타낼 때 사용한다.

가 : 지금부터 물 부족 문제에 대해 논의하고자 합니다.

나 : 물 부족 현상은 사실 한 나라만의 문제가 아니므로 전 세계적으로 심각성을 인지해야 한다고 봅니다.

-긴 한데요

앞의 내용을 인정하지만 반대의 의견이 있음을 나타낼 때 사용한다.

가 : 댓글을 달 때 실명을 사용하게 되면 표현의 자유가 없어지지 않을까요?

나 : 그렇긴 한데요. 심한 악플을 막을 수 있는 긍정적인 면도 있다고 봅니다.

-는군요

새로 알게 되거나 확인한 사실을 나타낼 때 사용한다.

가 : 지구 온난화 문제가 생각보다 심각하군요.

나 : 그렇습니다. 우리의 생활 습관을 바꾸지 않는 한 앞으로는 더 빠른 속도로 진행될 것입니다.

-는다는 거지요

다시 한번 반복하여 강조함을 나타낼 때 사용한다.

가 : 수입품 불매운동이 확산되고 있습니다. 자국의 제품만 사겠다는 거지요.

나 : 요즘 같은 세상에 수입품을 사용하지 않는 게 가능한가요?

-되

앞의 내용을 인정하거나 허락하지만 조건이 있음을 나타낼 때 사용한다.

가 : 한복이 변형되면서 전통 한복의 모습이 거의 사라지는 것 같습니다.

나 : 네. 맞습니다. 한복을 편하게 만들되 전통은 지켜 나갔으면 좋겠습니다.

-아지면서

상태의 변화와 동시에 발생하는 상황을 나타낼 때 사용한다.

가 : 경제가 좋아지면서 신입사원을 채용하는 기업들이 많이 늘었습니다.

나 : 맞습니다. 대기업을 비롯해서 중소기업들도 채용 규모를 늘리고 있습니다.

꼴로

숫자에 붙어 그 정도임을 나타낼 때 사용한다.

가 : 10명에 한 명꼴로 컴퓨터 바이러스로 인한 피해를 입었다고 합니다.

나 : 생각보다 많은 사람들이 불편을 겪었군요.

이라도

최선은 아니지만 그런대로 괜찮음을 나타낼 때 사용한다.

가 : 식비라도 아끼기 위해서 방학에 학생 식당을 이용하는 학생들이 많습니다.

나 : 그럼, 학생들이 불편하지 않도록 학생 식당 이용 시간을 늘리는 게 어떨까요?

체크 포인트

빈칸에 들어갈 말로 가장 알맞은 것을 고르십시오.

① 가 : 청년 실업 문제가 우리나라만의 문제는 아니군요. 그럼 어떻게 해결해야 할까요?

　　나 : 청년들이 10명에 (　　　　　) 취업을 포기하고 있다고 합니다. 이제는 정부가 나서야 할 때입니다.

　　① 두 명꼴로　　　　　　　　　② 두 명조차

　　③ 두 명이라도　　　　　　　　④ 두 명을 비롯하여

② 가 : 예전에는 영화배우들이 적은 연봉을 받고 일했군요. 영화가 성공하면 영화사들이 돈을 많이 버니까 좋았겠네요.

　　나 : (　　　　　). 그때는 영화관도 많이 없고 해서 영화가 성공하기 쉽지 않았어요.

　　① 그랬어요　　　　　　　　　② 그랬군요

　　③ 그렇긴 한데요　　　　　　　④ 그랬다는 거지요

③ 가 : 요즘은 경제적인 문제로 인해 부모와 같이 살려고 하는 청년들이 많습니다.

　　나 : 네. 그렇습니다. 부모님과 함께 (　　　　　) 너무 의존하지는 말아야 합니다.

　　① 살되　　　　　　　　　　　② 살므로

　　③ 살다가　　　　　　　　　　④ 사는 한

④ 가 : 인주시에서 집이 없는 청년들을 위해 계획하고 있는 사업이 있습니까?

　　나 : 네. 집이 없는 청년들이 함께 모여 살 수 있는 아파트를 (　　　　　).

　　① 짓는군요　　　　　　　　　② 짓고자 합니다

　　③ 지었던 것 같습니다　　　　④ 짓는 경향이 있습니다

⑤ 가 : 학생들을 위한 천 원의 아침밥이 아주 인기라고 들었습니다.

　　나 : 네. 경제적으로 어려운 학생들이 (　　　　　) 제대로 먹었으면 좋겠다는 마음으로 시작했습니다.

　　① 아침만　　　　　　　　　　② 아침보다

　　③ 아침조차　　　　　　　　　④ 아침이라도

정답　1①　2③　3①　4②　5④

평가 목표	대담을 듣고 전후에 올 내용을 추론할 수 있다.
유형	담화 전후의 내용 고르기
세부 내용	대화 전후의 내용 추론하기
지시문	• 이 대화 뒤에 이어질 내용으로 가장 알맞은 것을 고르십시오. • 이 대화 전의 내용으로 가장 알맞은 것을 고르십시오.
학습 포인트	-는군요/-는다는 거지요/-아지면서

연습문제

▶ **TRACK 39**

※ **[39~40] 다음을 듣고 물음에 답하십시오. (각 2점)**

39 이 대화 전의 내용으로 가장 알맞은 것을 고르십시오.

　① 젊은이들의 정치적 무관심은 경제와 관련이 있다.

　② 젊은이들의 정치적 무관심이 큰 문제가 되고 있다.

　③ 세계적으로 젊은 세대는 정치에 무관심한 경향이 있다.

　④ 젊은이들의 정치적 무관심을 해결하기 위해 많은 노력을 하고 있다.

풀이

여자는 젊은이들의 정치적 무관심은 한국만의 문제가 아니라는 설명을 들었다.

> 여자　젊은이들의 정치적 무관심은 한국만의 문제가 아니었군요. 젊은 세대가 정치에 관심이 없는 이유가 무엇이라고 생각하십니까?
>
> 남자　나라마다 그 원인은 다소 차이가 있다고 봅니다. 한국의 경우를 보면 청년에게 도움이 되는 정책이 많지 않기 때문에 젊은 세대들이 정치에 무관심한 것이 아닌가 생각합니다. 게다가 최근 경제가 어려워지면서 취업 문제가 심각하지요. 먹고 살기가 힘드니 당연히 정치는 뒤로 밀려나게 된 거지요. 마지막으로 정치 교육이 없었기 때문이라고 봅니다. 정치에 관심이 있다고 해도 어떻게 참여하는지 그 방법을 제대로 모르기 때문에 결국은 무관심해질 수밖에 없다는 거지요.

정답　③

듣기　40번 문제

평가 목표	대담을 듣고 세부 내용을 파악할 수 있다.
유형	일치하는 내용 고르기
세부 내용	대담의 세부 내용 파악하기
지시문	들은 내용과 같은 것을 고르십시오.
학습 포인트	-는군요/-는다는 거지요/-아지면서

연습문제

▶ **TRACK 40**

※ **[39~40] 다음을 듣고 물음에 답하십시오. (각 2점)**

40 들은 내용과 같은 것을 고르십시오.

① 한국은 정치에 대한 교육이 잘 이루어지고 있다.

② 한국은 청년들을 위한 정부의 정책이 많은 편이다.

③ 젊은 세대의 정치적 무관심의 원인은 모든 나라가 동일하다.

④ 한국의 경제 상황이 젊은이들의 정치적 무관심에 영향을 미친다.

풀이

① 한국은 정치에 대한 교육이 잘 이루어지지 않고 있다.

② 한국은 청년들을 위한 정부의 정책이 많지 않다.

③ 젊은 세대의 정치적 무관심의 원인은 나라마다 차이가 있다.

④ 한국의 경제 상황이 젊은이들의 정치적 무관심에 영향을 미친다.

> 여자　젊은이들의 정치적 무관심은 한국만의 문제가 아니었군요. 젊은 세대가 정치에 관심이 없는 이유가 무엇이라고 생각하십니까?
>
> 남자　나라마다 그 원인은 다소 차이가 있다고 봅니다. 한국의 경우를 보면 청년에게 도움이 되는 정책이 많지 않기 때문에 젊은 세대들이 정치에 무관심한 것이 아닌가 생각합니다. 게다가 최근 경제가 어려워지면서 취업 문제가 심각하지요. 먹고 살기가 힘드니 당연히 정치는 뒤로 밀려나게 된 거지요. 마지막으로 정치 교육이 없었기 때문이라고 봅니다. 정치에 관심이 있다고 해도 어떻게 참여하는지 그 방법을 제대로 모르기 때문에 결국은 무관심해질 수밖에 없다는 거지요.

정답　④

학습 포인트 **강연에서 사용되는 표현을 공부합시다.**

게다가
앞의 내용에 더해서 의미를 강조할 때 사용한다.

해녀가 되고자 하는 젊은이들이 거의 없습니다. 게다가 현재 해녀들이 거의 고령 이므로 해녀가 사라질 위기에 처해 있습니다.

그러므로
앞 내용이 뒤 내용의 원인이나 근거임을 나타낼 때 사용한다.

저출산 문제가 심각합니다. 그러므로 정확한 원인을 분석하고 그에 맞는 해결책 을 찾아야 할 것 같습니다.

따라서
앞 내용이 뒤 내용의 원인이나 근거임을 나타낼 때 사용한다.

국제 원유 가격이 많이 올랐습니다. 따라서 국내 기름값도 인상될 예정입니다.

또한
앞 문장의 내용에 의미를 더할 때 사용한다.

이번에 새로 나온 휴대전화는 성능이 많이 좋아졌습니다. 또한 화면도 커져서 사용하기에 아주 편합니다.

예를 들면
구체적인 예시를 나타낼 때 사용한다.

젊은 세대들의 정치적인 참여를 늘리기 위한 여러 방안을 찾고 있습니다. 예를 들면 온라인이나 SNS를 통해 젊은이들의 참여를 유도하고 있습니다.

왜냐하면
앞의 내용에 대한 이유나 원인을 나타낼 때 사용한다.

요즘 외식을 하는 사람들이 많이 줄었습니다. 왜냐하면 외식 물가가 많이 올랐기 때문입니다.

즉
앞과 동일한 내용을 다시 설명할 때 사용한다.

학교의 교육 방법과 교육 내용에 대한 학생들의 불만이 많습니다. 즉, 학교 교육 이 학생들의 눈높이에 맞지 않다는 거지요.

하지만
앞 문장의 내용과 서로 다르거나 반대가 되는 내용을 연결할 때 사용한다.

올해 들어 물가가 많이 올랐습니다. 하지만 월급은 크게 오르지 않아서 생활하기 가 점점 힘들어지는 것 같습니다.

체크 포인트

빈칸에 들어갈 말로 가장 알맞은 것을 고르십시오.

❶ 청소년 카드는 다양한 할인 혜택이 있습니다. (   ) 교통비는 20%, 문화 공연비는 최대 30%까지 할인이 됩니다.

① 따라서 ② 하지만
③ 게다가 ④ 예를 들면

❷ 인터넷으로 거래할 때 문제가 생기는 경우가 많습니다. (   ) 인터넷으로 거래할 때는 문제가 없는지 잘 살펴봐야 합니다.

① 즉 ② 또한
③ 그러므로 ④ 왜냐하면

❸ 월급이 올랐다고 해도 잘 느껴지지가 않습니다. (   ) 물가는 더 올랐기 때문입니다.

① 게다가 ② 따라서
③ 그러므로 ④ 왜냐하면

❹ 흡연율을 줄이기 위해 담뱃값을 올렸습니다. (   ) 흡연 인구는 줄지 않았습니다.

① 즉 ② 또한
③ 따라서 ④ 하지만

❺ 다음 달부터 교통비가 인상됩니다. (   ) 전기료도 인상될 예정이라서 생활하기가 점점 힘들어질 것 같습니다.

① 또한 ② 하지만
③ 왜냐하면 ④ 예를 들면

정답 1 ④ 2 ③ 3 ④ 4 ④ 5 ①

평가 목표	강연을 듣고 중심 내용을 추론할 수 있다.
유형	중심 내용 고르기
세부 내용	강연의 전체 내용 파악하기
지시문	이 강연의 중심 내용으로 가장 알맞은 것을 고르십시오.
학습 포인트	게다가/즉/하지만

연습문제

▶ **TRACK 41**

※ **[41~42] 다음을 듣고 물음에 답하십시오. (각 2점)**

41 이 강연의 중심 내용으로 가장 알맞은 것을 고르십시오.

　① 인공지능 로봇이 곧 대중화될 것이다.

　② 로봇 기술의 발달로 인한 문제점도 많다.

　③ 로봇 기술의 발달로 로봇의 역할이 다양해졌다.

　④ 로봇은 인간 활동의 보조 수단으로 만들어졌다.

풀이

여자는 로봇 기술의 발전으로 인해 인간이 일자리를 잃는 등 문제가 많이 생기고 있음을 설명한다.

> 여자　로봇은 인간의 일을 대신하기 위해서 만들어진 기계입니다. 즉, 인간 활동의 보조 수단으로
> 만들어졌지요. 초기에는 공장에서 인간을 대신하여 반복적인 일을 하는 것이 로봇의 주된
> 역할이었습니다. 하지만 점점 기술이 발전하면서 로봇은 더 정교해지고 하는 일도 단순한
> 업무에서 벗어나 스스로 생각하고 판단하고 결정할 수 있게 되었습니다. 인간을 위해 보조
> 수단으로 만든 기계가 인간의 역할까지 하게 된 거지요. 이미 로봇으로 인해 많은 사람들이
> 일자리를 잃는 등 새로운 문제에 직면해 있습니다. 게다가 현재 개발 중인 인간과 유사한 인
> 공지능 로봇이 대중화되면 사람들의 역할은 점점 줄어들게 될 것입니다. 로봇 기술의 발전
> 이 인간 생활에 미치는 부정적인 요인도 간과해서는 안 될 것 같습니다.

정답　②

듣기 　42번 문제

평가 목표	강연을 듣고 세부 내용을 파악할 수 있다.
유형	일치하는 내용 고르기
세부 내용	강연의 세부 내용 파악하기
지시문	들은 내용과 같은 것을 고르십시오.
학습 포인트	게다가/즉/하지만

연습문제

▶ TRACK 42

※ [41~42] 다음을 듣고 물음에 답하십시오. (각 2점)

42 들은 내용과 같은 것을 고르십시오.

① 현재 로봇은 공장에서만 사용되고 있다.

② 로봇과 사람들의 일자리는 상관이 없다.

③ 초기의 로봇은 스스로 판단할 수 있었다.

④ 인간과 유사한 인공지능 로봇을 개발하고 있다.

풀이

① 초기의 로봇은 공장에서 주로 사용되었다.

② 로봇으로 인해 일자리를 잃은 사람들이 있다.

③ 초기의 로봇은 스스로 판단할 수 없었다.

④ 인간과 유사한 인공지능 로봇을 개발하고 있다.

> 여자 로봇은 인간의 일을 대신하기 위해서 만들어진 기계입니다. 즉, 인간 활동의 보조 수단으로 만들어졌지요. 초기에는 공장에서 인간을 대신하여 반복적인 일을 하는 것이 로봇의 주된 역할이었습니다. 하지만 점점 기술이 발전하면서 로봇은 더 정교해지고 하는 일도 단순한 업무에서 벗어나 스스로 생각하고 판단하고 결정할 수 있게 되었습니다. 인간을 위해 보조 수단으로 만든 기계가 인간의 역할까지 하게 된 거지요. 이미 로봇으로 인해 많은 사람들이 일자리를 잃는 등 새로운 문제에 직면해 있습니다. 게다가 현재 개발 중인 인간과 유사한 인공지능 로봇이 대중화되면 사람들의 역할은 점점 줄어들게 될 것입니다. 로봇 기술의 발전이 인간 생활에 미치는 부정적인 요인도 간과해서는 안 될 것 같습니다.

정답 ④

| 학 습 포인트 | **다큐멘터리에서 사용되는 표현을 공부합시다.** |

-는 것처럼 대상이나 상황이 유사함을 나타낼 때 사용한다.

100명이 넘는 군인들이 한 사람이 움직이는 것처럼 발을 맞춰서 행진하고 있다.

-는 셈이다 앞의 내용이 뒤의 내용과 거의 동일함을 나타낼 때 사용한다.

탄산음료에는 당분이 많이 들어 있다. 콜라 한 캔을 마시면 각설탕 7개를 먹는 셈이다.

-는 탓에 부정적인 원인을 나타낼 때 사용한다.

올해 겨울은 유난히 눈이 많이 오는 탓에 새들이 먹이를 구하기가 쉽지 않다.

-더라도 가정의 뜻을 나타낼 때 사용한다.

자신은 굶더라도 새끼를 먹이는 어미 새의 모습이 감동적이다.

-았으면 하다 희망이나 바라는 것을 나타낼 때 사용한다.

무조건 개발을 할 게 아니라 동물들과 공존할 수 있는 방법을 찾았으면 한다.

과 마찬가지로 다른 예시를 들어 유사함을 나타낼 때 사용한다.

동물들도 인간과 마찬가지로 자기 새끼를 보호하는 것은 본능인 것 같다.

답다 명사의 성질이나 특성을 나타낼 때 사용한다.

어른이면 어른답게 행동해야 하는데 그렇지 못한 어른들이 주위에 제법 많다.

이야말로 앞의 내용을 강조할 때 사용한다.

자신의 잘못을 인정하는 것이야말로 진정한 용기라고 할 수 있다.

빈칸에 들어갈 말로 가장 알맞은 것을 고르십시오.

1 인간들이 생각 없이 개발을 (   ) 동물들이 살 곳을 잃어가고 있다.

① 진행하되   ② 진행한 탓에
③ 진행하더라도   ④ 진행하는 것처럼

2 비용이 많이 (   ) 노인들의 지하철 무료 이용이 계속되어야 한다고 생각한다.

① 들더라도   ② 드는 탓에
③ 드는 대신에   ④ 든다고 해서

3 고래는 일생 동안 많은 양의 이산화탄소를 흡수한다. 고래 한 마리가 수천 그루의 나무와 같은 역할을 (   ).

① 할까 한다   ② 하는 셈이다
③ 했으면 한다   ④ 하려고 한다

4 (   ) 사람들의 생각을 넓혀 주고 간접 경험을 하게 하는 가장 좋은 도구이다.

① 독서라도   ② 독서야말로
③ 독서에 비해   ④ 독서와 마찬가지로

5 인간이 존중을 받고 (   ) 살 수 있는 세상을 만들어야 한다.

① 인간답게   ② 인간이라도
③ 인간인 것처럼   ④ 인간과 마찬가지로

정답 1② 2① 3② 4② 5①

평가 목표	다큐멘터리를 듣고 화제를 파악할 수 있다.
유형	화제 고르기
세부 내용	다큐멘터리의 주요 화제 파악하기
지시문	무엇에 대한 내용인지 알맞은 것을 고르십시오.
학습 포인트	-았으면 하다/과 마찬가지로

연습문제

▶ TRACK 43

※ [43~44] 다음을 듣고 물음에 답하십시오. (각 2점)

43 무엇에 대한 내용인지 알맞은 것을 고르십시오.

① 소음을 피하는 방법

② 소음에 대한 연구의 필요성

③ 생활에 도움이 되는 소음의 종류

④ 소음을 긍정적으로 활용하는 방안

풀이

집중력 향상이나 숙면 등 일상생활에 도움을 주는 소음의 종류에 대해 설명하고 있다.

남자 　소음은 생활 속에서 불편한 시끄러운 소리라고 생각하기 쉽지만 집중력이나 수면에 도움이 되는 소음도 있다. 우리가 흔히 잘 알고 있는 백색 소음이 그 예이다. 백색 소음은 파도 소리, 바람 소리 등의 자연음이나 카페에서 사람들이 웅성거리는 소리 등을 말한다. 백색 소음은 방해가 되는 소음을 가려줘 집중력을 높여 준다. 백색 소음과 마찬가지로 분홍 소음 또한 우리의 생활에 도움을 주는 소음이다. 분홍 소음의 대표적인 소리는 빗소리이다. 분홍 소음은 마음을 안정시켜 주는 효과가 있어 숙면에 도움이 된다. 마지막으로 갈색 소음이 있는데 갈색 소음은 낮게 들리는 소리로 분홍 소음이나 백색 소음보다 편안한 느낌을 준다. 그러나 이러한 긍정적인 소음에 대한 연구가 아직 미흡한 상태이므로 앞으로 좀 더 구체적인 연구가 진행되었으면 한다.

정답 　③

듣기   44번 문제

평가 목표	다큐멘터리를 듣고 세부 내용을 파악할 수 있다.
유형	일치하는 내용 고르기
세부 내용	다큐멘터리의 세부 내용 파악하기
지시문	~로/으로 맞는 것을 고르십시오.
학습 포인트	-았으면 하다/과 마찬가지로

연습문제

▶ **TRACK 44**

※ **[43~44] 다음을 듣고 물음에 답하십시오. (각 2점)**

44 백색 소음이 집중력을 향상시키는 이유로 맞는 것을 고르십시오.

① 자연에서 나오는 소리이기 때문에

② 방해가 되는 소음을 가려주기 때문에

③ 마음을 안정시켜 주는 소리이기 때문에

④ 다른 소음에 비해 낮은 소리를 내기 때문에

풀이

백색소음은 방해가 되는 소리를 가려주기 때문에 집중력을 높일 수 있다.

> 남자 소음은 생활 속에서 불편한 시끄러운 소리라고 생각하기 쉽지만 집중력이나 수면에 도움이
> 되는 소음도 있다. 우리가 흔히 잘 알고 있는 백색 소음이 그 예이다. 백색 소음은 파도 소리,
> 바람 소리 등의 자연음이나 카페에서 사람들이 웅성거리는 소리 등을 말한다. 백색 소음은
> 방해가 되는 소음을 가려줘 집중력을 높여 준다. 백색 소음과 마찬가지로 분홍 소음 또한 우
> 리의 생활에 도움을 주는 소음이다. 분홍 소음의 대표적인 소리는 빗소리이다. 분홍 소음은
> 마음을 안정시켜 주는 효과가 있어 숙면에 도움이 된다. 마지막으로 갈색 소음이 있는데 갈
> 색 소음은 낮게 들리는 소리로 분홍 소음이나 백색 소음보다 편안한 느낌을 준다. 그러나 이
> 러한 긍정적인 소음에 대한 연구가 아직 미흡한 상태이므로 앞으로 좀 더 구체적인 연구가
> 진행되었으면 한다.

정답 ②

학 습
포인트

강연에서 사용되는 표현을 공부합시다.

-는 가운데
어떤 행동의 배경이나 상황이 지속됨을 나타낼 때 사용한다.

정년 연장에 대한 요구가 거세지는 가운데 오늘 정부가 이에 대한 논의를 시작
하겠다고 발표했습니다.

-는 까닭에
원인이나 근거를 나타낼 때 사용한다.

불황이 지속되는 까닭에 사업 확장을 미루는 기업이 많습니다.

-는 등
앞의 내용 외에도 유사한 것이 더 있음을 나타낼 때 사용한다.

정부는 금연 장소를 늘리는 등 흡연 인구를 줄이기 위해 여러 가지로 노력하고
있습니다.

-을 법하다
앞의 말과 같은 상황이 발생할 가능성이 있음을 나타낼 때 사용한다.

대기업에서도 투자할 법한데 아직 투자를 결정한 곳은 없는 것으로 알고 있습
니다.

-을 뿐만 아니라
앞의 내용에 덧붙여 말함을 나타낼 때 사용한다.

대중교통을 이용하는 것은 기름값을 절약할 수 있을 뿐만 아니라 건강에도 도
움이 됩니다.

-음으로써
방법을 나타낼 때 사용한다.

노인들을 대상으로 하는 일자리를 마련함으로써 노인들도 경제활동을 할 수
있도록 하였습니다.

-지
앞의 내용을 긍정하면서 뒤의 내용을 부정할 때 사용한다.

최근 기업들이 광고와 홍보만 열심히 하지 제품 개발에 투자하지 않는 것이 문
제입니다.

나 다름없다
거의 차이가 없음을 나타낼 때 사용한다.

같은 가격에 과자의 양을 줄인 것은 가격을 올린 것이나 다름없습니다.

체크 포인트

빈칸에 들어갈 말로 가장 알맞은 것을 고르십시오.

1 최근 일상적으로 사용하는 한국말 중에 외래어가 많습니다. 나이가 많으신 노인들에게는 사실 (   ).

① 외국어일 법합니다 　　　　　② 외국어이긴 한데요

③ 외국어였으면 합니다 　　　　④ 외국어나 다름없습니다

2 많은 부모들이 자녀들에게 좋은 성적만 (   ) 자녀들의 정신 건강에는 별로 신경을 쓰지 않는 것 같습니다.

① 강요하지 　　　　　　　　　② 강요함으로써

③ 강요하는 가운데 　　　　　　④ 강요하는 것처럼

3 가게 주인들은 수입이 (   ) 직원을 뽑기가 쉽지 않다고 합니다.

① 일정하지 않되 　　　　　　　② 일정하지 않더라도

③ 일정하지 않음으로써 　　　　④ 일정하지 않은 까닭에

4 플라스틱 사용을 (   ) 환경을 보호할 수 있습니다.

① 줄임으로써 　　　　　　　　② 줄이더라도

③ 줄이는 가운데 　　　　　　　④ 줄이는 까닭에

5 많은 기자들이 (   ) 오늘 인주 자동차의 신차 발표회가 있었습니다.

① 모이는 등 　　　　　　　　　② 모인 가운데

③ 모인 것처럼 　　　　　　　　④ 모일 뿐만 아니라

정답 　1 ④ 　2 ① 　3 ④ 　4 ① 　5 ②

평가 목표	강연을 듣고 세부 내용을 파악할 수 있다.
유형	일치하는 내용 고르기
세부 내용	강연의 세부 내용 파악하기
지시문	들은 내용과 같은 것을 고르십시오.
학습 포인트	-는 등/-을 뿐만 아니라

연습문제

▶ **TRACK 45**

※ **[45~46] 다음을 듣고 물음에 답하십시오. (각 2점)**

45 들은 내용과 같은 것을 고르십시오.

① 1990년대까지 로봇 청소기를 개발하지 못했다.

② 현재 비싼 가격으로 인해 로봇 청소기 구매율이 낮다.

③ 센서 기술 발전으로 로봇 청소기의 성능이 향상되었다.

④ 아직 로봇 청소기가 장애물을 피하는 것에 어려움이 있다.

풀이

① 1990년대 들어 로봇 청소기 개발이 본격화되었다.

② 현재는 많은 가정에서 로봇 청소기를 사용하고 있다.

③ 센서 기술 발전으로 로봇 청소기의 성능이 향상되었다.

④ 센서 기술이 향상되면서 로봇 청소기는 장애물을 피할 수 있게 되었다.

> **여자** 이것은 여러분이 잘 알고 있는 로봇 청소기입니다. 지금은 많은 가정에서 필수 가전제품으로 로봇 청소기를 사용하고 계시지요? 초기의 로봇 청소기는 높은 가격과 장애물을 잘 피하지 못하는 등 제한된 성능으로 인해 그리 큰 인기를 끌지는 못했는데요. 이러한 로봇 청소기는 1990년대에 접어들면서 기술의 발전과 함께 개발이 본격화되었습니다. 센서 기술이 향상되면서 로봇 청소기는 큰 발전을 이루게 됩니다. 센서 기능을 통해 로봇 청소기는 주변 환경을 인식하고 장애물을 피해 최적의 청소를 할 수 있게 되었지요. 또한 배터리 기술의 발전으로 인해 충전 시간도 많이 줄어들었을 뿐만 아니라 자동 충전도 가능해졌습니다. 이처럼 과학 기술의 발전은 우리의 생활에도 많은 변화를 주고 있습니다.

정답 ③

듣기　46번 문제

평가 목표	강연을 듣고 화자의 태도나 말하는 방식을 추론할 수 있다.
유형	화자의 태도/말하는 방식 고르기
세부 내용	여자의 말하는 방식 파악하기
지시문	• 여자의 태도로 알맞은 것을 고르십시오. • 여자가 말하는 방식으로 알맞은 것을 고르십시오.
학습 포인트	-는 둥/-을 뿐만 아니라

연습문제

▶ TRACK 46

※ [45~46] 다음을 듣고 물음에 답하십시오. (각 2점)

46 여자가 말하는 방식으로 알맞은 것을 고르십시오.

① 로봇 청소기의 발전을 설명하고 있다.

② 로봇 청소기의 사용 방법을 안내하고 있다.

③ 로봇 청소기의 종류를 비교 분석하고 있다.

④ 로봇 청소기 문제점의 해결 방법을 제시하고 있다.

풀이

여자는 과거의 로봇 청소기와 비교하면서 현재 로봇 청소기의 기술 발전을 설명하고 있다.

> **여자** 이것은 여러분이 잘 알고 있는 로봇 청소기입니다. 지금은 많은 가정에서 필수 가전제품으로 로봇 청소기를 사용하고 계시지요? 초기의 로봇 청소기는 높은 가격과 장애물을 잘 피하지 못하는 등 제한된 성능으로 인해 그리 큰 인기를 끌지는 못했는데요. 이러한 로봇 청소기는 1990년대에 접어들면서 기술의 발전과 함께 개발이 본격화되었습니다. 센서 기술이 향상되면서 로봇 청소기는 큰 발전을 이루게 됩니다. 센서 기능을 통해 로봇 청소기는 주변 환경을 인식하고 장애물을 피해 최적의 청소를 할 수 있게 되었지요. 또한 배터리 기술의 발전으로 인해 충전 시간도 많이 줄어들었을 뿐만 아니라 자동 충전도 가능해졌습니다. 이처럼 과학 기술의 발전은 우리의 생활에도 많은 변화를 주고 있습니다.

정답 ①

| 학습
포인트 | **대담에서 사용되는 표현을 공부합시다.** |

-거니와

앞의 말을 인정하면서 다른 내용을 덧붙일 때 사용한다.

가 : 가게에 손님이 없어서 힘들어하시는 분들이 많습니다.

나 : 경제도 좋지 않거니와 온라인 쇼핑도 늘어서 가게가 잘되지 않는 것 같습니다.

-다고 치다

어떤 상황이라고 가정할 때 사용한다.

가 : 인주 게임 회사가 직원을 50% 해고했대요. 경제가 안 좋아서 그런가 봐요.

나 : 경제가 안 좋다고 쳐도 직원의 절반을 해고하는 건 문제가 아닐까요?

-다는 건데요

어떤 사실이나 의미를 설명하거나 강조할 때 사용한다.

가 : 70대 이상의 투표율은 높은 반면 20~30대 투표율은 30%가 넘지 않습니다.

나 : 네. 그렇습니다. 젊은 층의 정치적 무관심이 심각하다는 건데요. 우리 모두가 생각해 봐야 할 문제입니다.

-았다(가)

어떤 동작이 끝난 후에 다른 동작을 함을 나타낼 때 사용한다.

가 : 명절 기차표를 구하기가 어렵다고 하던데 이렇게 빈자리가 많은 이유는 무엇입니까?

나 : 기차표를 샀다가 출발하기 직전에 취소하는 분들이 많습니다. 앞으로는 출발하기 직전에 취소하면 30%의 취소 수수료를 내야 합니다.

-았던

과거에 끝난 행동이나 상태를 나타낼 때 사용한다.

가 : 이번 설문조사는 지금까지 해 왔던 방법과는 다른 것 같습니다.

나 : 네. 젊은이들이 많이 사용하는 SNS를 통해 설문조사를 진행하고 있습니다.

-을 수밖에 없다

다른 방법이 없음을 나타낼 때 사용한다.

가 : 금리를 계속 올리는 이유가 무엇입니까?

나 : 물가가 이렇게 오른다면 금리를 올릴 수밖에 없습니다.

-음에도

앞에 오는 상황이나 조건의 영향을 받지 않음을 나타낼 때 사용한다.

가 : 커피 소비량이 해마다 늘고 있습니다.

나 : 맞습니다. 커피값이 올랐음에도 커피 소비량은 줄지 않았습니다.

이 없지(는) 않다

어떤 사실을 두 번 부정함으로써 강한 긍정의 의미를 나타낼 때 사용한다.

가 : 65세 이상의 모든 노인들이 지하철을 무료로 이용하다 보니 계속 적자입니다.

나 : 물론 문제가 없지는 않습니다. 그렇다고 무조건 없앨 것이 아니라 다른 방법을 찾아봐야 한다고 생각합니다.

체크 포인트

빈칸에 들어갈 말로 가장 알맞은 것을 고르십시오.

❶ 가 : 신혼부부들에게 세금을 줄여 주고 싼값에 집을 살 수 있도록 하는 등 여러 혜택을 주었지만 출산율이 전혀 늘지 않습니다.

나 : 지금까지 정부가 (   ) 방법들이 효과가 없었다는 건데요.

① 시도했던   ② 시도했다가
③ 시도하거니와   ④ 시도한 까닭에

❷ 가 : 농촌 지역을 중심으로 외국인 노동자가 점점 많아지는 것 같습니다.

나 : 네. 그렇습니다. 현재 농촌에서는 일할 사람이 부족해서 외국인 노동자를 (   ).

① 고용했군요   ② 고용한 셈입니다
③ 고용한다고 칩시다   ④ 고용할 수밖에 없습니다

❸ 가 : 전기 자동차가 예상과 달리 판매가 늘지 않습니다.

나 : 네. 가격이 (   ) 충전 장소와 충전 시간 등의 문제로 잘 팔리지 않는 상황입니다.

① 저렴함에도   ② 저렴한 탓에
③ 저렴하거니와   ④ 저렴한 까닭에

❹ 가 : 중소기업은 직원을 구하기가 어렵다고 합니다. 출퇴근 시간을 자유롭게 하면 젊은이들이 좋아하지 않을까요?

나 : 출퇴근 시간을 자유롭게 (   ). 연봉이 많지 않은데 젊은 사람들이 중소기업을 선호하겠습니까?

① 할 법합니다   ② 하려고 합니다
③ 한다고 칩시다   ④ 할 수밖에 없습니다

❺ 가 : 정년 연장에 대해서 어떻게 생각하십니까?

나 : 저는 정년 연장에 대해서 부정적입니다. 지금도 (   ) 다시 입사하는 경우도 많습니다. 상황에 따라 필요한 인력을 활용하면 됩니다.

① 퇴직했던   ② 퇴직했다가
③ 퇴직했거니와   ④ 퇴직했을 뿐만 아니라

정답 1① 2④ 3① 4③ 5②

평가 목표	대담을 듣고 세부 내용을 파악할 수 있다.
유형	일치하는 내용 고르기
세부 내용	대담의 세부 내용 파악하기
지시문	들은 내용과 같은 것을 고르십시오.
학습 포인트	-거니와/이 없지 않다

연습문제

▶ **TRACK 47**

※ **[47~48] 다음을 듣고 물음에 답하십시오. (각 2점)**

47　들은 내용과 같은 것을 고르십시오.

　① 요양 보호사는 전문직으로 인정을 받고 있다.

　② 앞으로는 외국인들도 요양 보호사가 될 수 있다.

　③ 요양 보호사는 아이를 돌보는 일을 하는 사람이다.

　④ 요양 보호사는 일이 힘들지만 급여는 높은 편이다.

풀이

① 요양 보호사는 전문직으로 인정을 받지 못하고 있다.

② 앞으로는 외국인들도 요양 보호사가 될 수 있다.

③ 요양 보호사는 노인을 돌보는 일을 하는 사람이다.

④ 요양 보호사는 일도 힘들고 급여는 높지 않은 편이다.

여자	요양 보호사는 노인의 일상생활을 돌보는 일을 하는데요. 올해부터는 외국인들도 요양 보호사가 될 수 있다고 합니다. 외국인들에게 문을 열면 요양 보호사 부족 문제가 해결될까요?
남자	저는 그렇게 생각하지 않습니다. 요양 보호사를 기피하는 이유는 일도 힘들거니와 급여도 낮기 때문입니다. 하는 일에 비해 정당한 급여가 지급되지 않는 것이 가장 큰 문제입니다. 다음으로는 요양 보호사에 대한 인식 문제가 없지 않다고 봅니다. 요양 보호사를 전문 인력으로 인식하지 않는 거지요. 그러므로 요양 보호사 부족 문제를 해결하려면 요양 보호사 지원 자격을 넓히는 것도 필요하지만 무엇보다 인력 부족의 원인을 정확하게 분석하여 그 해결책을 찾는 것이 중요합니다.

정답　②

듣기 | 48번 문제

평가 목표	대담을 듣고 화자의 태도나 말하는 방식을 추론할 수 있다.
유형	화자의 태도/말하는 방식 고르기
세부 내용	남자의 말하는 방식 파악하기
지시문	• 남자의 태도로 알맞은 것을 고르십시오. • 남자가 말하는 방식으로 알맞은 것을 고르십시오.
학습 포인트	-거니와/이 없지 않다

연습문제

▶ **TRACK 48**

※ **[47~48] 다음을 듣고 물음에 답하십시오. (각 2점)**

48 남자의 태도로 알맞은 것을 고르십시오.

① 외국인 요양 보호사를 걱정하고 있다.

② 요양 보호사가 부족한 원인을 분석하고 있다.

③ 요양 보호사 확보의 필요성을 설명하고 있다.

④ 요양 보호사 지원 자격 변경을 촉구하고 있다.

풀이

남자는 요양 보호사가 되기를 기피하는 이유를 분석하고 있다.

여자	요양 보호사는 노인의 일상생활을 돌보는 일을 하는데요. 올해부터는 외국인들도 요양 보호사가 될 수 있다고 합니다. 외국인들에게 문을 열면 요양 보호사 부족 문제가 해결될까요?
남자	저는 그렇게 생각하지 않습니다. 요양 보호사를 기피하는 이유는 일도 힘들거니와 급여도 낮기 때문입니다. 하는 일에 비해 정당한 급여가 지급되지 않는 것이 가장 큰 문제입니다. 다음으로는 요양 보호사에 대한 인식 문제가 없지 않다고 봅니다. 요양 보호사를 전문 인력으로 인식하지 않는 거지요. 그러므로 요양 보호사 부족 문제를 해결하려면 요양 보호사 지원 자격을 넓히는 것도 필요하지만 무엇보다 인력 부족의 원인을 정확하게 분석하여 그 해결책을 찾는 것이 중요합니다.

정답 ②

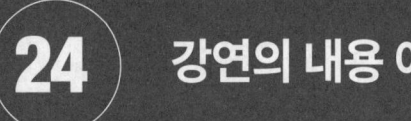

강연의 내용 이해하기 4

학습 포인트 **강연에서 사용되는 표현을 공부합시다.**

-기는커녕 앞의 내용을 강하게 부정함을 나타낼 때 사용한다.

대기업이 신입사원 채용 규모를 늘리기는커녕 오히려 줄이고 있습니다.

-는 경우 어떤 일이 놓여 있는 조건이나 상황을 표현할 때 사용한다.

과거와 달리 암에 걸려도 완치되는 환자들이 많습니다. 특히 암을 일찍 발견한 경우 완치율은 아주 높습니다.

-는 한편 한 상황을 나타낸 다음 다른 상황을 나타낼 때 사용한다.

노인들의 취업 기회를 확대하는 한편 청년들의 실업 문제도 해결하려고 노력하고 있습니다.

-다고 주장하다 어떠한 내용에 대해 자신의 생각을 나타낼 때 사용한다.

노동 단체에서는 최저 임금은 최소한 만 오천 원은 되어야 한다고 주장하고 있습니다.

-으나마 만족스럽지는 않지만 아쉬운 대로 받아들임을 나타낼 때 사용한다.

정부의 이러한 대책이 무주택자들에게 조금이나마 도움이 되기를 바랍니다.

-은 이래 어떤 일이 일어난 다음부터 지금까지를 나타낼 때 사용한다.

통계청에서 조사를 시작한 이래 올해 출산율이 가장 낮은 것으로 나타났습니다.

-을 필요가 있다 필요한 조건을 설명할 때 사용한다.

최근 젊은 세대들의 성인병 증가에 대해 주목할 필요가 있습니다. 고혈압, 당뇨병 등의 성인병이 40대 이상은 감소한 반면 20~30대는 약 20% 증가했습니다.

이란 앞의 말을 정의할 때 사용한다.

청년 실업이란 15세에서 29세 사이의 청년들의 실업을 의미합니다. 이는 현재 우리 사회의 큰 문제가 되고 있습니다.

빈칸에 들어갈 말로 가장 알맞은 것을 고르십시오.

① 전문가들의 예측과 달리 경제가 (   ) 전 세계 경제 상황은 더 나빠졌습니다.

① 좋아진 이래　　　　　　　　② 좋아지는 경우

③ 좋아지는 한편　　　　　　　④ 좋아지기는커녕

② 한국의 사교육 열풍이 문제가 되고 있는 지금, 공교육이 역할을 다하고 있는지에 대해 다시 한번 (   ).

① 생각하는 셈입니다　　　　　② 생각한다는 건데요

③ 생각한다고 주장합니다　　　④ 생각해 볼 필요가 있습니다

③ 기상청에서 날씨를 (   ) 오늘이 5월의 기온 중에 가장 높았습니다. 점점 더워지는 우리의 지구가 위험합니다.

① 관측한 이래　　　　　　　　② 관측과 달리

③ 관측하는 한편　　　　　　　④ 관측하기는커녕

④ 대형 마트들이 매장을 (   ) 가격 경쟁도 하고 있어서 문을 닫는 작은 마트들이 많습니다.

① 늘림으로써　　　　　　　　② 늘리는 한편

③ 늘리는 탓에　　　　　　　　④ 늘리기는커녕

⑤ (   ) 바탕이 달라짐을 의미하는데요. 북한과 한국의 언어 이질화가 점점 더 심화되고 있습니다.

① 이질화란　　　　　　　　　② 이질화처럼

③ 이질화와 달리　　　　　　　④ 이질화된 한편

정답　1④　2④　3①　4②　5①

평가 목표	강연을 듣고 세부 내용을 파악할 수 있다.
유형	일치하는 내용 고르기
세부 내용	강연의 세부 내용 파악하기
지시문	들은 내용과 같은 것을 고르십시오.
학습 포인트	-기는커녕/-다고 주장하다

연습문제

▶ **TRACK 49**

※ [49~50] 다음을 듣고 물음에 답하십시오. (각 2점)

49 들은 내용과 같은 것을 고르십시오.

① 국민연금 개혁안은 연금을 적게 내고 적게 받는 것이다.

② 국민연금 개혁안에 대한 세대 간의 반응이 다르다.

③ 국민연금 개혁안에 대해 젊은 세대들이 환영하고 있다.

④ 국민연금 개혁안은 노년층의 경제적인 부담을 증가시킨다.

풀이

① 국민연금 개혁안은 연금을 많이 내고 많이 받는 것이다.

② 국민연금 개혁안은 세대 간의 갈등을 심화시켰다.

③ 국민연금 개혁안에 대해 젊은 세대들이 반대하고 있다.

④ 국민연금 개혁안은 젊은 층의 경제적인 부담을 증가시킨다.

> 남자 국민연금 개혁 문제가 세대 간의 갈등을 심화시키고 있는데요. 변화된 주된 내용을 살펴보면 지금보다 연금을 더 많이 내는 대신 노후에 더 많은 연금을 받자는 것입니다. 젊은 세대들은 이러한 개혁이 젊은이들에게 경제적인 부담만 가중시킨다고 주장하고 있습니다. 게다가 젊은이들 사이에서는 노후에 더 많이 받기는커녕 연금을 내기만 하고 받지 못할 가능성이 있다는 목소리도 있습니다. 젊은 세대들의 걱정이 이해되지 않는 것은 아닙니다. 그러나 국민연금제도를 지속시키기 위해서는 우리 모두의 희생이 조금은 필요하리라고 생각합니다. 국민연금을 받는 시기를 조금 늦추고 국민연금을 잘 운영할 수 있는 방안을 찾아 국민연금이 없어지는 일이 없도록 해야 합니다. 국민연금제도는 우리 모두가 함께 잘 살기 위한 제도입니다. 모든 세대의 적극적인 협력이 이루어지지 않는 한 국민연금제도의 지속을 장담하기 어렵습니다.

정답 ②

듣기　50번 문제

평가 목표	강연을 듣고 화자의 태도나 말하는 방식을 추론할 수 있다.
유형	화자의 태도/말하는 방식 고르기
세부 내용	남자의 말하는 방식 파악하기
지시문	• 남자의 태도로 알맞은 것을 고르십시오. • 남자가 말하는 방식으로 알맞은 것을 고르십시오.
학습 포인트	-기는커녕/-다고 주장하다

연습문제

▶ **TRACK 50**

※ **[49~50] 다음을 듣고 물음에 답하십시오. (각 2점)**

50 남자의 태도로 알맞은 것을 고르십시오.

① 국민연금제도 개혁을 반대하고 있다.

② 국민연금제도의 폐지를 주장하고 있다.

③ 국민연금제도 유지를 위해 협조를 당부하고 있다.

④ 국민연금제도로 인한 경제적인 부담을 우려하고 있다.

풀이

남자는 국민연금제도의 유지를 위해 모든 세대의 협조를 당부하고 있다.

> **남자** 국민연금 개혁 문제가 세대 간의 갈등을 심화시키고 있는데요. 변화된 주된 내용을 살펴보면 지금보다 연금을 더 많이 내는 대신 노후에 더 많은 연금을 받자는 것입니다. 젊은 세대들은 이러한 개혁이 젊은이들에게 경제적인 부담만 가중시킨다고 주장하고 있습니다. 게다가 젊은이들 사이에서는 노후에 더 많이 받기는커녕 연금을 내기만 하고 받지 못할 가능성이 있다는 목소리도 있습니다. 젊은 세대들의 걱정이 이해되지 않는 것은 아닙니다. 그러나 국민연금제도를 지속시키기 위해서는 우리 모두의 희생이 조금은 필요하리라고 생각합니다. 국민연금을 받는 시기를 조금 늦추고 국민연금을 잘 운영할 수 있는 방안을 찾아 국민연금이 없어지는 일이 없도록 해야 합니다. 국민연금제도는 우리 모두가 함께 잘 살기 위한 제도입니다. 모든 세대의 적극적인 협력이 이루어지지 않는 한 국민연금제도의 지속을 장담하기 어렵습니다.

정답 ③

PART 2

쓰기
(유형 1~4)

원고지 작성법

원고지에 글을 쓰는 방법을 정확하게 익혀 형식에 맞게 써야 한다.

1 첫 문단이 시작될 때 한 칸을 띄우고 쓴다. 원고지 한 칸에 한 글자씩 쓴다.

	인	공	지	능	은		단	순	하	고		기	계	적	인		업	무	를
넘	어	서		복	잡	하	고		창	의	적	인		작	업	에	서	도	
적	극	적	으	로		활	용	된	다	.									

2 물음표(?), 느낌표(!), 쉼표(,), 마침표(.) 등의 문장부호는 한 칸에 쓴다.

	대	도	시	에		인	구	가		집	중	되	면	서		많	은		문
제	가		발	생	하	고		있	다	.	주	택		문	제	,	교	통	
문	제	,	교	육		문	제		등	이		그	것	이	다	.			

3 물음표와 느낌표는 다음 칸을 비운다. 쉼표와 마침표는 다음 칸을 비우지 않는다.

	우	리	가		날	마	다		먹	고		마	시	는		것	들	이
어	디	에	서		왔	는	지		생	각	해		본		적	이		있	는
가	?		무	수	히		많	은		사	람	들	의		노	고	와		자
연	의		도	움		없	이	는		물		한		방	울	,	쌀		한
톨	도		얻	기	가		어	렵	다	.									

4 한 문단이 끝나고 새로운 문단이 시작될 때 다음 줄로 넘어가서 첫 칸을 띄우고 쓴다.

	과	학	과		의	학		분	야	에	서		동	물	실	험	을		하
는		이	유	는		인	체		실	험	이		불	가	능	하	기		때
문	이	다	.	새	로	운		기	술	이	나		제	품	을		개	발	한

후	에		이	것	의		효	과	를		검	증	하	기		위	해		인
간	을		대	상	으	로		실	험	을		하	는		것	은		엄	청
난		문	제	에		봉	착	하	게		된	다	.		이	를		대	체	할
수		있	는		것	이		동	물	실	험	이	며		그	동	안		동
물	실	험	을		통	해	서		과	학	과		의	학	은		크	게	
발	전	했	다	.															
	동	물	과		인	간	이		진	화	론	의		과	정	에	서		단
계	적	인		성	장	을		거	쳤	으	므	로		동	물	을		대	상
으	로		이	루	어	진		실	험	의		결	과	가		인	간	에	게
도		유	사	한		효	과	를		나	타	낼		것	이	라	는		전
제	에	서		동	물	실	험	은		이	루	어	진	다	.				

100

200

5 문단을 처음 시작할 때를 제외하고는 첫 칸을 띄우지 않는다. 줄의 끝에 띄울 칸이 없는 경우에 다음 줄의 첫 칸을 띄우지 않고 쓴다.

	과	학	과		의	학		분	야	에	서		동	물	실	험	을		하
는		이	유	는		인	체		실	험	이		불	가	능	하	기		때
문	이	다	.	새	로	운		기	술	이	나		제	품	을		개	발	한
후	에		이	것	의		효	과	를		검	증	하	기		위	해		인
간	을		대	상	으	로		실	험	을		하	는		것	은		엄	청
난		문	제	에		봉	착	하	게		된	다	.						

6 숫자는 한 칸에 두 개씩 쓴다.

	20	10	년		30	%	였	던		성	인		비	만	율	이		20	22
년	에	는		37	%	로		증	가	한		것	으	로		나	타	났	다 .

※ 다음을 원고지에 써 보세요.

1   인공지능은 단순하고 기계적인 업무를 넘어서 복잡하고 창의적인 작업에서도 적극적으로 활용된다.

2   대도시에 인구가 집중되면서 많은 문제가 발생하고 있다. 주택 문제, 교통 문제, 교육 문제 등이 그것 이다.

3   우리가 날마다 먹고 마시는 것들이 어디에서 왔는지 생각해 본 적이 있는가? 무수히 많은 사람들의 노고와 자연의 도움 없이는 물 한 방울, 쌀 한 톨도 얻기가 어렵다.

4   과학과 의학 분야에서 동물실험을 하는 이유는 인체 실험이 불가능하기 때문이다. 새로운 기술이나 제품을 개발한 후에 이것의 효과를 검증하기 위해 인간을 대상으로 실험을 하는 것은 엄청난 문제에 봉착하게 된다. 이를 대체할 수 있는 것이 동물실험이며 그동안 동물실험을 통해서 과학과 의학은 크게 발전했다.

    동물과 인간이 진화론의 과정에서 단계적인 성장을 거쳤으므로 동물을 대상으로 이루어진 실험의 결과가 인간에게도 유사한 효과를 나타낼 것이라는 전제에서 동물실험은 이루어진다.

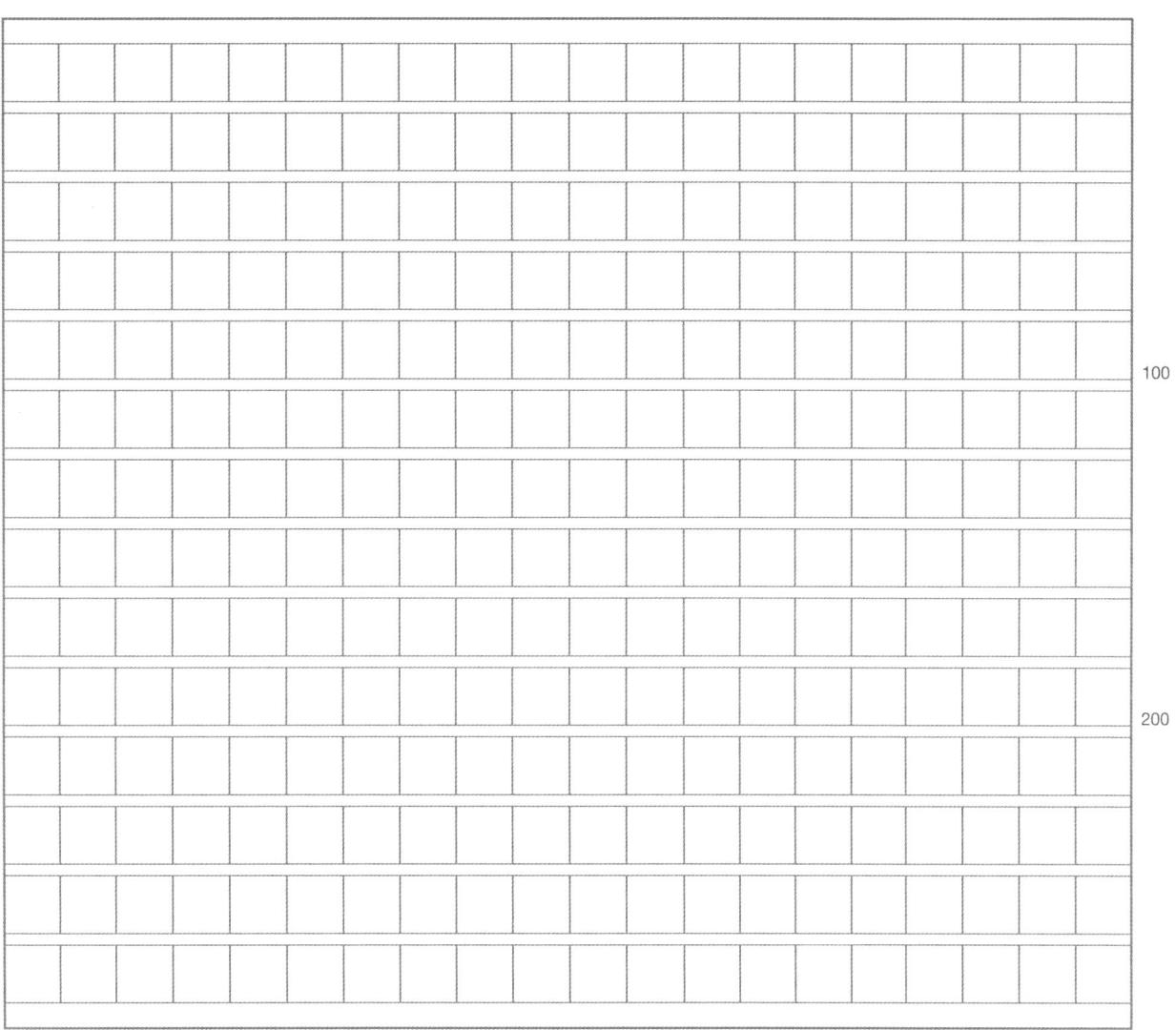

5   2010년 30%였던 성인 비만율이 2022년에는 37%로 증가한 것으로 나타났다.

(1) 문장 완성하기 1

학습 포인트 **실용문에서 사용하는 표현을 공부합시다.**

-거나

앞이나 뒤의 내용 중에서 하나를 선택할 때 사용한다.

동아리 회원을 모집합니다. 걷는 것을 좋아하거나 가벼운 산행을 즐기시는 분들을 환영합니다.

-는지

의문을 나타낼 때 사용한다.

선배님, 제가 작성한 보고서를 보내 드립니다. 혹시 한국어 표현에 문제가 없는지 한번 살펴봐 주시겠습니까?

-도록

목적을 나타낼 때 사용한다.

교수님께서 도와주신 덕분에 인주 기업에 취직하였습니다. 교수님의 기대에 어긋나지 않도록 열심히 하겠습니다.

-아(서)

이유를 나타낼 때 사용한다.

제가 귀국을 하게 되어서 책상과 의자를 판매하려고 합니다.

-으니(까)

이유를 나타낼 때 사용한다.

여기에 있는 책들은 대출을 할 수 없으니까 도서관 내에서만 이용해 주시기 바랍니다.

-으면

조건을 나타낼 때 사용한다.

회의 일정이 다음과 같이 변경되었습니다. 문제가 있으면 연락 주십시오. 감사합니다.

-은 지

앞의 상황이 발생한 후에 시간이 지났음을 나타낼 때 사용한다.

수미야, 잘 지내고 있지? 내가 서울을 떠난 지 벌써 2달이 넘었네. 취직한 지 얼마 되지 않아서 아직 익숙하지 않지만 난 잘 지내고 있어.

덕분에

긍정적인 결과에 대한 원인을 나타낼 때 사용한다.

저는 어제 고향에 잘 도착했습니다. 선생님 덕분에 한국 유학 생활을 문제없이 잘 끝냈습니다. 정말 감사합니다.

문장을 완성하십시오.

❶ -는지   마이클 씨, 다음 주에 서울에 오시지요? 서울에서 _____
_____ 정하셨어요? 혹시 아직 정하지 않았으면 우리 집에서 지
내시는 것은 어때요?

❷ -아(서)   다음 주 토요일에 친한 친구의 _____
동창회에 늦을 것 같아. 결혼식이 끝나면 전화할게.

❸ 덕분에   인주 씨, 생일파티에 초대해 주셔서 감사합니다. _____
_____ 즐거운 시간을 보내고 한국 친구도 사귈 수 있었어요.
정말 감사합니다.

❹ -은 지   상품을 _____ 2주일이 지났거나 상품을
사용하셨으면 환불이 되지 않습니다.

❺ -으면   전화를 받지 않아서 문자를 남깁니다. _____
고객센터로 연락 주십시오.

답안 예시   1. 어디에서 묵을지   2. 결혼식이 있어서   3. 인주 씨 덕분에
4. 구입한 지   5. 문자를 확인하시면

(2) 문장 완성하기 2

학 습
포인트 **실용문에서 사용하는 표현을 공부합시다.**

-게 되다
외부의 영향으로 어떤 상황이 되거나 바뀌었을 때 사용한다.

선배님, 제가 다음 달부터 베트남 지사에서 근무하게 되었습니다. 떠나기 전에 한 번 뵙고 싶습니다.

-기 바라다
희망을 표현할 때 사용한다.

이번 주말에 사무실 물청소를 실시할 예정이니 금요일까지 바닥에 있는 짐을 정리해 주시기 바랍니다.

-는 것 같다
추측을 표현할 때 사용한다.

수미야, 오늘 모임에 조금 늦을 것 같아. 아직 회사 일이 다 끝나지 않아서 출발하지 못했어. 최대한 빨리 갈게. 미안해.

-아 주다
부탁을 표현할 때 사용한다.

오는 5월 31일에 우리 회사에서 마라톤 대회를 합니다. 마라톤 대회에 참여하실 분은 20일까지 신청서를 제출해 주십시오.

-았으면 하다
희망하는 상황을 나타낼 때 사용한다.

수미야, 내가 다음 주에 중국으로 출장을 가는데 가기 전에 한번 만났으면 해. 언제 시간이 있어?

-으려고 하다
어떠한 행동의 목적이나 계획을 나타낼 때 사용한다.

한 해를 마무리하며 송년회를 하려고 합니다. 바쁘시더라도 참석해 주시기 바랍니다.

-으면 되다
필요한 조건을 표현할 때 사용한다.

재택근무를 원하는 사람은 전날 재택근무를 신청하시면 됩니다. 당일에는 재택근무 신청을 할 수 없으니 참고하시기 바랍니다.

-을 수 있다/ 없다
가능성을 표현할 때 사용한다.

이곳에서는 담배를 피울 수 없습니다. 건물 뒤쪽에 있는 흡연실을 이용해 주십시오.

문장을 완성하십시오.

1 **-기 바라다**   내일은 주차장 청소로 인해 지하 1층 주차장을 이용할 수 없습니다. 지하 2층
                    주차장을 ＿＿＿＿＿＿＿＿＿＿＿＿＿＿＿＿＿.

2 **-게 되다**   수미야, 내가 내일 갑자기 ＿＿＿＿＿＿＿＿＿＿＿＿＿＿＿＿＿＿＿. 일이 생
                   겨서 귀국해야 해. 고향에 도착하면 연락할게.

3 **-으려고 하다**   수미야, 이사를 도와줘서 정말 고마워. 어느 정도 집이 정리가 되어서 이번 주
                     토요일에 집들이를 ＿＿＿＿＿＿＿＿＿＿＿＿＿＿. 꼭 와.

4 **-을 수 없다**   공연이 시작되면 ＿＿＿＿＿＿＿＿＿＿＿＿＿＿. 공연 시작 10분 전까
                    지 모두 입장해 주십시오.

5 **-았으면 하다**   교수님, 안녕하세요? 여쭤볼 게 있어서 한번 ＿＿＿＿＿＿＿＿＿＿＿＿＿＿.
                     혹시 다음 주에 시간이 있으세요? 편하신 시간을 말씀해 주시면 제가 교수님
                     연구실로 가겠습니다.

쓰
기

답안 예시   1. 이용해 주시기 바랍니다   2. 고향으로 돌아가게 되었어   3. 하려고 해   4. 입장할 수 없습니다
                                                          5. 뵈었으면 합니다

(3) 문장 연결하기

실용문에서 사용하는 표현을 공부합시다.

그래서 앞 문장의 내용이 뒤 문장의 이유가 될 때 사용한다.

수미야, 이사를 도와줘서 고마워. 이제 집 정리가 거의 끝났어. 그래서 집들이를 하려고 하는데 이번 토요일 저녁에 시간이 있어?

그러나 앞의 내용과 상반되는 사실을 말하거나 반박을 표현할 때 사용한다.

대부분의 사람들은 질서를 잘 지킵니다. 그러나 몇몇 질서를 지키지 않는 사람들 때문에 문제가 생깁니다.

그러니까 앞의 말이 뒤에 오는 말의 근거가 됨을 나타낼 때 사용한다.

수미야, 어제는 내가 말이 너무 심했어. 농담으로 한 말이었는데 네 기분을 잘 생각하지 못했던 것 같아. 정말 미안해. 나도 많이 반성하고 있어. 그러니까 이번만 네가 이해하고 용서해 주면 안 될까?

그런데 앞 문장의 내용과 다른 방향으로 화제를 바꿀 때 사용한다.

수미야, 난 이번 모임에 못 갈 것 같아. 오랜만에 고등학교 친구들의 모임이라서 정말 기대했어. 그런데 갑자기 회사에 일이 생겨서 출근해야 해. 참석하지 못해서 미안해.

그럼 상황을 정리하고 마무리할 때 사용한다.

선생님, 안녕하세요? 제가 다음 달에 귀국하게 되어서 선생님을 한번 뵙고 싶습니다. 언제 찾아뵈면 될까요? 편하신 시간을 말씀해 주시면 제가 찾아뵙겠습니다. 그럼, 연락을 기다리겠습니다. 감사합니다.

그리고 같은 내용을 연결하거나 순차적으로 발생한 내용을 나열할 때 사용한다.

개인 용기를 가지고 오시면 음료를 500원 할인해 드립니다. 그리고 오후 6시 이후에 음료를 드시면 30% 할인해 드립니다. 많은 이용 부탁드립니다.

또한 앞 문장의 내용에 의미를 더할 때 사용한다.

우리 호텔에서는 인터넷을 무료로 이용하실 수 있습니다. 또한 컴퓨터가 필요하신 분을 위해서 노트북을 무료로 대여하고 있습니다. 많은 이용 바랍니다.

만약 가정을 나타낼 때 사용한다.

만약 출발 90일 전까지 결제하지 않으시면 예약한 비행기표가 자동으로 취소됩니다.

문장을 완성하십시오.

❶ **만약**　　서비스 쿠폰은 올해 안에 사용하셔야 합니다. ⎯⎯⎯⎯⎯⎯⎯⎯⎯
⎯⎯⎯⎯⎯⎯ 무효가 됩니다.

❷ **그래서**　　수미야, 이번 주 금요일에 갑자기 출장을 가게 되었어. ⎯⎯⎯⎯⎯⎯⎯
⎯⎯⎯⎯⎯⎯⎯⎯⎯⎯. 오랜만에 친구들을 보고 싶었는데 아쉽다. 친구들에게
내 안부 전해 줘.

❸ **그러나**　　오늘은 비가 많이 와서 운동장을 사용할 수 없습니다. ⎯⎯⎯⎯⎯⎯⎯
⎯⎯⎯⎯⎯⎯⎯⎯⎯. 운동을 하실 분은 실내 체육관을 이용하시기 바랍니다.

❹ **또한**　　공공장소에서 기침을 할 때는 팔꿈치나 손으로 입을 가려야 합니다. ⎯⎯⎯⎯⎯⎯
⎯⎯⎯⎯⎯⎯⎯⎯⎯⎯ 전염병 예방에 큰 도움이 됩니다. 외출하고 돌아
오면 꼭 손을 씻읍시다.

❺ **그럼**　　수미야, 네가 부탁한 자료를 오늘 다 찾았어. 내일 수업 시간에 전해 줄게. 이 자
료가 도움이 되었으면 좋겠다. ⎯⎯⎯⎯⎯⎯⎯⎯⎯⎯⎯⎯⎯⎯⎯⎯.

쓰기

⎯⎯⎯⎯⎯⎯⎯⎯⎯⎯⎯⎯⎯⎯⎯⎯⎯⎯⎯⎯⎯⎯⎯⎯⎯⎯⎯⎯⎯

답안 예시　1. 만약 올해 안에 사용하지 않으시면　2. 그래서 이번 모임에 참석하지 못할 것 같아
3. 그러나 실내 체육관은 사용이 가능합니다　4. 또한 자주 손을 씻는 것도
5. 그럼, 내일 수업 시간에 보자

(4) 실용문 완성하기

 **다양한 실용문을 공부합시다.**

광고문

| **활용표현** | -기 바라다, -으면, 그러니까 |

> 오늘 저녁 6시에 종합운동장에서 하는 프로야구 표를 판매합니다.
> 인주 팀을 응원하시는 분이면 좋겠습니다.
> 제가 지금 경기장 앞에 있습니다.
> 그러니까 근처에 있는 분만 신청해 주시기 바랍니다.
> 경기장 앞에서 만나서 표를 전해 드리겠습니다.

안내문

| **활용표현** | -기 바라다, -도록, -아 주다, -을 수 없다 |

> 오늘부터 2층 여자 화장실을 수리합니다.
> 이번 주 금요일까지 화장실을 사용할 수 없습니다.
> 불편하시더라도 1층에 있는 화장실을 사용해 주시기 바랍니다.
> 최대한 공사가 빨리 끝날 수 있도록 노력하겠습니다.
> 협조해 주셔서 감사합니다.

초대의 글

| **활용표현** | -게 되다, -아 주다, -으려고 하다, -으면, 그래서 |

> 우리 반 친구들...
> 마이클 씨가 갑자기 귀국하게 되었어.
> 그래서 다음 주 수요일이나 금요일 저녁에 송별회를 하려고 해.
> 가능한 날을 알려 주면 내가 식당을 예약할게.
> 오늘까지 알려 줘.

감사의 글

수미 씨,
수미 씨가 도와주신 덕분에 취업하게 되었습니다.
제가 일을 시작하기 전에 수미 씨와 저녁을 함께 하고 싶습니다.
괜찮은 시간을 말씀해 주시면 제가 찾아가겠습니다.
그럼, 답장을 기다리겠습니다.

감사합니다.

보내기

쓰기

부탁하는 글

수미야,
혹시 토요일에 시간이 있어?
내가 이사를 하는데 도와줄 수 있어?

미선아,
어떡하지? 토요일에 친구 결혼식이 있어서 하루 종일
도와 주기는 힘들 것 같아.
4시 이후에 갈 수 있는데 괜찮아?

제목에 맞는 실용문을 쓰십시오.

① 신입생 오리엔테이션 안내문

> **활용 표현**

---

② 오랜만에 친구에게 보내는 안부 이메일

> **활용 표현**

---

③ 출장을 가는 동안 고양이를 맡아 달라고 부탁하는 글

> **활용 표현**

---

4 친구와의 문제로 학교 상담 센터에 상담을 신청하는 글

활용표현

5 집들이에 친구를 초대하는 글

활용표현

1 | **활용 표현** -기 바라다, -아 주다, -으니(까), 또한

> 3월 2일 오후 2시에 국문과 신입생 오리엔테이션을 합니다.
> 학교생활에 대한 안내와 전공 공부에 대한 질문도 받습니다.
> 또한 교수님들과의 대화의 시간도 있으니까 신입생들은 모두 참석해 주시기 바랍니다.

2 | **활용 표현** -아(서), -은 지, -을 수 없다

> 수미야, 그동안 잘 지냈어?
> 한국을 떠난 지 벌써 한 달이 지났네.
> 그동안 너무 바빠서 연락을 할 수 없었어. 미안해.
> 회사 생활은 잘하고 있어?
> 너와 함께 지낸 서울 생활이 너무 그립다.

3 | **활용 표현** -게 되다, -아(서), -을 수 있다, 그럼

> 수미야,
> 내가 모레 갑자기 출장을 가게 됐어.
> 혹시 내가 키우는 고양이를 3일 동안 맡아 줄 수 있어?
> 갑자기 일정이 정해져서 맡길 곳이 없어.
> 이런 부탁을 해서 정말 미안해.
> 그럼, 연락 줘. 기다릴게.

4 | **활용 표현** -아(서), -았으면 하다, 그래서

> 안녕하세요?
> 저는 국문과 1학년 이수미입니다.
> 최근 문제가 생겨서 친구들과 다툰 후 학교생활이 좀 힘듭니다.
> 고향을 떠나와서 대학 생활도 적응하기가 쉽지 않은데
> 친구들과의 문제까지 생겨서 스트레스가 심한 상태입니다.
> 그래서 상담을 받았으면 합니다.

5 | **활용 표현** -아(서), -으려고 하다, -을 수 있다, 덕분에

> 수미야, 이사할 때 도와줘서 정말 고마워.
> 덕분에 이사를 잘할 수 있었어.
> 이제 짐도 다 정리가 되어서 집들이를 하려고 해.
> 이번 주 토요일 저녁에 하려고 하는데 시간이 되니?
> 네가 꼭 왔으면 좋겠어.

평가 목표	실용문의 맥락에 맞게 문장을 완성할 수 있다.
유형	빈칸에 알맞은 말 쓰기
세부 내용	공지문, 안내문 등 실용문의 내용에 맞게 문장 완성하기
지시문	다음 글의 ㉠과 ㉡에 알맞은 말을 각각 쓰시오.

연습문제

※ **[51~52] 다음 글의 ㉠과 ㉡에 알맞은 말을 각각 쓰시오. (각 10점)**

51

> 선생님,
> 몸이 아파서 오늘 (㉠   ).
> 죄송합니다.

> 수미 씨,
> 많이 아파요?
> 오늘 수업은 걱정하지 말고 푹 쉬세요.
> 혹시 (㉡   ) 언제든지 연락하세요.

㉠ ....

㉡ ....

답안 예시   ㉠ 수업에 못 갈 것 같아요   ㉡ 제 도움이 필요하면

(1) 문장 완성하기 1

학습 포인트 **설명문에서 사용하는 표현을 공부합시다.**

-기 위해(서) 목적이나 의도를 나타낼 때 사용한다.

어미 독수리는 새끼 독수리에게 날아가는 방법을 가르치기 위해서 절벽에서 아래로 새끼를 떨어뜨린다. 새끼 독수리가 땅에 떨어지려는 순간 어미 독수리는 새끼를 구한다. 이러한 행동을 반복하면서 새끼들을 훈련시킨다.

-는가 하면 앞의 내용과 다른 내용을 뒤에 덧붙일 때 사용한다.

관광객이 줄어 국가 경제에 어려움을 겪고 있는 나라가 있는가 하면 지나치게 많은 관광객 때문에 주민들이 항의하는 나라도 있다.

-는다고 해도 앞의 내용에 구애받지 않고 뒤의 내용을 주장할 때 사용한다.

우울감과 우울증은 다르다. 우울감은 일시적인 현상으로 곧 회복되는 반면 우울증은 우울한 상태가 2주 이상 지속되며 잘 회복되지 않는다. 우울증은 개인적으로 노력한다고 해도 해결하기가 어려우므로 전문가의 도움을 받는 것이 좋다.

-던 과거에 지속된 행동이나 상태를 나타낼 때 사용한다.

세계적으로 불경기가 지속되면서 한국의 경제 상황도 좋지 않다. 해마다 신입사원을 채용하던 기업들이 올해는 채용 인원을 줄여 취업 전망이 밝지 않다.

-을 때 행동이 계속되거나 그 일이 생기는 시점을 표현할 때 사용한다.

보통 날씨가 무더울 때 식중독의 위험이 크다고 생각한다. 그러나 5월과 6월처럼 일교차가 클 때 식중독이 더 많이 발생한다.

은 물론 앞의 내용이 당연함을 나타낼 때 사용한다.

약간의 음주는 건강에 도움이 된다고 알려져 있다. 그러나 최근에 많은 양의 음주는 물론 소량의 음주도 건강에 해롭다는 연구 결과가 나왔다.

을 통해(서) 어떤 과정이나 경험을 거쳐서 결과가 나타날 때 사용한다.

이번 실험을 통해 똑같은 속도로 걷는 것보다 3분 간격으로 빠른 걷기와 느린 걷기를 번갈아 하는 것이 운동 효과를 높일 수 있다는 것이 증명되었다.

이란	설명하는 화제를 나타낼 때 사용한다.

플라시보 효과란 약효가 없는 약이라도 환자가 효과가 있다고 믿고 먹게 되면 증상이 좋아지는 현상을 말한다. 하지만 플라시보 효과는 과학적으로 완전히 검증되지도 않았고 환자에 따라서 그 결과도 상이하다.

체크 포인트

문장을 완성하십시오.

❶ -을 때 _____ 잠깐 쉬어가는 것도 도움이 된다. 휴식을 취하다 보면 다시 시작하고 싶은 마음이 생길 수도 있기 때문이다.

❷ -던 관광객들의 증가로 몸살을 앓고 있는 지역이 늘고 있다. _____ 시골 동네가 드라마에 소개된 후 많은 관광객들이 몰려 들어 소음과 쓰레기 문제 등 각종 문제가 발생되고 있다.

❸ 은 물론 부동산 가격이 너무 많이 올라서 문제가 되고 있다. _____ 지방 소도시까지 집값이 크게 올랐다.

❹ -기 위해(서) 야생동물 구조 센터는 다친 동물들을 치료하고 보살펴 주는 일을 한다. 동물들의 치료가 끝나면 _____ 동물들이 스스로 살아갈 수 있도록 훈련을 시킨다.

❺ -는가 하면 조기 외국어 교육에 대한 의견은 다양하다. 어렸을 때부터 _____ 너무 어린 나이에 외국어 교육을 시작하면 언어 발달에 문제가 생기는 등 부작용이 많다는 의견도 있다.

답안 예시   1. 너무 힘들어 포기하고 싶을 때   2. 한적하고 깨끗하던   3. 수도권은 물론
4. 자연으로 돌려보내기 위해서   5. 외국어 교육을 시키는 것이 효과적이라는 의견이 있는가 하면

(2) 문장 완성하기 2

설명문에서 사용하는 표현을 공부합시다.

-기도 하다

내용을 나열할 때 사용한다.

사람마다 선호하는 다이어트 방법은 차이가 있다. 식사량을 줄이기도 하고 식사 시간을 조절하기도 한다. 그러나 어떤 방법이든 운동이 병행되지 않으면 다이어트에 성공하기는 쉽지 않다.

-기 때문이다

이유를 설명할 때 사용한다.

무조건 운동을 많이 하는 것이 좋은 것은 아니다. 자신에게 맞지 않는 무리한 운동은 오히려 건강에 해롭기 때문이다.

-기 쉽다

그런 일이 생길 가능성이 크다는 의미를 나타낼 때 사용한다.

돌발성 난청은 갑자기 잘 들리지 않는 현상을 말한다. 이러한 경우에 바로 병원에 가서 치료를 받아야 한다. 적당한 치료 시기를 놓치면 청력을 잃기 쉽다.

-는 것이 좋다

어떤 상황이나 행동이 바람직함을 나타낼 때 사용한다.

여름철에는 땀이 많이 나기 때문에 자주 씻게 된다. 이때 매번 비누를 사용하면 피부가 건조해져서 좋지 않다. 그러므로 여러 번 씻을 경우에는 물만 사용해서 가볍게 씻는 것이 좋다.

-는다고 하다

다른 사람의 말을 전할 때 사용한다.

올해 결혼율이 작년에 비해서 15% 증가했다고 한다. 이는 코로나19로 인해 결혼을 미루었던 사람들의 수요까지 합쳐져서 나타난 결과라고 분석된다.

-아야 하다

의무를 표현할 때 사용한다.

지구의 환경을 지키는 것은 우리의 의무이다. 우리의 후손을 위해서라도 환경보호를 위해 노력해야 한다.

-아 있다

행위가 이루어진 후에 그 상태나 결과가 지속됨을 나타낼 때 사용한다.

개미 집단은 여왕개미, 수개미, 일개미로 나누어져 있다. 이들은 집단생활을 유지하기 위해서 각각 맡은 역할과 책임이 다르다.

-아 지다

변화를 표현할 때 사용한다.

최근 맨발 걷기가 인기를 끌면서 맨발로 등산을 하는 사람들이 많아졌다. 그러나 맨발 걷기를 할 때 몇 가지 유의해야 할 점이 있다.

문장을 완성하십시오.

❶ -는다고 하다   파리지옥은 파리나 거미를 잡아먹는 식충식물이다. 어린아이가 있는 집에서는 살충제를 쓰기가 어려우므로 파리지옥 화분을 두면 ＿＿＿＿＿＿＿＿＿＿＿＿＿＿＿＿＿＿＿.

❷ -기 때문이다   공무원 시험에 응시하는 젊은이들이 늘고 있다. 공무원의 연봉은 대기업에 비해 높지 않지만 ＿＿＿＿＿＿＿＿＿＿.

❸ -아야 하다   스포츠 선수 중에 군 복무가 면제된 선수들이 있다. 스포츠 선수가 군 복무를 면제받으려면 올림픽 등의 국제 경기에서 ＿＿＿＿＿＿.

❹ -는 것이 좋다   목이 마를 때 찬물을 마시면 순간적으로 시원한 느낌이 들지만 몸에 잘 흡수되지 않아서 오히려 갈증이 심해질 수 있다. 그러므로 갈증이 날 때는 찬물보다는 ＿＿＿＿＿＿.

❺ -기 쉽다   췌장암은 증상이 나타나면 이미 병이 진행된 경우가 많다. 그러므로 정기적인 검진을 받지 않으면 ＿＿＿＿＿＿.

쓰기

답안 예시   1. 해충을 막을 수 있다고 한다   2. 정년이 보장되어 있어서 안정적이기 때문이다
3. 메달을 따야 한다   4. 미지근한 물을 마시는 것이 좋다   5. 치료 시기를 놓치기 쉽다

(3) 문장 연결하기

설명문에서 사용하는 표현을 공부합시다.

그래야 조건이 충족되어야 결과가 나옴을 나타낼 때 사용한다.

광고를 할 때 돈이 많이 들더라도 인기가 있는 연예인을 모델로 선정하는 경우가 많다. 그래야 사람들의 관심을 끌 수 있기 때문이다.

그러므로 앞 문장의 내용이 근거가 될 때 사용한다.

청년 실업률이 해마다 증가하고 있다. 그러므로 정부는 청년들을 위한 취업 지원 프로그램이나 새로운 일자리를 만드는 데 많은 노력을 해야 한다.

그렇지만 앞 문장의 내용을 인정하면서 뒤 문장에 반대가 되는 상황이 올 때 사용한다.

인공지능 기술의 발전은 인간 사회를 더욱 편리하게 만들어 준다. 그렇지만 일자리 위협 등 부정적인 면도 무시할 수 없는 사실이다.

오히려 기대하는 것과 다른 결과가 나타날 때 사용한다.

난방비를 줄이기 위해서 잠깐 외출할 때도 난방을 끄는 사람들이 있다. 그러나 이런 방법은 좋지 않다고 한다. 오히려 난방비가 더 나올 수 있기 때문이다. 일정한 온도로 맞춰 놓고 계속 난방을 하는 것이 난방비를 절약하는 데 도움이 된다.

왜냐하면 이유를 나타낼 때 사용한다.

한국에는 첫돌부터 10살까지의 생일에 수수팥떡을 먹는 풍습이 있다. 왜냐하면 수수팥떡의 붉은색이 귀신을 쫓아내고 아이들의 건강을 지켜 준다고 믿었기 때문이다.

이에 따라(서) 어떤 상황이나 기준을 나타낼 때 사용한다.

기후 변화로 인해 홍수, 가뭄, 폭염 등의 이상 기후가 자주 발생하고 있다. 이에 따라 농작물의 생산량도 줄어들어서 식량 부족 문제가 점점 커지고 있다.

이처럼 앞에서 설명한 내용과 비슷하거나 같음을 나타낼 때 사용한다.

해수면의 온도가 해마다 상승하고 있다. 이처럼 바닷물의 온도가 올라가는 것은 지구온난화가 가장 큰 원인이다.

하지만 앞 문장의 내용과 서로 다르거나 반대가 되는 내용을 연결할 때 사용한다.

가난한 사람과 부자의 소득 차이가 갈수록 커지고 있다. 하지만 이러한 소득 격차에 대해 문제를 제기하는 사람은 많지 않다.

체크 포인트

문장을 완성하십시오.

❶ 그러므로 자녀 양육의 부담이 저출산의 가장 큰 원인으로 밝혀졌다.
젊은 부부를 대상으로 경제적인 지원책이 마련되어야 한다.

❷ 그렇지만 최근 E스포츠가 인기를 끌면서 프로게이머가 되고 싶어 하는 청소년이 늘었다. 청소년기에 게임만 하는 것은 문제가 많다.

❸ 왜냐하면 비밀번호를 만들 때는 생일이나 전화번호 등의 숫자를 사용하지 않는 것이 좋다. .

❹ 하지만 수면 문제로 일상생활이 힘들다면 전문가를 찾아 정확한 원인을 알아보는 것이 좋다. 그냥 견디다가 증상이 심해지는 경우가 많다.

❺ 이처럼 1인 가구가 전체 가구의 30% 이상을 차지하고 있다.
이들을 위한 소형 가전제품들이 많아졌다.

답안 예시 1. 그러므로 출산율을 높이기 위해서는   2. 그렇지만 프로게이머가 되겠다고
3. 왜냐하면 이러한 정보들은 쉽게 노출될 수 있기 때문이다   4. 하지만 병원에 가지 않고
5. 이처럼 1인 가구가 증가하면서

(4) 설명문 완성하기

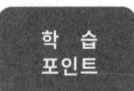 다양한 설명문을 공부합시다.

건강 관련 설명문

> **활용표현** -는다고 하다, 그러므로, 하지만

스트레스가 신체적, 정신적으로 피해를 준다는 사실은 우리 모두가 잘 알고 있다. 하지만 현대인의 삶에서 스트레스를 피하는 것은 쉽지 않다. 그러므로 스트레스를 피하기보다 스트레스를 적절하게 잘 풀 수 있는 방법을 찾는 것이 중요하다. 전문가들은 자신이 좋아하는 취미를 찾아서 취미 생활을 하는 것이 스트레스 해소에 좋은 해결책이 될 수 있다고 한다.

사회 관련 설명문

> **활용표현** -기 때문이다, 그렇지만, 을 통해(서), 왜냐하면

요즘 젊은이들 사이에서 성격 유형 검사가 인기를 끌고 있다. 물론 이러한 성격 검사 결과를 모두 믿을 필요는 없다. 왜냐하면 성격 유형 검사의 결과가 그 사람의 성격과 완벽하게 일치하지 않을 때도 많기 때문이다. 그렇지만 유형 검사를 통해서 자신의 성격을 되돌아볼 수 있는 기회를 가질 수 있고 다른 사람을 좀 더 이해할 수 있다는 점은 장점이라고 볼 수 있다.

학습 관련 설명문

> **활용표현** -기도 하다, -는가 하면, 그러므로

효과적인 학습 공간에 대한 생각은 사람마다 다르다. 소음이 전혀 없는 도서관 같은 곳에서 공부하는 것을 선호하는 사람이 있는가 하면 어떤 사람은 카페처럼 일정한 소음이 있는 곳을 선호하기도 한다. 학습 공간과 마찬가지로 학습 방법 또한 사람마다 다를 것이다. 그러므로 자신에게 맞는 학습 공간에서 자신에게 맞는 방법으로 공부하는 것이 가장 효과적이다.

자연 관련 설명문

활용표현 -기도 하다, -는다고 하다, 이란

이소란 어린 새들이 처음으로 둥지를 떠나는 과정이다. 어린 새들은 나는 방법에 익숙하지 않아서 땅에 주저앉아 있기도 한다. 가끔 지나가는 사람들이 이러한 어린 새들을 구조해 주기도 한다. 그러나 전문가들은 특별히 치료가 필요한 경우가 아니면 야생에서 잘 살아갈 수 있도록 그대로 두는 것이 좋다고 한다.

일상생활 관련 설명문

활용표현 -기도 하다, -는가 하면, -는다고 해도

'행복은 마음먹기에 달려 있다'는 말이 있다. 이 말은 행복은 돈이나 조건 등의 외부적인 요인으로 정해지기보다 자신의 생각 즉, 스스로의 마음가짐에 따라서 달라진다는 의미이다. 똑같은 일을 겪는다고 해도 어떤 사람은 긍정적으로 생각하는가 하면 어떤 사람은 부정적으로 생각하고 좌절하기도 한다.

제목과 관련된 내용으로 설명하는 글을 쓰십시오.

1 환경오염의 원인

활용표현

_____

_____

_____

_____

_____

2 수면과 건강

활용표현

_____

_____

_____

_____

_____

3 과학 기술의 발달과 미래

활용표현

_____

_____

_____

4 효과적인 언어 학습법

> **활용표현**

---

5 민속놀이

> **활용표현**

---

1 | **활용 표현** -기 위해(서), -아 있다, -아야 하다

우리가 쉽게 사용하고 버리는 일회용품, 공장이나 자동차에서 나오는 매연, 난방과 냉방을 위한 전기 사용 등 환경오염의 원인은 우리의 생활과 밀접하게 연결되어 있다. 인간 생활의 편안함을 위한 많은 것들이 이제는 환경오염의 원인이 되어서 사회 문제가 되고 있다. 환경오염 문제는 한 사람의 힘으로 해결될 수 없다. 환경오염을 막기 위해서 우리 모두가 노력해야 한다.

---

2 | **활용 표현** -기 쉽다, -는 것이 좋다, -아야 하다, -아지다, 그러므로, 하지만

건강을 유지하려면 잘 자야 한다는 것을 모르는 사람은 없다. 보통 적당한 수면 시간은 7~8시간인데 잠을 적게 자면 기억력이 나빠지고 우울증에 걸리기 쉽다. 하지만 잠을 많이 잔다고 해서 좋은 것은 아니다. 9시간 이상을 자게 되면 수명이 짧아진다는 연구 결과도 있다. 그러므로 건강을 위해서 적당한 수면 시간을 지키는 것이 좋다.

---

3 | **활용 표현** -기 위해(서), -던, -아야 하다, 은 물론

과학 기술의 발달은 인간의 생활에 많은 변화를 가져왔다. 인간의 손으로 하던 많은 일들이 자동화되면서 삶의 질이 향상되었다. 미래 사회는 더 큰 변화가 진행될 것이다. 교육, 의료, 경제 분야는 물론 일반 생활에도 많은 영향을 미칠 것이다. 과학 기술의 발달이 미래 사회에 긍정적인 영향을 미치기 위해서는 그 결과가 몇몇 개인을 위한 것이 아니라 사회 전체를 위해서 활용되어야 한다.

---

4 | **활용 표현** -는 것이 좋다, -아지다, 을 통해(서)

언어 학습에서 가장 중요한 것은 그 언어를 자주 사용하는 것이다. 혼자 도서관에서 공부하는 것보다 그 나라 사람과 대화하는 것이 더 좋다. 한국어 공부도 마찬가지이다. 한국 사람과 만나서 이야기하다 보면 한국어 실력이 좋아진다. 또한 좋아하는 한국 노래나 드라마를 통해서 한국어를 배우면 한국 문화도 이해할 수 있다.

---

5 | **활용 표현** -아야 하다, 이란

민속놀이란 옛날부터 전해 내려오는 놀이를 말한다. 요즘은 민속놀이보다 컴퓨터 게임이나 E스포츠 등을 즐기는 사람이 많다. 물론 지금도 명절이 되면 윷놀이나 제기차기 등 민속놀이를 하는 가정도 있지만 그리 많지는 않다. 민속놀이는 단순한 놀이를 넘어서 그 나라의 역사와 문화를 반영하기 때문에 이러한 전통이 사라지지 않도록 보존해야 한다.

쓰기 **52**번 문제

평가 목표	설명문 맥락에 맞게 문장을 완성할 수 있다.
유형	빈칸에 알맞은 말 쓰기
세부 내용	설명문의 내용에 맞게 문장 완성하기
지시문	다음 글의 ㉠과 ㉡에 알맞은 말을 각각 쓰시오.

연습문제

※ **[51~52] 다음 글의 ㉠과 ㉡에 알맞은 말을 각각 쓰시오. (각 10점)**

52

봄에 많이 발생하는 미세먼지는 건강에 좋지 않다. 미세먼지가 심할 때는 (㉠). 그러나 직장생활을 하는 사회인이 외출을 하지 않을 수는 없다. 외출할 때는 불편하더라도 마스크를 착용하는 것이 도움이 된다. 또한 물을 많이 마시는 것도 좋다. 물을 마실 때에는 (㉡) 조금씩 나누어서 자주 마시는 것이 좋다.

㉠ _____

㉡ _____

답안 예시   ㉠ 외출을 자제하는 것이 좋다   ㉡ 한꺼번에 많이 마시는 것보다

(1) 문장 완성하기 1

학습 포인트 **자료를 설명할 때 사용하는 표현을 공부합시다.**

-는데 비해(서) 비교의 기준을 나타낼 때 사용한다.

식생활이 서구화되어 청소년들의 체격은 좋아진 데 비해 운동 부족으로 체력은 오히려 떨어진 것으로 나타났다.

-는 반면 앞과 뒤의 내용이 다름을 나타낼 때 사용한다.

결혼율은 작년에 비해 0.5% 증가한 반면 출산율은 오히려 감소했다. 이는 결혼율이 반드시 출산율로 이어지는 것이 아니라는 것을 보여 주고 있다.

-다(가) 앞의 행위나 상태가 중단되고 다른 상황으로 바뀜을 표현할 때 사용한다.

1인 가구는 작년까지 지속적으로 증가하다가 올해부터 조금씩 감소하기 시작했다. 이는 경제적인 이유로 부모와 함께 사는 청년이 많아졌기 때문으로 분석된다.

-으며 두 가지 이상이 동시에 있음을 나타낼 때 사용한다.

졸업을 미루는 이유는 '취업을 못해서'가 35%로 가장 많았으며 그다음으로 '하고 싶은 일을 하려고'가 23%로 그 뒤를 이었다.

-을수록 정도가 점점 심해짐을 나타낼 때 사용한다.

값이 싼 물건이 언제나 잘 팔리는 것은 아니다. 올해 백화점 판매 분석 결과를 보면 비쌀수록 판매가 증가한 것으로 나타났다.

에 대해(서) 말하거나 생각하는 대상을 나타낼 때 사용한다.

외국인을 대상으로 선호하는 한국 음식에 대해서 설문 조사를 한 결과 35%가 비빔밥을 가장 좋아한다고 응답했다.

에 따르면 정보의 출처를 나타낼 때 사용한다.

한국은행이 발표한 자료에 따르면 올해 소비자 물가는 작년보다 2% 상승한 것으로 나타났다.

을 대상으로 어떤 일의 목표나 목적이 되는 상대를 나타낼 때 사용한다.

20대 청년들을 대상으로 설문 조사를 한 결과 40% 이상이 결혼에 대해서 부정적인 생각을 가지고 있는 것으로 나타났다.

문장을 완성하십시오.

❶ **-는 반면**　　_____ 청소년들의 흡연율은 지속적으로 증가하는
것으로 나타났다.

❷ **을 대상으로**　청소년 문제 연구소에서 _____ 조사한 결과를 보면
성적에 대한 고민이 가장 많은 것으로 나타났다. 이 조사 결과는 10대 청소년
들의 학업에 대한 스트레스가 심각함을 보여 주고 있다.

❸ **-을수록**　　통계청 조사 결과에 따르면 _____ 자녀들에게
사교육을 많이 시키는 것으로 나타났다. 이는 부모의 경제력이 자녀의
사교육에 많은 영향을 끼치고 있음을 보여 주는 통계이다.

❹ **-다(가)**　　외국인 관광객 수가 2000년 이후 _____ 작년부터
서서히 증가하기 시작했다.

❺ **에 따르면**　경제연구소에서 20대 청년 500명을 대상으로 _____
20대 청년들은 안정적인 주거를 가장 원하는 것으로 나타났다.

쓰기

답안 예시　1. 성인 남녀의 흡연율은 감소한 반면　2. 10대 청소년 200명을 대상으로
3. 부모의 소득이 높을수록　4. 계속 감소하다가　5. 조사한 결과에 따르면

(2) 문장 완성하기 2

자료를 설명할 때 사용하는 표현을 공부합시다.

-고 있다
진행을 나타낼 때 사용한다.

청소년 비만율이 해마다 증가하고 있다. 작년보다 올해 약 5%가 증가한 것으로 나타났는데 청소년의 비만은 성인병으로 이어질 가능성이 높기 때문에 이에 대한 대책이 시급하다.

-는다는 것을 알 수 있다
어떤 상황이나 내용을 파악함을 나타낼 때 사용한다.

대학교에 재학 중인 외국인 유학생의 낙제율이 증가하고 있다. 어느 정도 한국어를 한다고 해도 대학 수업을 따라가는 것이 쉽지 않다는 것을 알 수 있다.

-는다는 것이다
다시 한번 반복하여 강조함을 나타낼 때 사용한다.

똑같은 속도로 걷는 것보다 3분 정도 빨리 걷다가 천천히 30분을 걷게 되면 만 보를 걷는 것보다 10배의 효과를 낼 수 있다고 한다. 걷는 속도와 강도를 조절하면 운동 효과가 커진다는 것이다.

-을 것으로 예상된다
추측하는 내용을 설명할 때 사용한다.

지구온난화로 인한 피해가 커지고 있다. 올해 유럽 남부 지역은 40도를 넘는 무더위에 시달리고 있으며 앞으로도 지구의 기온은 점점 더 올라갈 것으로 예상된다.

-을 수도 있다
또 다른 가능성이 있음을 나타낼 때 사용한다.

어린아이들의 스마트폰 사용이 문제가 되고 있다. 단순한 놀이로 스마트폰을 사용하더라도 아이들의 스마트폰 의존을 그대로 두면 자칫 스마트폰 중독으로 이어질 수도 있다.

은 다음과 같다
어떤 내용이나 정보를 구체적으로 나타낼 때 사용한다.

최근 들어 산불이 자주 발생하는 원인은 다음과 같다. 첫째, 개인의 부주의 때문이다. 등산객의 작은 부주의가 큰 산불의 원인이 되는 경우가 많다. 둘째, 건조한 날씨의 영향이다.

으로 나타나다
어떤 결과가 보일 때 사용한다.

경제연구소 조사 결과에 따르면 대형마트의 휴무일에도 전통 시장이나 소형 가게의 매출은 증가하지 않은 것으로 나타났다.

을 차지하다
그 정도임을 표현할 때 사용한다.

최근 식당에서 원산지 표시를 위반하는 사례가 증가했다. 그중 원산지를 거짓으로 표시한 경우가 50% 이상을 차지했다.

문장을 완성하십시오.

❶ 으로 나타나다

결혼에 대해서 부정적으로 생각하는 원인으로는 경제적인 이유가 .... 그다음으로 '자유로운 생활이 좋아서'가 뒤를 이었다.

❷ 을 차지하다

인주 연구소에서 발표한 조사 결과에 따르면 대학생들 중에서 취업 준비 때문에 졸업을 미루고 있다는 응답이 ....

❸ 은 다음과 같다

최근 1인 방송이 증가하고 있는 .... 첫째, 누구나 영상을 쉽게 제작할 수 있기 때문이다.

❹ -을 것으로 예상된다

냉장고, 세탁기 등 인공지능을 활용한 가전제품이 다양해졌다. 이러한 인공지능을 활용한 제품은 앞으로도 ....

❺ -고 있다

적금보다 주식에 투자하는 .... 올해 통계청 조사 결과에 따르면 미래를 위해서 적금을 넣는다는 응답은 10% 미만인 데 비해서 주식에 투자한다는 응답은 50% 이상으로 작년 대비 약 2배가 증가한 것으로 나타났다.

쓰기

답안 예시 1. 가장 큰 것으로 나타났다　2. 40% 이상을 차지했다　3. 이유는 다음과 같다
4. 계속 증가할 것으로 예상된다　5. 직장인들이 증가하고 있다

(3) 문장 연결하기

학 습
포인트 **조사 자료를 설명할 때 사용하는 표현을 공부합시다.**

게다가
앞의 내용에 더해서 의미를 강조할 때 사용한다.

작년에 비해서 국내 소비가 12% 정도 감소하는 등 올해 한국의 경제 상황이 좋지 않은 것으로 나타났다. 게다가 수출도 작년보다 10% 이상 감소하여 한국의 경제에 부정적인 영향을 미치고 있다.

그다음으로
이어서 일어나는 상황이나 내용을 나타낼 때 사용한다.

고등학생의 약 70%가 사교육을 받고 있는 것으로 나타났다. 사교육을 받는 과목으로는 수학이 52.5%로 가장 많았다. 그다음으로는 영어, 국어의 순이었다.

그런데도
앞의 내용과 반대되는 내용을 나타낼 때 사용한다.

외국인 유학생의 유급률이 내국인 학생에 비해서 상당히 높은 수준이다. 그런데도 대학에서는 외국인 유학생을 위한 관리가 제대로 이루어지지 않아서 문제가 되고 있다.

그 이유로는
이유나 원인을 설명할 때 사용한다.

외국인 유학생이 늘고 있지만 외국인 유학생의 취업률은 8%에 불과하다. 그 이유로는 의사소통 문제, 비자 문제 등을 들 수 있다.

따라서
앞 내용이 뒤 내용의 원인이나 근거임을 나타낼 때 사용한다.

휴대전화에서 나오는 빛은 수면에 방해가 된다. 따라서 잠들기 전에 휴대전화를 사용하면 잠들기도 어렵고 깊은 잠을 자기도 힘들다.

뿐만 아니라
내용을 추가해서 강조할 때 사용한다.

실내에서의 활동이 많은 현대인은 비타민 D가 부족한 경우가 많다. 비타민 D는 뼈 건강을 위해 꼭 필요하다. 뿐만 아니라 최근에는 간 건강에도 도움을 준다는 연구 결과가 나왔다.

이러한
앞에 나온 상황이나 대상을 가리킬 때 사용한다.

오프라인 쇼핑은 감소한 데 비해 온라인 쇼핑을 하는 사람들은 많이 늘었다. 이러한 현상은 앞으로도 지속될 것으로 보인다.

이로 인해(서)
원인을 나타낼 때 사용한다.

최근 중동 문제로 국제 원유가가 많이 올랐다. 이로 인해 지하철 요금, 버스 요금 등 교통비가 큰 폭으로 인상될 예정이다.

체크 포인트

문장을 완성하십시오.

❶ 그런데도   오디션 프로그램은 출연자들에게 너무 스트레스를 주므로 없애야 한다는 주장이 있다. _____ 오디션 프로그램의 시청률이 높기 때문이다.

❷ 이로 인해(서) 올해 고등학생의 평균 수면 시간은 6시간 미만이며 주 1회 이상 규칙적으로 운동을 하는 학생은 40%가 되지 않는 것으로 나타났다. _____ _____. 가정과 사회에서 고등학생들의 건강에 관심을 가져야 한다.

❸ 따라서   햇빛은 비타민 D를 만드는 데 도움이 된다. _____ 뼈 건강을 위해서라도 필요하다.

❹ 이러한   디지털 중독은 수면 장애, 시력 저하, 우울감, 무기력증 등 여러 건강 문제를 유발한다. 특히 청소년들의 디지털 중독 문제는 생각보다 심각하다. _____ _____ 개인적인 생활의 개선뿐만 아니라 사회와 정부의 제도적 뒷받침이 필요하다.

❺ 게다가   아르바이트를 하는 대학생들이 많이 늘어난 것으로 나타났다. 대학교 등록금 인상이 하나의 원인으로 분석된다. _____ 학생들의 경제적 부담이 더 심해졌기 때문이다.

답안 예시   1. 그런데도 오디션 프로그램을 폐지하지 않는 이유는
2. 이로 인해 고등학생의 건강 상태는 점점 더 나빠지고 있다   3. 따라서 적당한 야외 활동은
4. 이러한 디지털 중독 문제를 해결하기 위해서는   5. 게다가 물가도 많이 올라서

(4) 자료를 설명하는 글 쓰기

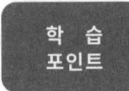 **학습 포인트** **다양한 자료를 설명하는 글을 공부합시다.**

1. 교육 관련 자료

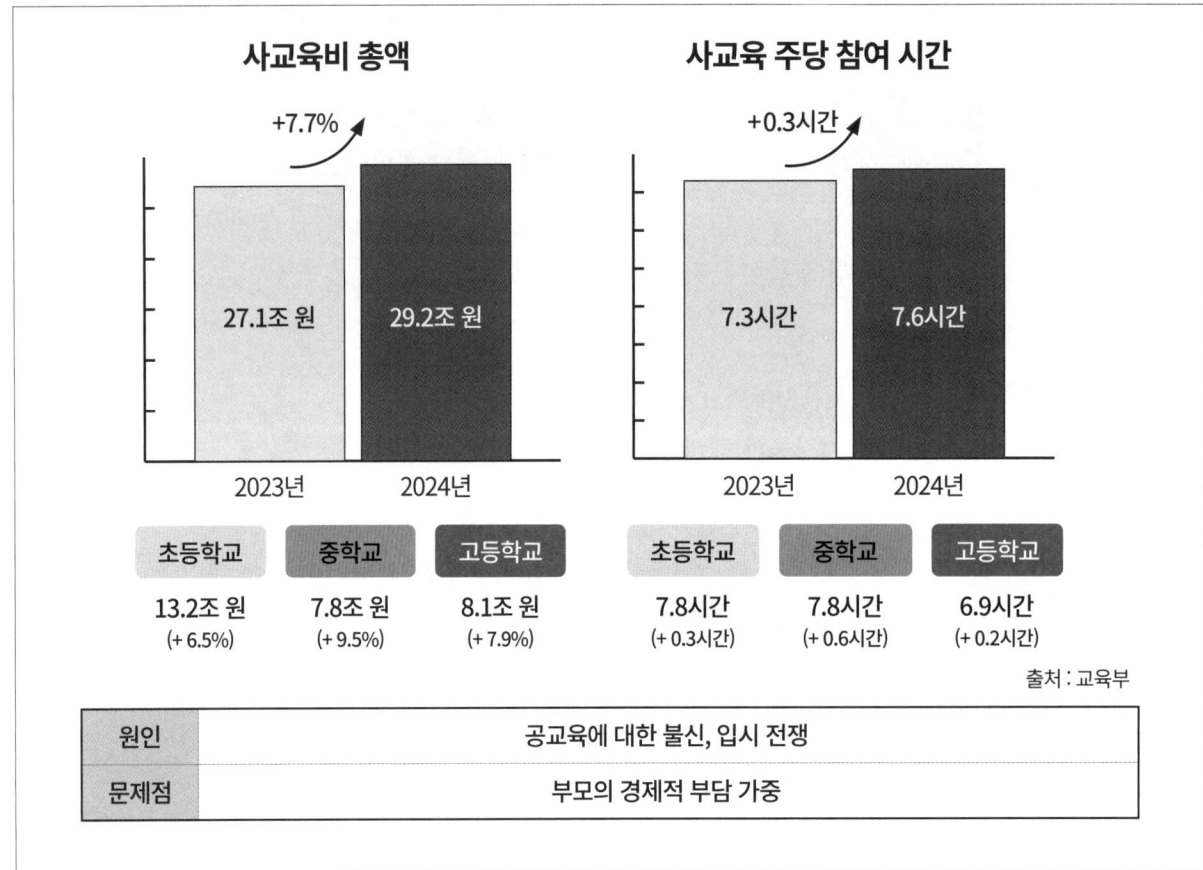

사교육비 총액

+7.7%

27.1조 원 (2023년) → 29.2조 원 (2024년)

초등학교	중학교	고등학교
13.2조 원 (+ 6.5%)	7.8조 원 (+ 9.5%)	8.1조 원 (+ 7.9%)

사교육 주당 참여 시간

+0.3시간

7.3시간 (2023년) → 7.6시간 (2024년)

초등학교	중학교	고등학교
7.8시간 (+ 0.3시간)	7.8시간 (+ 0.6시간)	6.9시간 (+ 0.2시간)

출처 : 교육부

원인	공교육에 대한 불신, 입시 전쟁
문제점	부모의 경제적 부담 가중

> **활용 표현** 에 따르면, 으로 나타나다

> 초중고 학생들의 사교육비를 조사한 결과에 따르면 사교육비는 작년에 비해서 7.7% 증가하였는데 특히 중학교 사교육비가 9.5%로 가장 많이 는 것으로 나타났다. 사교육을 받는 시간은 일주일에 7.6시간으로 작년보다 0.3시간 증가했다. 사교육이 지속적으로 늘고 있는 가장 중요한 원인은 공교육에 대한 불신과 과도한 입시 경쟁 때문이다. 이처럼 사교육이 늘게 되면 부모의 경제적인 부담이 가중될 뿐만 아니라 부모의 경제력에 따라서 아이들의 학습 결과가 달라질 수 있다는 문제가 제기된다.

2. 사회 관련 자료

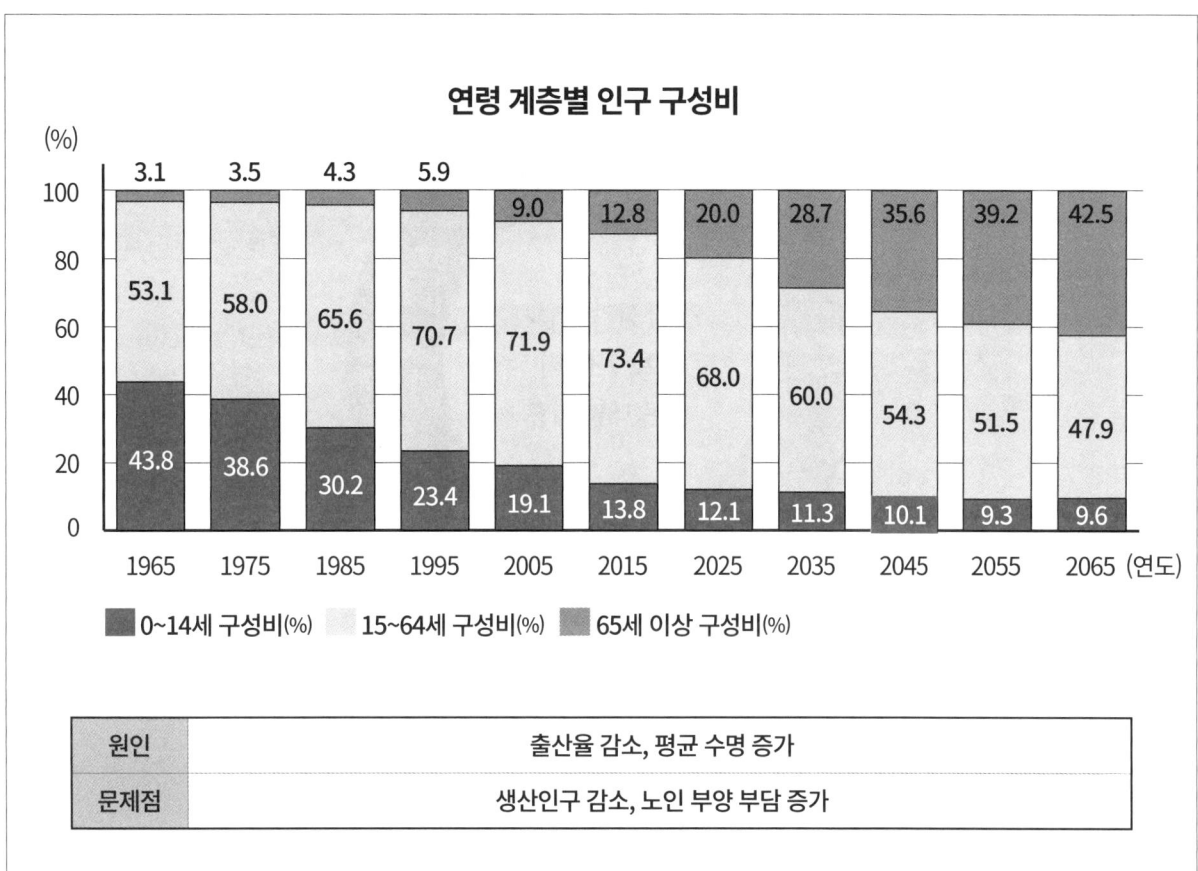

연령 계층별 인구 구성비

	1965	1975	1985	1995	2005	2015	2025	2035	2045	2055	2065
65세 이상	3.1	3.5	4.3	5.9	9.0	12.8	20.0	28.7	35.6	39.2	42.5
15~64세	53.1	58.0	65.6	70.7	71.9	73.4	68.0	60.0	54.3	51.5	47.9
0~14세	43.8	38.6	30.2	23.4	19.1	13.8	12.1	11.3	10.1	9.3	9.6

■ 0~14세 구성비(%)　□ 15~64세 구성비(%)　■ 65세 이상 구성비(%)

원인	출산율 감소, 평균 수명 증가
문제점	생산인구 감소, 노인 부양 부담 증가

쓰기

활용표현　–는 반면, –는 데 비해(서), 에 따르면, 을 차지하다, 게다가, 이러한

　연령별 인구 구성비를 조사한 결과에 따르면 0세에서 14세 미만의 인구는 감소하는 반면 65세 이상의 노인 인구는 증가하는 것으로 나타났다. 특히 2065년에는 65세 이상의 노인 인구가 42.5%를 차지할 것으로 전망된다. 이러한 원인은 출생률은 계속 감소하고 있는 데 비해 의학의 발달 등으로 인해서 평균 수명은 늘어났기 때문이다. 문제는 15세부터 65세까지의 생산인구가 줄어서 경제에 부정적인 영향을 미칠 수 있다는 점이다. 게다가 노인 부양에 대한 부담이 증가하는 것도 하나의 문제가 되고 있다.

3. 경제 관련 자료

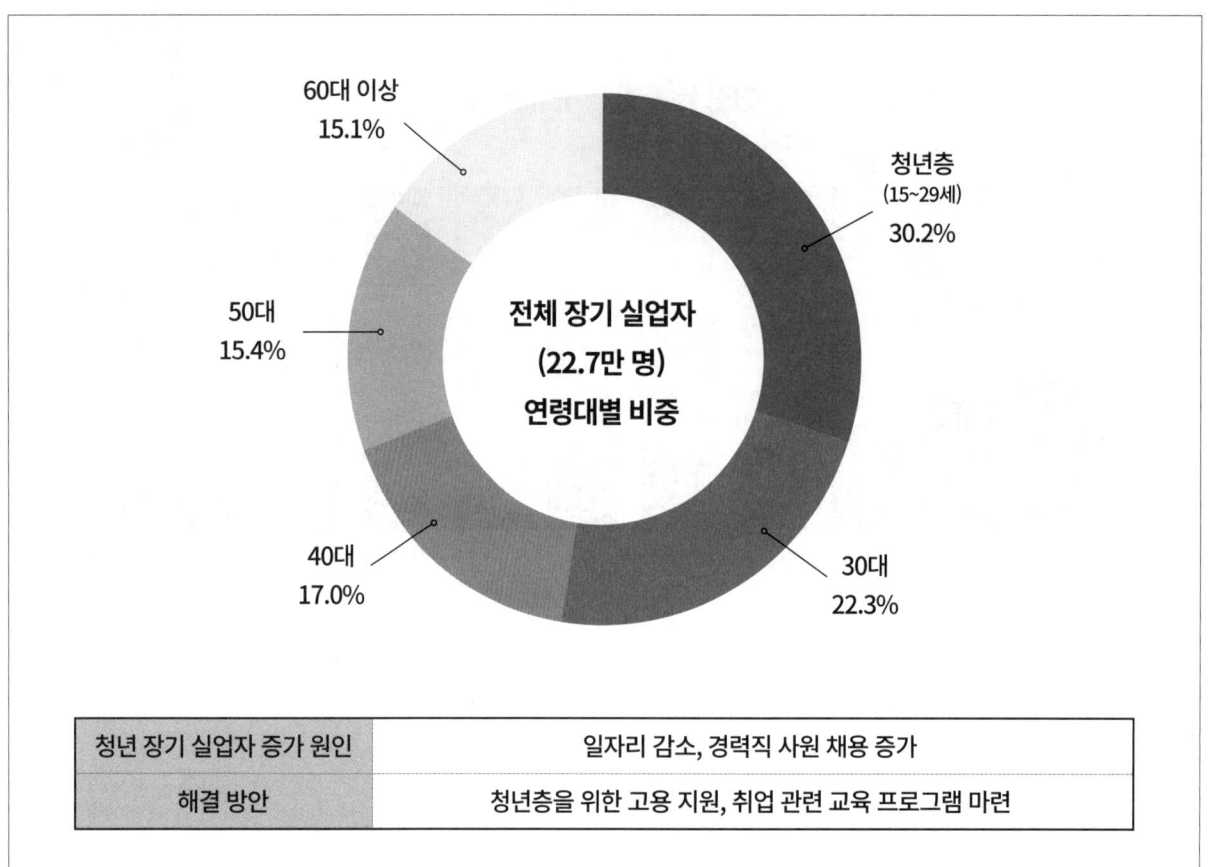

전체 장기 실업자
(22.7만 명)
연령대별 비중

청년층
(15~29세)
30.2%

60대 이상
15.1%

50대
15.4%

40대
17.0%

30대
22.3%

청년 장기 실업자 증가 원인	일자리 감소, 경력직 사원 채용 증가
해결 방안	청년층을 위한 고용 지원, 취업 관련 교육 프로그램 마련

활용표현 -고 있다, -으며, 에 따르면

   6개월 이상 일자리를 구하지 못한 청년층 장기 실업자가 늘고 있다. 장기 실업자에 대한 통계청 조사 결과에 따르면 15세 이상 29세까지의 청년층 장기 실업자가 30.2%로 가장 높았으며 30대가 22.3%로 그 뒤를 이었다. 이는 세계적인 경제 불황으로 인한 일자리 감소와 기업들의 경력직 사원 채용 증가가 그 원인으로 분석된다. 정부는 청년들을 위한 고용 지원 정책을 강화하고 취업 관련 프로그램을 마련하는 등 청년 실업 문제를 해결하기 위해서 적극적으로 나서야 한다.

4. 건강 관련 자료

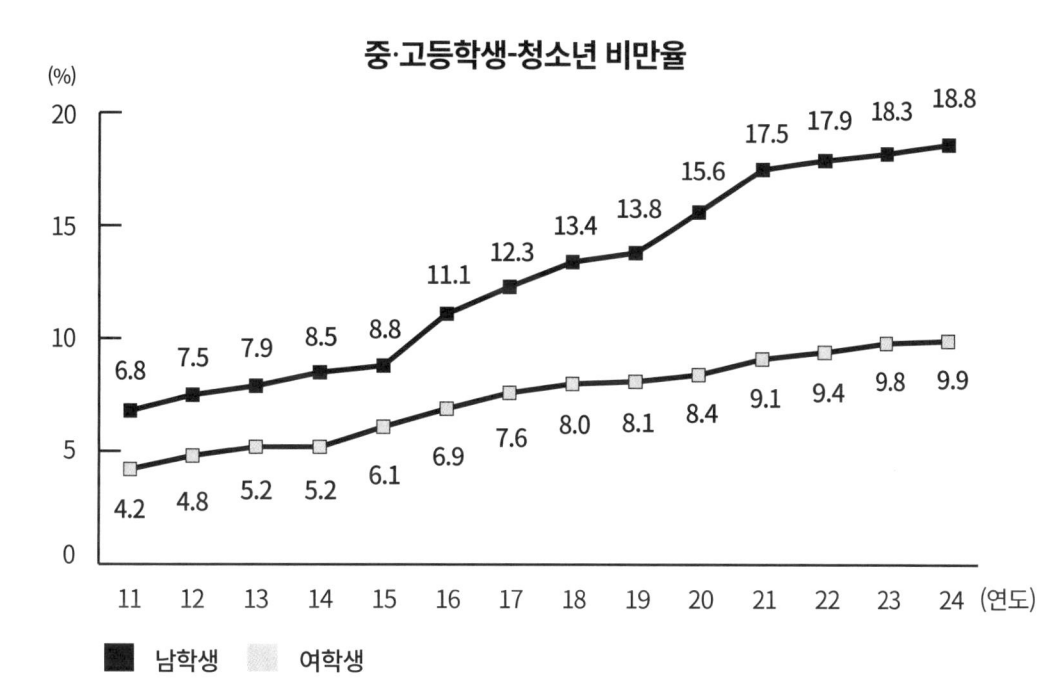

중·고등학생-청소년 비만율

자료원: 청소년 건강행태 조사

비만: 2017년 소아 청소년 성장도표 기준 연령별 체질량지수 95백분위수 이상인 사람의 분율

문제점	성인병 증가
대책	비만 예방 교육, 신체 활동 증진 방안 모색

활용표현 -을 수도 있다, 에 따르면, 으로 나타나다

청소년 비만율 조사 결과에 따르면 비만 청소년은 해마다 지속적으로 증가하는 것으로 나타났다. 특히 여학생에 비해 남학생의 비만율이 높았다. 청소년기의 비만은 성인병으로 이어질 수도 있기 때문에 주의가 필요하다. 청소년들의 비만율을 줄이기 위해서는 비만 예방 교육 프로그램이 마련되어야 한다. 또한 청소년들의 신체 활동을 증진시키기 위한 방안도 모색하여 청소년들이 비만에서 벗어날 수 있도록 해야 한다.

5. 기타 자료

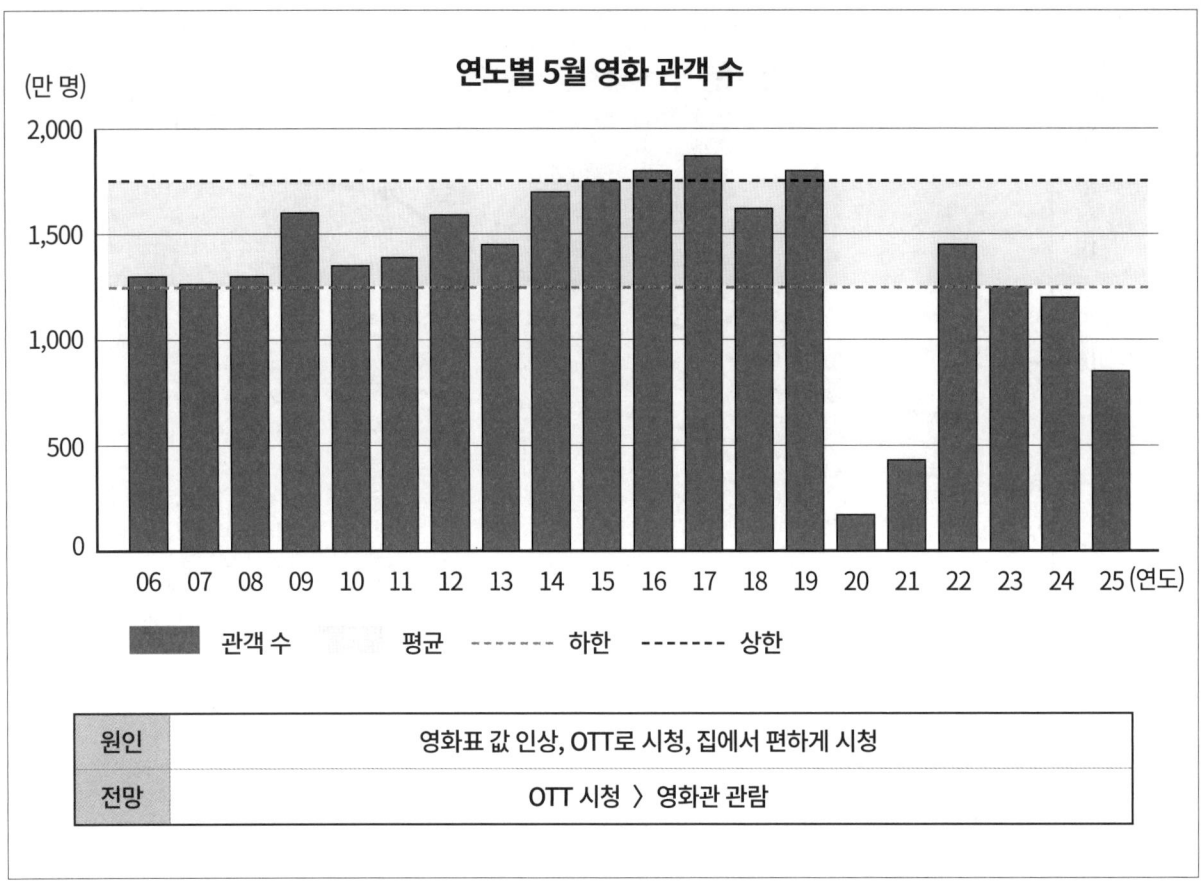

연도별 5월 영화 관객 수

원인	영화표 값 인상, OTT로 시청, 집에서 편하게 시청
전망	OTT 시청 〉 영화관 관람

활용표현 -고 있다, -을 것으로 예상되다, 에 따르면, 으로 나타나다

　이 그래프는 연도별 5월의 영화 관람객 수의 변화를 조사한 것이다. 조사 결과에 따르면 2022년 이후 영화 관객의 수는 해마다 줄고 있는 것으로 나타났다. 2023년부터는 1000만 명을 넘지 못하고 있다. 영화 관객 수가 감소한 원인으로는 영화표 값이 많이 올랐고 영화관을 찾는 사람보다 집에서 편하게 OTT를 통해 영화를 보는 사람이 많아졌기 때문으로 분석된다. 앞으로도 영화관을 찾는 사람보다 OTT를 통해서 영화를 보는 사람들이 늘 것으로 예상된다.

체크 포인트

제시된 자료를 활용하여 설명하는 글을 쓰십시오.

1 '온라인 쇼핑 거래액의 변화'에 대한 자료

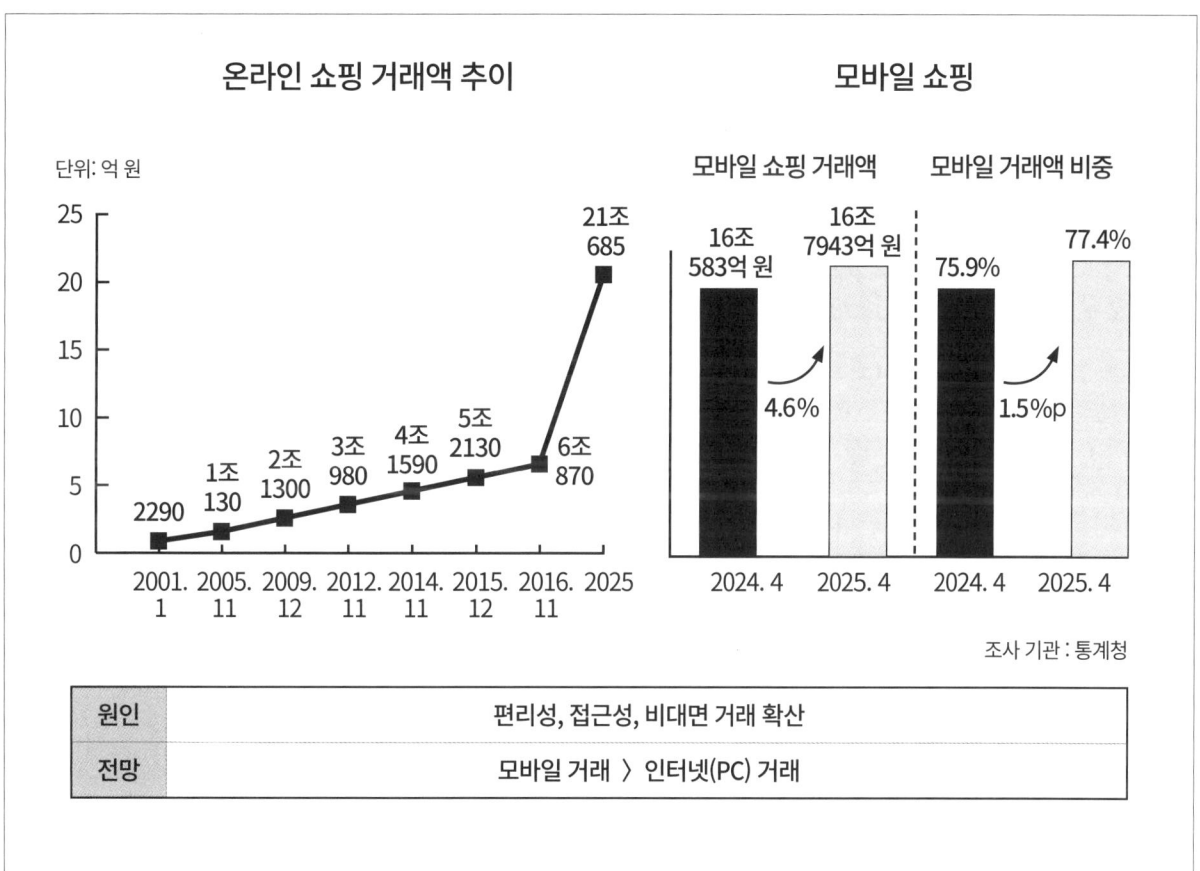

원인	편리성, 접근성, 비대면 거래 확산
전망	모바일 거래 〉 인터넷(PC) 거래

활용표현

활용표현 -고 있다, 에 따르면, 으로 나타나다, 을 차지하다

　온라인 쇼핑 거래액이 해마다 증가하고 있다. 통계청에서 조사한 결과에 따르면 온라인 쇼핑 거래액은 2005년 1조를 넘어선 이후 큰 폭으로 증가하여 2025년 21조 원이 넘는 것으로 나타났다. 특히 모바일 거래액이 전체 온라인 쇼핑의 77.4%를 차지했다. 이처럼 온라인 쇼핑이 증가하는 이유는 코로나19 이후에 비대면으로 거래하는 것이 일반화가 되었고 온라인 쇼핑이 편리하고 쉽게 사용할 수 있기 때문으로 분석된다. 또한 거래 방식도 컴퓨터의 인터넷을 통한 거래보다 좀 더 편리한 모바일 거래가 늘 것으로 전망된다.

② '총인구 변화'에 대한 자료

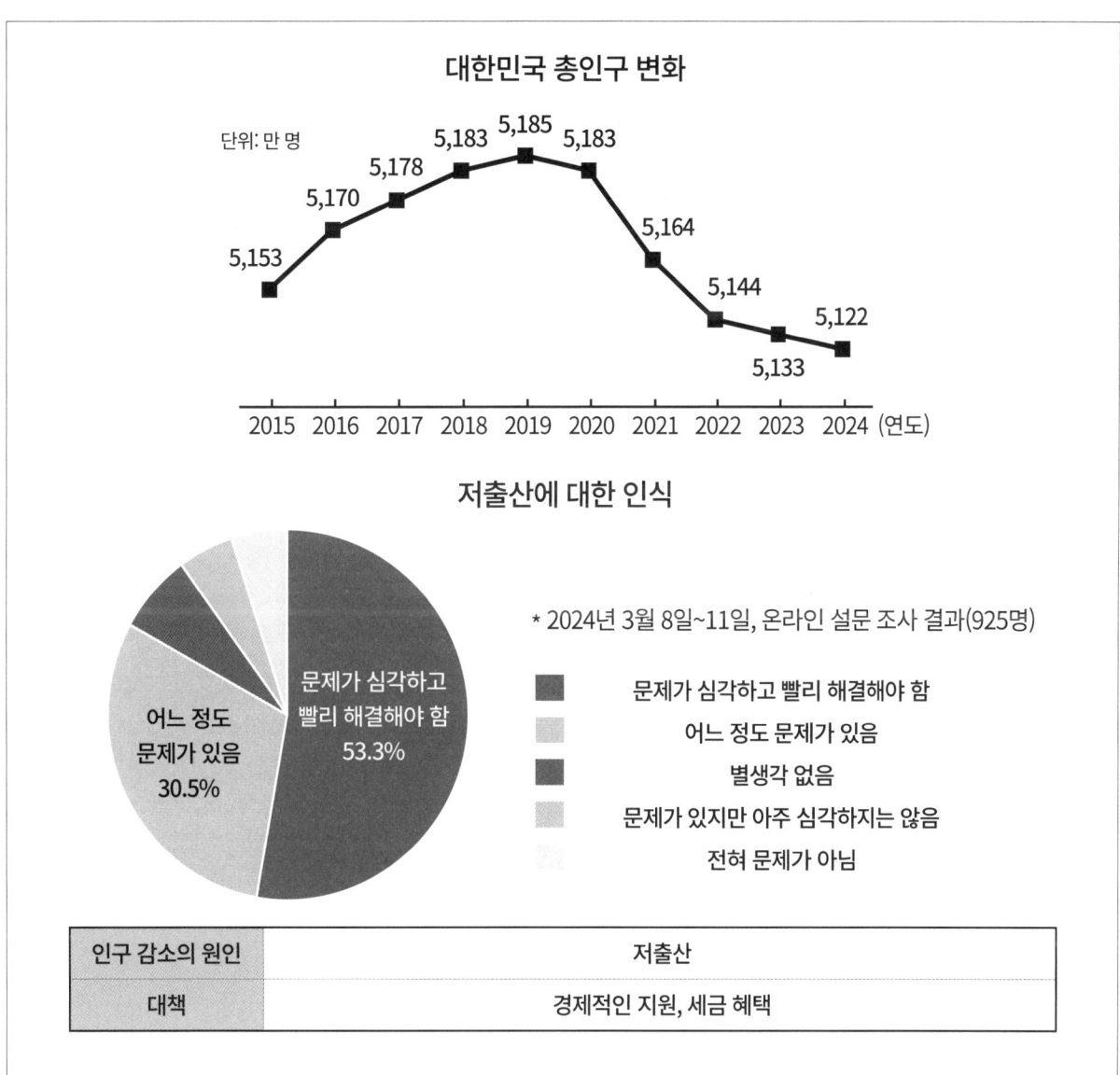

인구 감소의 원인	저출산
대책	경제적인 지원, 세금 혜택

활용표현

활용표현 -고 있다, -는다는 것을 알 수 있다, 그런데도

이 그래프는 2019년 5,185만 명을 정점으로 그 이후 지속적으로 총인구가 감소하고 있음을 보여 준다. 의학 기술의 발달로 평균 수명은 증가하고 있다. 그런데도 총인구가 감소한 것은 저출산 문제가 심각하다는 것을 알 수 있다. 저출산에 대한 인식 조사를 보면 50% 가 넘는 사람들이 그 심각성을 인식하고 있다. 정부는 경제적인 지원과 세금 혜택 등 다양한 제도를 마련하여 저출산 문제 해결을 위해서 노력해야 할 것이다.

3 '유아 스마트폰 사용 실태'에 대한 자료

유아 스마트폰 사용 실태 조사 결과
경기도 거주 만 2~5세 유아(평균나이 3.85세)의 부모 390명 대상

유아의 스마트폰 사용 빈도

전혀 사용하지 않음
하루 미만
1 ~ 2일
3 ~ 4일
5 ~ 6일
매일

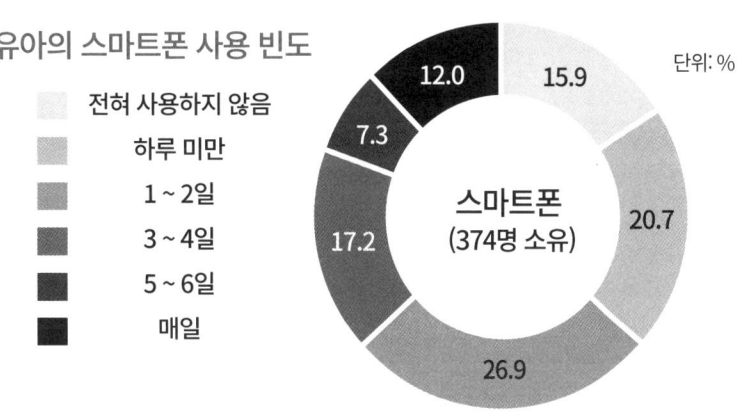

단위: %

첫 사용 연령

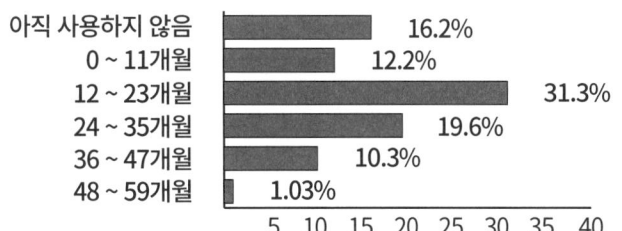

자료: 아주대병원 소아정신건강의학과 신윤미 교수팀

문제점	유아 인지 발달 저해, 사회성 발달 저해
대책	야외 활동 증진, 사용 시간 제한

활용 표현

활용표현 -을 수도 있다, 에 따르면, 으로 나타나다

만 5세 이하의 스마트폰 사용 조사에 따르면 일주일에 1~2일 사용하는 경우가 26.9%로 가장 높았다. 특히 태어난 지 1년 미만인 유아의 경우도 12.2%인 것으로 나타났는데 이는 어린 나이에 전자미디어에 노출되어 있는 우리의 현실을 보여 주는 것이다. 유아들의 스마트폰 사용은 인지 발달을 저해할 뿐만 아니라 사회성 발달에도 도움이 되지 않는다. 그러므로 자녀들의 야외 활동을 늘리고 스마트폰의 사용 시간을 제한하는 등 자녀들이 스마트폰에 중독되지 않도록 부모들의 주의가 필요하다.

4 '외국인 유학생 변화'에 대한 자료

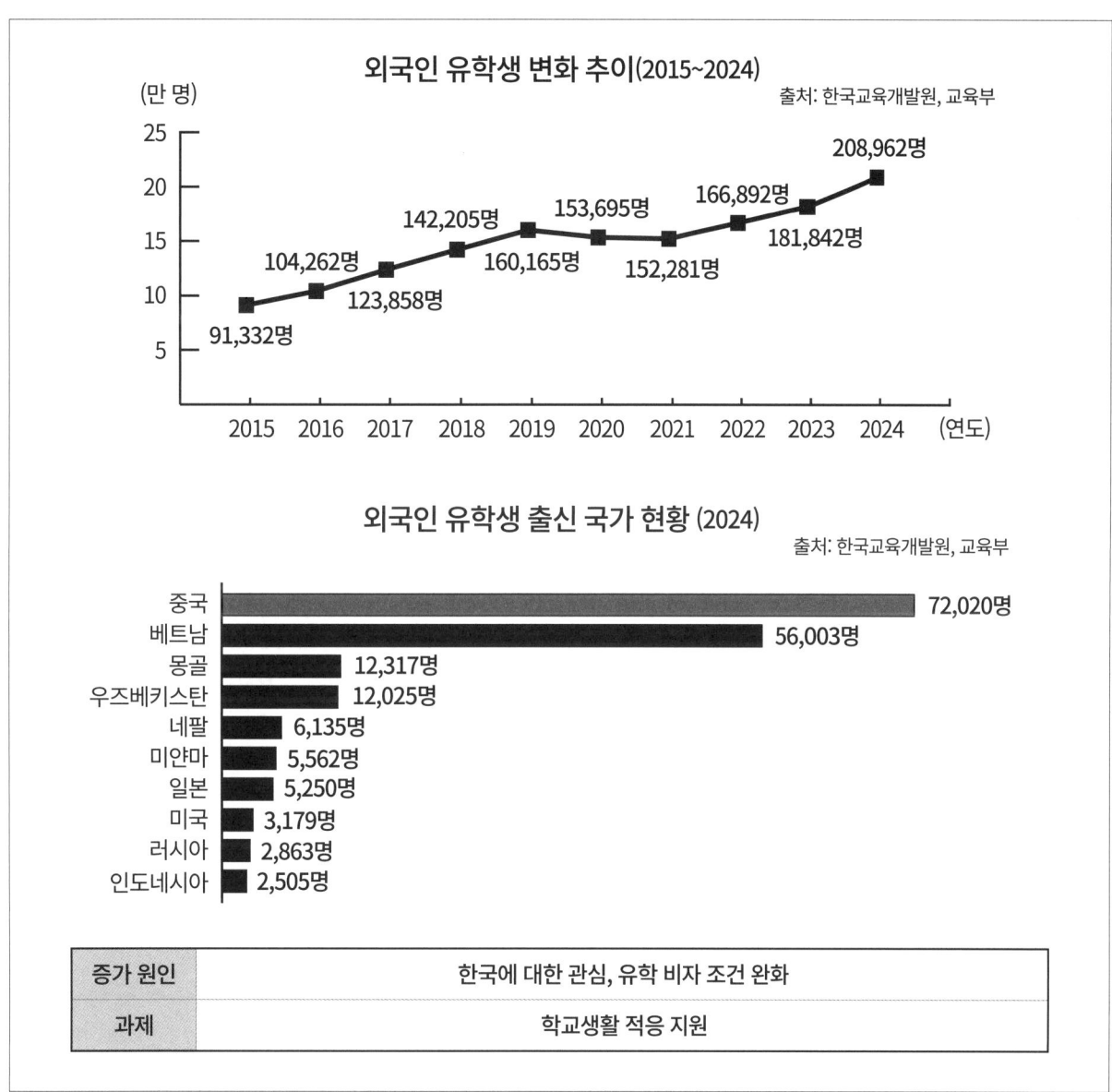

외국인 유학생 변화 추이(2015~2024)

출처: 한국교육개발원, 교육부

(만 명)

- 91,332명
- 104,262명
- 123,858명
- 142,205명
- 160,165명
- 153,695명
- 152,281명
- 166,892명
- 181,842명
- 208,962명

(연도) 2015 2016 2017 2018 2019 2020 2021 2022 2023 2024

외국인 유학생 출신 국가 현황 (2024)

출처: 한국교육개발원, 교육부

- 중국 72,020명
- 베트남 56,003명
- 몽골 12,317명
- 우즈베키스탄 12,025명
- 네팔 6,135명
- 미얀마 5,562명
- 일본 5,250명
- 미국 3,179명
- 러시아 2,863명
- 인도네시아 2,505명

증가 원인	한국에 대한 관심, 유학 비자 조건 완화
과제	학교생활 적응 지원

활용표현

활용표현 -으며, 에 따르면, 으로 나타나다, 그 다음으로는

교육부에서 발표한 자료에 따르면 외국인 유학생이 20만 명을 넘는 것으로 나타났다. 유학생 출신 국가는 중국이 가장 많았으며 그 다음으로는 베트남 출신이 많았다. 유학생이 지속적으로 증가하는 이유는 한류의 영향으로 한국에 대한 관심이 높아지고 유학 비자의 발급 조건이 완화되었기 때문으로 분석된다. 외국인 유학생이 많이 증가했지만 여러 가지 문제점도 드러나고 있다. 그러므로 유학생들이 잘 적응할 수 있도록 정책적인 지원이 뒷받침되어야 한다.

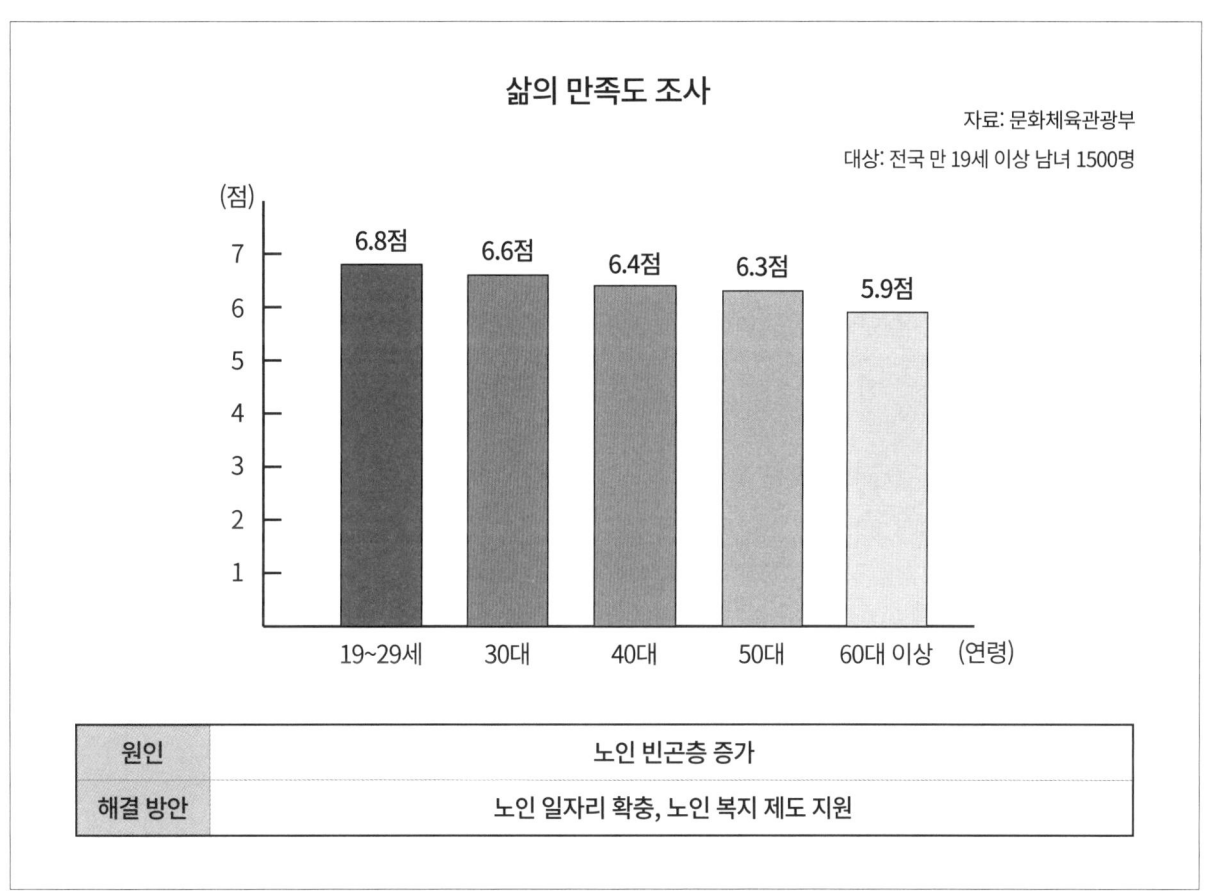

삶의 만족도 조사

자료: 문화체육관광부
대상: 전국 만 19세 이상 남녀 1500명

(점)

- 19~29세: 6.8점
- 30대: 6.6점
- 40대: 6.4점
- 50대: 6.3점
- 60대 이상: 5.9점

(연령)

원인	노인 빈곤층 증가
해결 방안	노인 일자리 확충, 노인 복지 제도 지원

활용 표현

활용표현 -는 데 비해(서), 으로 나타나다

　삶의 만족도 조사 결과를 보면 20대는 6.8점인 데 비해서 60대 이상은 5.9로 삶의 만족도가 가장 낮은 것으로 나타났다. 이처럼 60대 이상에서 삶의 만족도가 떨어지는 원인은 노인 빈곤층이 증가했기 때문으로 분석된다. 경제적인 부분이 해결되지 않으면 삶의 만족도를 높이기가 어렵다. 그러므로 정부는 노인 일자리를 확충하고 노인 복지 제도를 지원하는 등 노인 빈곤 문제에 관심을 가져야 한다.

쓰기 **53**번 문제

평가 목표	제시된 자료를 사용하여 200~300자의 글을 쓸 수 있다.
유형	자료를 설명하는 글 쓰기
세부 내용	그래프를 설명하고 제시된 자료를 활용하여 원인 및 결과 분석의 글 쓰기
지시문	다음은 ~에 대한 자료이다. 이 내용을 200~300자의 글로 쓰시오. 단, 글의 제목은 쓰지 마시오.

연습문제

53   다음은 '공무원 시험 경쟁률 변화'에 대한 자료이다. 이 내용을 200~300자의 글로 쓰시오. 단, 글의 제목은 쓰지 마시오. (30점)

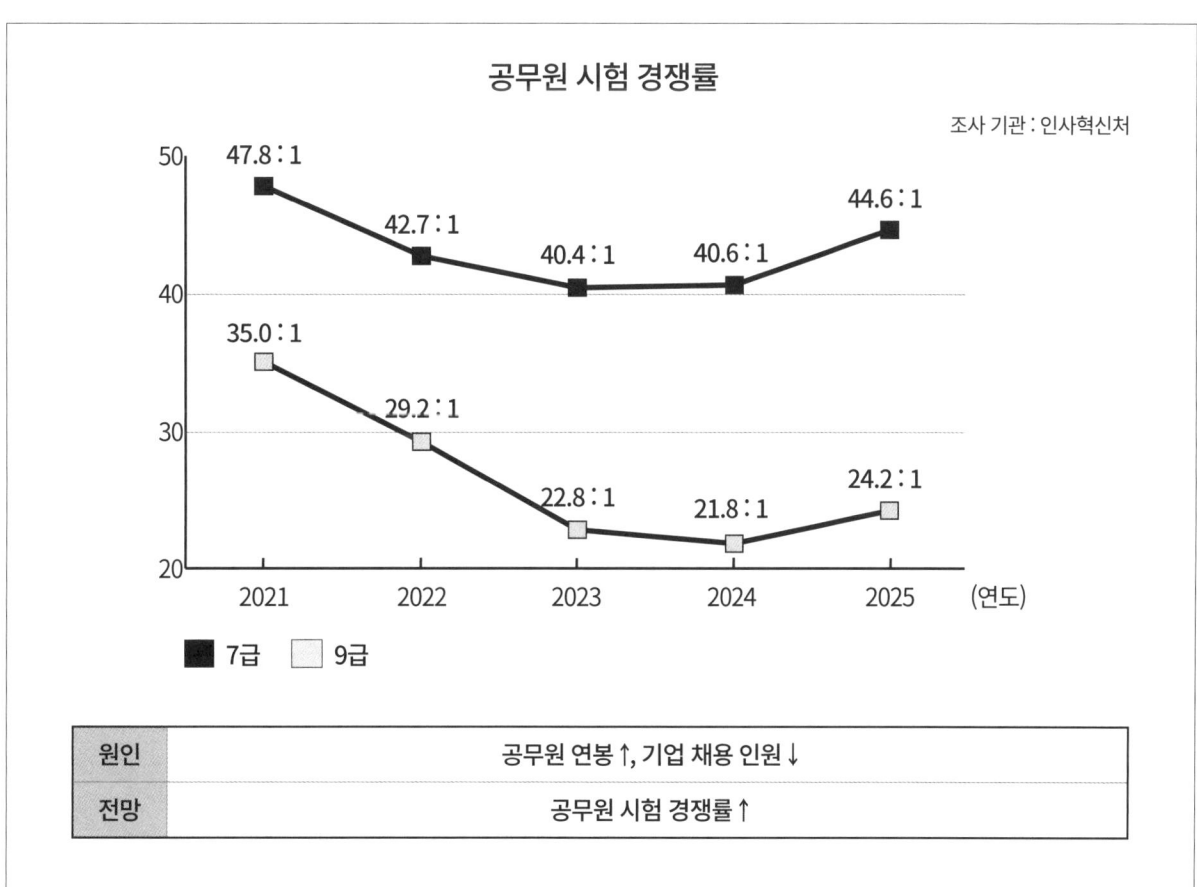

원인	공무원 연봉↑, 기업 채용 인원↓
전망	공무원 시험 경쟁률↑

원고지 쓰기의 예

	봄	에		많	이		발	생	하	는		미	세	먼	지	는		건	강
에		좋	지		않	다	.	미	세	먼	지	가		심	할		때	는	

　2021년　이후　지속적으로　감소하던　공무원　시험　경쟁률이　5년　만에　상승한　것으로　나타났다.　7급　공무원의　경쟁률은　44.6대　1,　9급　공무원의　경우는　24.2대　1로　2024년에　비해서　많이　올랐다.　공무원　시험　경쟁률이　상승한　이유는　2025년에　공무원　연봉이　인상되었을　뿐만　아니라　기업들이　채용　규모를　축소했기　때문으로　분석된다.　앞으로도　이러한　공무원　시험의　인기는　지속될　것으로　전망된다.

쓰기

4 논리적인 글쓰기

(1) 문장 완성하기 1

학 습 포인트 **논리적인 글을 쓸 때 사용하는 표현을 공부합시다.**

-는 까닭
원인이나 근거를 나타낼 때 사용한다.

중대한 죄를 지은 사람의 얼굴을 공개하는 까닭은 범인의 인권보다 국민들의 알 권리를 더 중요하게 생각하기 때문이다.

-는다는 점에서
근거를 제시하고 뒤 문장에서 평가를 내릴 때 사용한다.

최근 걷기 열풍이 불고 있다. 걷기는 생활 속에서 쉽게 할 수 있다는 점에서 효율적인 운동이라고 볼 수 있다.

-되
앞의 내용을 인정하거나 허락하지만 조건이 있음을 나타낼 때 사용한다.

초등학생들의 게임 중독이 사회 문제가 되고 있다. 초등학생들에게 게임을 금지시키는 것은 사실 쉽지 않다. 그러므로 게임을 하게 하되 게임을 하는 시간을 정하는 것이 좋다.

-으려면
의도를 가정할 때 사용한다.

친한 친구의 부탁을 거절하기는 어렵다. 그러나 내가 들어주기 어려운 부탁은 거절할 수밖에 없다. 거절을 잘 하려면 내가 부탁을 들어줄 수 없는 이유를 설명하는 것이 좋다.

-으면서
두 가지 사실이 동시에 있음을 표현할 때 사용한다.

코로나19 이후에 택배를 이용하는 사람이 늘어나면서 택배 노동자의 업무도 증가했다. 배달을 하는 만큼 수입이 늘어나니까 하나라도 더 배달하려고 하다가 과로로 쓰러지는 경우도 있다.

-은 채(로)
앞의 행동을 끝낸 후에 바꾸지 않음을 표현할 때 사용한다.

정년퇴직을 한 후에도 일을 계속 하려는 노령층이 많다. 하지만 청년 실업 문제도 해결하지 못한 채 노인들을 위한 일자리만 늘리는 것은 문제가 있다고 생각한다.

-음으로써
방법을 나타낼 때 사용한다.

지구온난화, 이상 기후 등 우리가 생활하는 환경이 위협을 받고 있다. 우리의 생활 속에서 환경을 지키는 방법은 생각보다 많다. 예를 들어 일상생활에서 일회용품 사용을 줄임으로써 환경을 보호할 수 있다.

이 아니라	앞 내용이 아니라 뒤 내용을 주장할 때 사용한다.

청년 실업률이 해마다 증가하고 있다. 청년 실업 문제는 개인적인 문제가 아니라 사회적인 문제이다. 그러므로 정부는 이에 대한 대책을 마련해야 한다.

체크 포인트

문장을 완성하십시오.

❶ -는 까닭 저출산이라는 용어를 사용하지 않고 저출생이라는 .... 저출산이라는 단어가 여성에게 책임을 돌린다는 의견이 있었기 때문이다.

❷ -으려면 .... 규칙적인 생활 습관이 필요하다. 규칙적으로 식사하고 규칙적으로 운동하면 건강하게 생활할 수 있다.

❸ -는다는 점에서 여가생활은 .... 현대인에게 꼭 필요하다. 여가생활을 통해서 스트레스도 해소하고 다시 일에 집중할 수 있는 힘을 얻게 된다.

❹ -으면서 .... 소형 가전제품의 판매량이 많이 늘었다. 또한 소량으로 포장되어 있는 식품의 판매량도 2배 이상 증가했다.

❺ 되 최근 국악계는 국악의 현대화를 통해서 젊은 층에게 다가가고 있다. 국악의 현대화는 .... 현대적으로 재해석하여 대중화하려는 노력을 의미한다.

쓰기

답안 예시   1. 용어를 사용하는 까닭은   2. 건강을 유지하려면   3. 에너지를 재충전할 수 있다는 점에서
4. 1인 가구가 증가하면서   5. 국악의 전통은 살리되

(2) 문장 완성하기 2

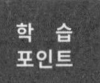 **논리적인 글을 쓸 때 사용하는 표현을 공부합시다.**

-기 마련이다 당연함을 표현할 때 사용한다.

경제가 좋지 않으면 소비가 줄어들기 마련이다. 올해 통계 조사 결과에 따르면 작년에 비해서 소비가 10% 이상 감소되었다고 한다. 경제가 좋지 않아서 소비자들은 꼭 필요한 것이 아니면 소비를 하지 않기 때문이다.

**-는 거나
마찬가지이다** 달라 보이지만 결국 결과는 같다는 의미를 나타낼 때 사용한다.

학교 폭력이 있다는 것을 알면서도 학교 당국이 아무것도 하지 않는 것은 가해자의 행동에 동의하는 거나 마찬가지이다.

**-는다고
생각하다** 생각이나 의견을 표현할 때 사용한다.

개인의 사생활도 중요하지만 범죄를 막기 위해서는 CCTV를 많이 설치해야 한다고 생각한다.

**-는다고
알려지다** 사실이 밖으로 드러남을 설명할 때 사용한다.

돼지고기의 기름은 건강에 해롭다고 알려져 있다. 그러나 최근에 돼지고기의 기름이 오히려 건강에 좋다는 연구 결과가 나와서 화제가 되고 있다.

-을 리가 없다 가능성이 없음을 표현할 때 사용한다.

SNS에서 분위기가 좋고 예쁜 식당이 인기를 끌고 있다. 그러나 음식 맛이 좋지 않으면 그 식당의 인기는 지속될 리가 없다. 그러므로 단기간의 인기로 끝내지 않으려면 음식의 맛으로 경쟁을 해야 한다.

-을 필요가 있다 필요한 조건을 설명할 때 사용한다.

과거에 비해서 가짜 뉴스가 다양해지고 진짜 뉴스와 구별하기도 쉽지 않다. 그러므로 뉴스를 접할 때 근거가 분명한 뉴스인지를 확인해 볼 필요가 있다.

**-지 않으면
안 되다** 이중부정으로 꼭 해야 함을 나타낼 때 사용한다.

일회용품 사용을 줄이기 위해서는 정부의 규제도 중요하지만 개인의 인식이 변하지 않으면 안 된다. 조금 불편하더라고 환경을 위해서 일회용품 사용을 줄이겠다는 개인의 생각이 중요하다.

에 달려 있다 앞의 내용에 따라서 결과가 달라짐을 표현할 때 사용한다.

행복은 마음먹기에 달려 있다는 말이 있다. 행복은 외부의 조건에 따라 결정되는 것이 아니라 자신의 마음가짐이 행복을 결정한다는 의미이다.

문장을 완성하십시오.

① -기 마련이다   몸이 멀어지면 _____.
이 말은 멀리 떨어져 있어서 자주 보지 못하면 점차 그 사람에 대한
감정이나 관계가 멀어진다는 의미이다.

② -는거나 마찬가지이다   올해 소비자 물가는 3.2%가 인상되었다. 그러나 대기업의 연봉은
3%, 중소기업의 연봉은 2.5% 정도 인상되었다. 물가 인상에 비하면
_____.

③ -는다고 생각하다   최근 E스포츠의 인기가 대단하다. 이는 게임에 대한 인식이 변했고
프로게이머들도 하나의 직업으로 인정을 받기 때문이다. 이러한
E스포츠의 인기는 _____.

④ -는다고 알려지다   _____. 그러나 소량의
알코올도 암을 유발하는 것으로 밝혀졌다. 특히 알코올로 인한
건강의 문제는 여성과 청소년에게 더 큰 영향을 미친다. 그러므로
술은 가급적 마시지 않는 것이 건강에 좋다.

⑤ -지 않으면 안 되다   해마다 빈부의 격차가 심해지고 있다. 빈부의 차이가 커지면 사회적
갈등이 생기기 마련이다. 더 늦기 전에 정부는 _____
_____.

쓰기

답안 예시   1. 마음도 멀어지기 마련이다   2. 실제 연봉은 줄어든 거나 마찬가지이다
3. 한동안 지속될 것이라고 생각한다   4. 한두 잔의 술은 건강에 좋다고 알려져 있다
5. 이에 대한 대책을 세우지 않으면 안 된다

(3) 문장 연결하기

논리적인 글을 쓸 때 사용하는 표현을 공부합시다.

결국   결과를 나타낼 때 사용한다.

플라스틱 사용을 줄이지 않으면 자연환경은 심각하게 나빠질 수밖에 없다. 결국 그 피해는 인간에게 돌아와서 우리의 생존을 위협하게 될 것이다.

**그럼에도
불구하고**   앞 문장에서 설명한 상황이나 조건의 영향을 받지 않는 결과를 나타낼 때 사용한다.

최근 들어 아이를 출산하면 주어지는 혜택이 많아졌다. 그럼에도 불구하고 출생률의 변화는 거의 없다.

그렇기 때문에   이유나 원인을 나타낼 때 사용한다.

퇴근한 후의 시간은 개인의 자유시간이다. 그렇기 때문에 회사 일이 급하다고 해도 퇴근 후에 상사가 업무를 지시하는 것은 옳지 않다고 생각한다.

그 밖에   그것 이외의 것을 나타낼 때 사용한다.

부모님이 최근에 일어난 사실을 잘 잊어버리는 경우 치매를 의심해 볼 수 있다. 그 밖에 우울해하거나 입맛의 변화가 심하면 치매 초기 증상일 수 있으므로 병원 진료를 받아 보는 것이 좋다.

예를 들면   앞에 있는 내용을 구체적으로 설명할 때 사용한다.

신조어란 새로 생긴 말을 의미한다. 예를 들면 조기에 은퇴하고 경제적으로 자립하는 게 목적인 파이어족이나 낮은 임금을 받고 일한다는 의미의 열정 페이 등이 있다.

이에 비해(서)   앞의 내용과 비교해서 설명할 때 사용한다.

지속적인 불경기로 인해 의류 판매가 감소한 것으로 나타났다. 이에 비해 육아 및 자녀 교육과 관련된 소비는 큰 변화를 보이지 않았다.

즉   앞에서 설명한 내용과 같거나 비슷한 내용을 다시 한번 설명할 때 사용한다.

어떤 사람은 경제적인 부를 이루는 것을 성공이라고 생각하는가 하면 어떤 사람은 사회적으로 명성을 얻는 것이 성공이라고 생각한다. 즉 성공의 의미는 사람에 따라서 다르다는 것이다.

특히   다른 것과 구별하여 특별히 강조함을 나타낼 때 사용한다.

최근 폐렴으로 입원하는 환자가 늘고 있다. 특히 10세 미만의 어린이들은 증상이 급속도로 악화되기 쉬우므로 주의가 필요하다.

문장을 완성하십시오.

❶ 이에 비해(서)
최근 지하철 요금, 식료품값 등 생활 물가가 많이 올랐다. _____
_____ 직장인들의 불만이 많다.

❷ 결국
노인들의 디지털 소외 문제가 심각하다. 이처럼 디지털 격차가 심해지면 노인들은 사회적 참여에 어려움이 있고 정보에 접근하기도 쉽지 않다. _____ 삶의 질이 떨어질 수밖에 없다.

❸ 특히
전통 시장에 새로운 바람이 불고 있다. _____
그 이유는 전통 시장의 분위기를 젊은이들의 취향에 맞게 바꾸었기 때문이다.

❹ 그럼에도 불구하고
건강 관리를 위해서는 규칙적인 운동이 중요하다. 정부는 국민들이 운동 습관을 기를 수 있도록 다양한 혜택을 제공하는 건강 관리 프로그램을 운영하고 있다. _____ 정부는 다른 방안을 찾고 있다.

❺ 그렇기 때문에
운동이 필요하다는 것은 알지만 여러 가지 이유로 운동을 못하는 사람들이 많다. 특히 직장인들은 회사 업무에 시달리느라고 운동할 시간이 없다. _____ 엘리베이터 대신 계단을 이용하는 등 일상생활 속에서 운동을 하는 습관을 들이는 것이 좋다.

답안 예시   1. 이에 비해 월급은 많이 오르지 않아서   2. 결국 노인들은 사회적으로 고립되어서
3. 특히 젊은 층에게 인기를 끌고 있는데   4. 그럼에도 불구하고 규칙적으로 운동하는 사람들이 늘지 않아서
5. 그렇기 때문에 따로 시간을 내서 운동을 하는 것보다

(4) 논리적인 글 쓰기

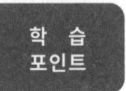 **학습 포인트** **논리적인 글의 구성을 공부합시다.**

[서론 쓰기]

참고 포인트
서론은 논리적인 글의 시작이다. 서론을 시작할 때는 필요에 따라서 개념이나 용어를 정의한다. 그리고 현황을 제시하면 좋은데 현황은 최근의 상황을 설명하면 된다.

1 먹방 열풍

활용표현 -으면서

먹방이란 먹는 방송을 의미한다. 최근 들어 먹방 콘텐츠가 인기를 끌면서 대중들이 즐겨 보는 방송 중의 하나가 되었다. 이러한 먹방은 주로 유튜브를 통한 1인 방송으로 진행되며 음식을 많이 맛있게 먹는 모습을 보여 준다.

2 성공한 삶

활용표현 -는다고 생각하다, 즉

성공한 삶이란 일반적으로 자신이 이루고자 하는 것을 실현한 삶이라고 볼 수 있다. 개인마다 목표나 꿈이 다르므로 성공을 하나로 정의하기는 쉽지 않다. 경제적인 부를 축적한 삶을 성공이라고 생각하는 사람이 있는가 하면 명예를 얻는 것이 성공이라고 생각하는 사람도 있다. 즉 성공한 삶에 대한 개념은 사람마다 다르며 상당히 주관적이라고 볼 수 있다.

[본론 쓰기]

참고 포인트
본론은 주제에 맞는 방식으로 논리적으로 글을 써야 한다. 이 글을 통해서 비교 분석하거나 주장하고 싶은 내용을 뒷받침할 근거를 제시하면서 체계적으로 글을 전개해야 한다.

1 먹방 열풍

활용표현 -는다는 점에서, 이 아니라, 그렇기 때문에, 특히

먹방은 단순히 먹는 것만을 보여 주는 것이 아니라 음식에 대한 정보를 제공하기도 하고 실시간으로 댓글에 대답하고 채팅하면서 시청자들과 직접 소통을 하기도 한다. 특히 혼자 식사하는 사람들에

게 먹방은 함께 식사하는 느낌을 주어서 외로움을 덜어 주기도 한다. 이처럼 이제 먹방은 새로운 형태의 방송으로 자리잡았다고 볼 수 있다. 하지만 이로 인해서 잘못된 식습관이 확산될 수 있다는 점에서 문제가 있다. 대부분의 먹방은 한꺼번에 많은 양의 음식을 먹는다. 그렇기 때문에 아직 판단력이 약한 아이들이나 청소년들이 따라 하게 되면 건강에 악영향을 미칠 수밖에 없다. 먹방을 방송하는 사람들도 조회수를 올리기 위해서 과식이나 폭식을 하는 경우가 많다. 그래서 건강에 문제가 생겨서 방송을 그만두는 먹방 유튜버들도 제법 많다. 또한 먹방은 과도한 양의 음식을 섭취하기 때문에 음식 낭비로 이어져 환경 문제를 유발하기도 한다.

2 성공한 삶

> **활용표현** -는다고 생각하다, -으면서, 에 달려 있다, 즉

나는 인생을 살아가는 데 있어서 물질적인 것도 개인의 명성도 중요하지만 스스로가 행복하다고 느낀다면 성공한 삶이라고 생각한다. 즉 성공한 삶은 자신이 세운 목표를 달성해 가면서 행복과 만족을 느끼는 삶이라고 본다. 그렇다면 성공한 삶을 위해서 어떤 노력을 해야 할까? 먼저 내가 원하는 삶이 무엇인지를 정확하게 파악하여 목표를 설정하는 것이 중요하다. 목표를 설정했다면 목표를 달성하기 위한 노력을 해야 한다. 아무런 노력을 하지 않고 성공을 바란다면 그것은 잘못된 것이다. 성공을 하느냐 못하느냐는 스스로의 노력에 달려 있다고 할 수 있다.

[결론 쓰기]

참고 포인트

결론은 본론의 내용을 명확하게 정리하여 쓰는 것이 좋다. 본론에서 한 내용을 그대로 반복하지 말고 자신의 의견이나 주장을 제시하는 것이 바람직하다.

1 먹방 열풍

> **활용표현** -는다고 생각하다

이처럼 문제가 많지만 지금처럼 인기를 끄는 한 먹방은 계속 이어질 것이다. 그러므로 먹방에 대한 기준과 법적 규제를 마련해서 건전한 먹방 콘텐츠를 제작하도록 유도해야 한다고 생각한다.

2 성공한 삶

> **활용표현** -으면서, -지 않으면 안 되다, 즉

긍정적인 태도로 하루하루를 열심히 노력하며 살면서 자신의 삶에 행복을 느낀다면 성공한 삶이라고 할 수 있을 것이다. 즉 성공한 삶에 대한 해답은 스스로 찾지 않으면 안 된다.

[글 완성하기]

1 먹방 열풍

　먹방이란 먹는 방송을 의미한다. 최근 들어 먹방 콘텐츠가 인기를 끌면서 대중들이 즐겨 보는 방송 중의 하나가 되었다. 이러한 먹방은 주로 유튜브를 통한 1인 방송으로 진행되며 음식을 많이 맛있게 먹는 모습을 보여 준다.

　먹방은 단순히 먹는 것만을 보여 주는 것이 아니라 음식에 대한 정보를 제공하기도 하고 실시간으로 댓글에 대답하고 채팅하면서 시청자들과 직접 소통을 하기도 한다. 특히 혼자 식사하는 사람들에게 먹방은 함께 식사하는 느낌을 주어서 외로움을 덜어 주기도 한다.

　이처럼 이제 먹방은 새로운 형태의 방송으로 자리잡았다고 볼 수 있다. 하지만 이로 인해서 잘못된 식습관이 확산될 수 있다는 점에서 문제가 있다. 대부분의 먹방은 한꺼번에 많은 양의 음식을 먹는다. 그렇기 때문에 아직 판단력이 약한 아이들이나 청소년들이 따라 하게 되면 건강에 악영향을 미칠 수밖에 없다. 먹방을 방송하는 사람들도 조회수를 올리기 위해서 과식이나 폭식을 하는 경우가 많다. 그래서 건강에 문제가 생겨서 방송을 그만두는 먹방 유튜버들도 제법 많다. 또한 먹방은 과도한 양의 음식을 섭취하기 때문에 음식 낭비로 이어져 환경 문제를 유발하기도 한다.

 이처럼 문제가 많지만 지금처럼 인기를 끄는 한 먹방은 계속 이어질 것이다. 그러므로 먹방에 대한 기준과 법적 규제를 마련해서 건전한 먹방 콘텐츠를 제작하도록 유도해야 한다고 생각한다.

2 성공한 삶

 성공한 삶이란 일반적으로 자신이 이루고자 하는 것을 실현한 삶이라고 볼 수 있다. 개인마다 목표나 꿈이 다르므로 성공을 하나로 정의하기는 쉽지 않다. 경제적인 부를 축적한 삶을 성공이라고 생각하는 사람이 있는가 하면 명예를 얻는 것이 성공이라고 생각하는 사람도 있다. 즉 성공한 삶에 대한 개념은 사람마다 다르며 상당히 주관적이라고 볼 수 있다.

 나는 인생을 살아가는 데 있어서 물

질적인 것도 개인의 명성도 중요하지만 스스로가 행복하다고 느낀다면 성공한 삶이라고 생각한다. 즉 성공한 삶은 자신이 세운 목표를 달성해 가면서 행복과 만족을 느끼는 삶이라고 본다. 그렇다면 성공한 삶을 위해서 어떤 노력을 해야 할까? 먼저 내가 원하는 삶이 무엇인지를 정확하게 파악하여 목표를 설정하는 것이 중요하다. 목표를 설정했다면 목표를 달성하기 위한 노력을 해야 한다. 아무런 노력을 하지 않고 성공을 바란다면 그것은 잘못된 것이다. 성공을 하느냐 못하느냐는 스스로의 노력에 달려 있다고 할 수 있다.

긍정적인 태도로 하루하루를 열심히 노력하며 살면서 자신의 삶에 행복을 느낀다면 성공한 삶이라고 할 수 있을 것이다. 즉 성공한 삶에 대한 해답은 스스로 찾지 않으면 안 된다.

체크 포인트

주제에 맞는 논리적인 글을 쓰십시오.

[서론 쓰기]

서론 부분을 쓰십시오.

① 한국의 사교육

활용표현

답안 예시

활용표현   특히

    사교육은 학교 이외의 교육을 의미하는데 대체로 학원에서 이루어지고 있다. 특히 한국은 사교육 의존도가 높으며 학원에는 사교육을 받는 학생들로 넘쳐난다. 이러한 사교육은 한국 사회에 많은 문제를 낳고 있다.

② 정보화 사회와 세대 차이

활용표현

답안 예시

활용표현	-으면서

　　세대 차이란 서로 다른 세대에서 나타나는 가치관의 차이를 의미한다. 사실 세대 차이는 사회의 변화로 인해 나타나는 자연스러운 현상이다. 이러한 세대 차이는 정보화 시대에 접어들면서 그 모습이 다양해졌다.

[본론 쓰기]

본론 부분을 쓰십시오.

① 한국의 사교육

활용표현	

_____

_____

_____

_____

_____

답안 예시

활용표현	-으면서, 이 아니라, 그 밖에

　　사교육 의존으로 인한 문제점은 다음과 같다. 첫째, 사회적 불평등이 심화된다는 점이다. 부모의 경제력에 따라서 학생들의 교육 결과가 달라지게 되는데 이는 학습자의 학습 능력이 아니라 부모의 경제력에 따른 결과이므로 불평등하다고 볼 수 있다. 둘째, 공교육의 약화를 불러온다. 사교육에 의존하게 되면서 학생들은 학교 교육을 무시하고 적극적으로 참여하지 않는 현상이 나타나기도 한다. 셋째, 학습자 개인의 정신적인 문제이다. 학습자들은 학교 교육에 이어 학원으로 내몰리면서 성적 위주의 삶을 살게 된다. 학교 과제와 함께 학원의 과제까지 합쳐져 학습자들은 정신적, 신체적 스트레스를 많이 받을 수밖에 없다. 그 밖에도 부모들의 경제적인 부담 등 여러 가지 문제가 있다.

❷ 정보화 사회와 세대 차이

> **활용표현**

답안 예시

> **활용표현** -기 마련이다, 특히

어렸을 때부터 스마트폰, 인터넷 등에 익숙한 젊은 세대는 기성세대에 비해 정보를 탐색하고 수집하기가 수월하다. 이러한 디지털 사용의 격차는 세대 차이를 더 심화시키는 요인이 되고 있다. 정보화 사회에서 발생하는 세대 차이는 많은 문제를 드러내고 있다. 첫째, 세대 간의 갈등 유발이다. 가정과 사회에서 세대 간의 갈등이 일어나는 것을 쉽게 볼 수 있다. 세대 간 정보의 격차는 생활 방식이나 사고방식의 차이를 가져오고 이러한 차이로 인해 갈등이 발생하는 것이다. 둘째, 세대 간의 소통 단절 문제이다. 상대방의 생활 방식이나 사고방식을 이해하지 못하게 되면 소통이 점점 줄어들기 마련이다. 특히 젊은 세대들은 인공지능이나 채팅 등의 소통을 선호하는 경향이 있는데 이는 기성세대와의 소통 단절을 심화시키는 원인이 되기도 한다.

[결론 쓰기]

결론 부분을 쓰십시오.

❶ 한국의 사교육

> **활용표현**

> **활용표현**　-는다고 생각하다

> 　　이러한 문제를 해결하기 위해서는 공교육을 강화하는 것이 가장 중요하다고 생각한다. 학습자의 수준에 맞는 다양한 프로그램을 운영하여 학습자가 사교육을 받지 않더라도 충분히 학습이 가능한 환경을 제공해야 한다. 학교 교육만으로도 원하는 대학 입학이 가능하다면 사교육은 학교 교육을 보완하는 본연의 역할로 돌아갈 수 있으리라고 본다.

❷ 정보화 사회와 세대 차이

> **활용표현**

_____

_____

_____

_____

답안 예시

> **활용표현**　-는다고 생각하다, -으려면, -지 않으면 안 되다

> 　　세대 차이를 완전히 없앨 수는 없다고 생각한다. 하지만 세대 차이로 인한 갈등을 해소하기 위한 노력은 필요하다. 세대 차이를 줄이려면 서로의 다름을 이해하고 소통하려는 노력을 계속하지 않으면 안 된다.

[글 완성하기]

서론, 본론, 결론의 내용을 갖춘 논리적인 글을 쓰십시오.

1 한국의 사교육

500

600

700

　사교육은　학교　이외의　교육을　의미하
는데　대체로　학원에서　이루어지고　있다.
특히　한국은　사교육　의존도가　높으며
학원에는　사교육을　받는　학생들로　넘쳐
난다.　이러한　사교육은　한국　사회에　많
은　문제를　낳고　있다.
　　사교육　의존으로　인한　문제점은　다음
과　같다.　첫째,　사회적　불평등이　심화된
다는　점이다.　부모의　경제력에　따라서
아이들의　교육　결과가　달라지게　되는데
이는　학습자의　학습　능력이　아니라　부
모의　경제력에　따른　결과이므로　불평등
하다고　볼　수　있다.　둘째,　공교육의　약
화를　불러온다.　사교육에　의존하게　되면
서　아이들은　학교　교육을　무시하고　적
극적으로　참여하지　않는　현상이　나타나
기도　한다.　셋째,　정신적인　문제이다.　아
이들은　학교　교육에　이어　학원으로　내
몰리면서　성적　위주의　삶을　살게　된다.
학교　과제와　함께　학원의　과제까지　합
쳐져　정신적,　신체적　스트레스를　많이
받을　수밖에　없다.　그　밖에도　사교육비
를　부담해야　하는　부모들의　경제적인

어려움 등 여러 가지 문제가 있다.
　이러한 문제를 해결하기 위해서는 공
교육을 강화하는 것이 가장 중요하다고
생각한다. 학습자의 수준에 맞는 다양한
프로그램을 운영하여 학습자가 사교육을
받지 않더라도 충분히 학습이 가능한
환경을 제공해야 한다. 학교 교육만으로
도 원하는 대학 입학이 가능하다면 사
교육은 학교 교육을 보완하는 본연의
역할로 돌아갈 수 있으리라고 본다.

② 정보화 사회와 세대 차이

100

200

300

400

쓰기

답안 예시

세대 차이란 서로 다른 세대에서 나타나는 가치관의 차이를 의미한다. 사실 세대 차이는 사회의 변화로 인해 나타나는 자연스러운 현상이다. 이러한 세대 차이는 정보화 시대에 접어들면서 그 모습이 다양해졌다.

어렸을 때부터 스마트폰, 인터넷 등에 익숙한 젊은 세대는 기성세대에 비해 정보를 탐색하고 수집하기가 수월하다. 이러한 디지털 사용의 격차는 세대 차이를 더 심화시키는 요인이 되고 있다.

정보화 사회에서 발생하는 세대 차이는 많은 문제를 드러내고 있다. 첫째, 세대 간의 갈등 유발이다. 가정과 사회에서 세대 간의 갈등이 일어나는 것을 쉽게 볼 수 있다. 세대 간 정보의 격차는 생활 방식이나 사고방식의 차이를 가져오고 이러한 차이로 인해 갈등이 발생하는 것이다. 둘째, 세대 간의 소통 단절 문제이다. 상대방의 생활 방식이나 사고방식을 이해하지 못하게 되면 소통이 점점 줄어들기 마련이다. 특히 젊은 세대들은 인공지능이나 채팅 등의 소통을 선호하는 경향이 있는데 이는 기성 세대와의 소통 단절을 심화시키는 원인이 되기도 한다.

세대 차이를 완전히 없앨 수는 없다고 생각한다. 하지만 세대 차이로 인한 갈등을 해소하기 위한 노력은 필요하다. 세대 차이를 줄이려면 서로의 다름을 이해하고 소통하려는 노력을 계속하지 않으면 안 된다.

평가 목표	제시된 주제에 대해 600~700자의 논술문을 쓸 수 있다.
유형	주제에 대해 글 쓰기
세부 내용	제시된 주제에 대해 논리적인 글 쓰기
지시문	다음을 참고하여 600~700자로 글을 쓰시오. 단, 문제를 그대로 옮겨 쓰지 마시오.

연습문제

54 **다음을 참고하여 600~700자로 글을 쓰시오. 단, 문제를 그대로 옮겨 쓰지 마시오. (50점)**

> 우리의 생활 속에 인공지능 기술은 많은 부분이 스며들어 있다. 앞으로도 인공지능 기술은 지속적으로 발전될 것이다. 아래의 내용을 중심으로 '인공지능 기술의 발달이 현대 사회에 미치는 영향'에 대한 자신의 생각을 쓰라.

- 인공지능 기술의 발달은 인간 사회에 어떤 영향을 미쳤는가?
- 인공지능 기술의 발달로 인해 어떤 문제가 발생할 수 있는가?
- 이런 문제들을 해결하기 위한 방안은 무엇인가?

원고지 쓰기의 예

	봄	에		많	이		발	생	하	는		미	세	먼	지	는		건	강
에		좋	지		않	다	.	미	세	먼	지	가		심	할		때	는	

100

200

300

400

답안 예시

　인공지능　기술의　발달은　현대　사회 전반에　많은　영향을　미치고　있다. 우리 가　사용하는　가전제품에도　인공지능　기 술이　도입된　경우가　많으며　자율　주행 자동차　등　일상생활에　많은　편리함을 가져다주고　있다.
　그러나　인공지능　기술의　발전으로　인 해　여러　문제도　발생하고　있다. 첫째, 일자리　문제이다. 산업체　전반에　자동화 시스템이　구축되면서　많은　사람들이　일 자리를　잃게　되었다. 대부분의　단순　업무는 기계가 대신하게 된 것이다. 둘째, 가짜 뉴스의 확산이다. 인공지능 기술이 발달하면서 가짜 뉴스를 구별하기가 점점 더 어려워지고 있다. 가짜 뉴스의 확산은 사회적인 혼란을 일으키기도 한다. 셋째, 인간 간의 소통 단절 문제이다. 기술이 발달하게 되면서 인간과 기계와의 소통이 흔해졌다. 로봇과 대화를 나누고 챗GPT와 논의를 하는 등 사람과의 만남보다 기계와의 소통이 점점 늘고 있다. 이는 특히 젊은 세대일수록 기계와의 소통을 편하게 여기는 경향이 강해서 기성세대와의 소통이 줄어들고 갈등이 생기는 원인이 되기도 한다.

　인간이 편하게 생활하기 위해서 만든 기술이 인간을 위협하는 상황을 맞이하게 되었다. 문제가 더 커지기 전에 기술을 수용하되 인공지능 기술이 인간 생활을 침해하지 않도록 조절하는 지혜가 필요하다.

PART 3

읽기
(유형 1~23)

 **짧은 서술문의 문맥 파악하기 1**

학 습 포인트	**문장을 끝맺을 때 사용되는 표현을 공부합시다.**

-고 싶다

원하는 것을 표현할 때 사용한다.

나는 좀 더 넓은 집으로 이사하고 싶다.

-곤 하다

반복이나 습관을 표현할 때 사용한다.

나는 시간이 있을 때 등산을 하곤 한다.

-기로 하다

결심이나 결정을 표현할 때 사용한다.

나는 대학을 졸업한 후에 유학을 가기로 했다.

-는 것 같다

추측을 표현할 때 사용한다.

요즘은 디자인이 예쁜 물건이 인기가 있는 것 같다.

-는 편이다

어느 부류에 속하는지를 표현할 때 사용한다.

나는 친구들에 비해서 키가 큰 편이다.

-아도 되다

허락이나 허용을 표현할 때 사용한다.

시험이 빨리 끝나면 일찍 나가도 된다.

-으면 안 되다 금지를 표현할 때 사용한다.

건물 안에서 담배를 피우면 안 된다.

-은 적이 있다 경험을 표현할 때 사용한다.

나는 지하철에서 가방을 잃어버린 적이 있다.

빈칸에 들어갈 말로 가장 알맞은 것을 고르십시오.

1 나는 어렸을 때 설악산을 (   ).

① 등산한 편이다   ② 등산하고 싶다
③ 등산하면 안 된다   ④ 등산한 적이 있다

2 구름이 많은 걸 보니 (   ).

① 비가 오곤 한다   ② 비가 와도 된다
③ 비가 올 것 같다   ④ 비가 오는 중이다

3 나는 내년에 새집으로 (   ).

① 이사하는 편이다   ② 이사하기로 했다
③ 이사한 적이 있다   ④ 이사한 것 같았다

4 나는 친구들에 비해서 스키를 (   ).

① 잘 타도 된다   ② 잘 타곤 한다
③ 잘 타는 편이다   ④ 잘 타기로 한다

5 나는 외롭고 우울할 때마다 음악을 (   ).

① 듣곤 한다   ② 들을 것 같다
③ 들어도 된다   ④ 듣는 중이다

읽기

평가 목표	짧은 서술문을 읽고 문맥을 파악할 수 있다.
유형	빈칸에 알맞은 말 고르기
세부 내용	문맥에 맞는 종결형 고르기
지시문	(　)에 들어갈 말로 가장 알맞은 것을 고르십시오.
학습 포인트	-은 적이 있다

연습문제

※ **[1~2] (　)에 들어갈 말로 가장 알맞은 것을 고르십시오. (각 2점)**

1　나는 고등학교에서 학생들을 (　　　　).

① 가르친 것 같다

② 가르쳐도 된다

③ 가르치는 편이다

④ 가르친 적이 있다

풀이

학생들을 가르친 과거의 경험을 설명하는 내용이다.

정답　④

**학 습
포인트** **문장을 연결할 때 사용되는 표현을 공부합시다.**

-고 나서	앞의 행동이 끝난 후에 뒤의 행동이 이어질 때 사용한다. 우리는 점심을 먹고 나서 회의를 하기로 했다.
-는데	상황을 설명할 때 사용한다. 얼마 전에 설악산에 갔는데 사람이 많지 않았다.
-다(가)	앞의 행위나 상태가 중단되고 다른 상황으로 바뀜을 표현할 때 사용한다. 영화를 보다가 재미가 없어서 밖으로 나왔다.
-도록	앞 내용이 뒤 내용의 목적임을 나타낼 때 사용한다. 승객들이 안전하게 오르내리도록 손잡이를 설치했다.
-아야	반드시 필요한 조건이나 가정을 표현할 때 사용한다. 신분증이 있어야 도서관에 출입할 수 있다.
-으려고	의도를 나타낼 때 사용한다. 나는 친구에게 줄 선물을 사려고 백화점에 갔다.
-으려면	의도를 가정할 때 사용한다. '-아야 하다'와 함께 사용한다. 가전제품을 싸게 사려면 전문 매장에 가야 한다.
-지만	앞과 뒤의 내용이 반대의 의미가 될 때 사용한다. 여름에는 비가 많이 오지만 겨울에는 비가 거의 오지 않는다.

읽
기

빈칸에 들어갈 말로 가장 알맞은 것을 고르십시오.

1　새집으로 (　　　　) 인터넷을 설치했다.

　　① 이사하거나　　　　　　　② 이사하다가

　　③ 이사하려면　　　　　　　④ 이사하고 나서

2　인기가 많은 영화는 미리 (　　　　) 볼 수 있다.

　　① 예매해야　　　　　　　　② 예매해도

　　③ 예매하려고　　　　　　　④ 예매하지만

3　가게 앞을 (　　　　) 맛있는 빵 냄새가 났다.

　　① 지나가려면　　　　　　　② 지나가는데

　　③ 지나가다가　　　　　　　④ 지나가도록

4　외국으로 여행을 (　　　　) 열심히 돈을 모으고 있다.

　　① 가다가　　　　　　　　　② 가는데

　　③ 가려고　　　　　　　　　④ 가지만

5　아이들이 (　　　　) 위험한 물건을 치웠다.

　　① 다치지 않으면　　　　　　② 다치지 않도록

　　③ 다치지 않아서　　　　　　④ 다치지 않거나

정답　1④　2①　3②　4③　5②

평가 목표	짧은 서술문을 읽고 문맥을 파악할 수 있다.
유형	빈칸에 알맞은 말 고르기
세부 내용	문맥에 맞는 연결형 고르기
지시문	( )에 들어갈 말로 가장 알맞은 것을 고르십시오.
학습 포인트	-으려면

연습문제

※ [1~2] (   )에 들어갈 말로 가장 알맞은 것을 고르십시오. (각 2점)

2   재미있는 공연을 (   ) 미리 예매해야 한다.

① 보다가

② 보려면

③ 보도록

④ 보고 나서

풀이

재미있는 공연을 보겠다는 의도를 가정하는 내용이다.

정답   ②

**학 습
포인트** 서술문에서 문장을 연결할 때 사용되는 표현을 공부합시다.

-고자
목적이나 의도를 나타낼 때 사용한다. '-기 위해서', '-으려고'와 비슷한 의미이다.
신제품에 대한 소비자의 반응을 알아보고자 설문조사를 했다.

-기 무섭게
앞의 행동이 끝난 후에 바로 뒤의 행동이 이어질 때 사용한다. '-자마자'와 비슷한 의미이다.
인기가 많은 공연은 예매가 시작되기 무섭게 표가 매진된다.

-는 대신(에)
앞의 행동을 하지 않고 다른 행동으로 대체할 때 사용한다.
이번 학기에는 시험을 보는 대신에 보고서를 내기로 했다.

-는 덕분에
긍정적인 결과에 대한 원인을 나타낼 때 사용한다.
선후배들이 많이 도와주는 덕분에 회사 생활에 빨리 적응하고 있다.

-는 데다(가)
내용을 추가해서 강조할 때 사용한다. '-을 뿐만 아니라'와 비슷한 의미이다.
번역하는 일은 월급이 많은 데다가 출퇴근이 자유로워서 인기가 많다.

-는 동안
앞의 행동이 이루어지는 시간에 뒤의 행동도 같이 이루어짐을 나타낼 때 사용한다. '-을 때'와 비슷한 의미이다.
유학을 하는 동안 친구를 많이 사귀었다.

-는 만큼
근거를 설명할 때 사용한다. '-으므로', '-으니까'와 비슷한 의미이다.
전 직원이 열심히 노력하고 있는 만큼 좋은 결과가 있을 것이다.

-는 바람에
대개 부정적인 결과에 대한 원인을 나타낼 때 사용한다.
버스가 급정거를 하는 바람에 승객이 넘어졌다.

-는 한
계속되는 조건을 나타낼 때 사용한다.
계속 담배를 피우는 한 건강을 회복하기는 어렵다.

-는 한편
앞과 뒤의 행동을 동시에 할 때 사용한다. '-으면서'와 비슷한 의미이다.
건강을 위해서 식단에 신경을 쓰는 한편 운동도 열심히 하고 있다.

-아 가지고
앞의 내용을 이용해서 뒤의 행동을 할 때 사용한다. '-아서', '-아다가'와 비슷한 의미이다.

은행에서 대출을 받아 가지고 등록금을 냈다.

-을까 봐(서) 걱정하는 내용을 설명할 때 사용한다. '-을 것 같아서'와 비슷한 의미이다.

고객들이 한꺼번에 몰려서 혼잡할까 봐 미리 예약을 받았다.

-을 뿐만 아니라 내용을 추가해서 강조할 때 사용한다.

전기차는 값이 쌀 뿐만 아니라 공해가 적어서 찾는 사람이 많다.

-자마자 앞의 행동이 끝난 후에 바로 뒤의 행동이 이어질 때 사용한다.

수업이 끝나자마자 학생들은 앞다퉈 교실을 떠났다.

체크 포인트

빈칸에 들어갈 말로 가장 알맞은 것을 고르십시오.

① 늦잠을 (   ) 회사에 지각을 했다.

① 잘까 봐 ② 잔 덕분에
③ 자는 바람에 ④ 잘 뿐만 아니라

② 학원에 (   ) 집에서 인터넷 강의를 듣고 있다.

① 가는 만큼 ② 가는 대신에
③ 가는 동안에 ④ 가는 데다가

③ 과제가 (   ) 시험도 있어서 정신없이 바쁘다.

① 많은 덕분에 ② 많은 대신에
③ 많은 데다가 ④ 많은 바람에

④ 외국에서 (   ) 그곳의 규칙을 따라야 한다.

① 살고자 ② 살려고
③ 사는 한 ④ 살아 가지고

⑤ 백화점 문이 (   ) 기다리던 사람들이 뛰어 들어갔다.

① 열리기 무섭게 ② 열리는 덕분에
③ 열리는 대신에 ④ 열리기 때문에

정답 1 ③ 2 ② 3 ③ 4 ③ 5 ①

평가 목표	짧은 서술문을 읽고 문맥을 파악할 수 있다.
유형	의미가 비슷한 말 고르기
세부 내용	의미가 비슷한 연결형 고르기
지시문	밑줄 친 부분과 의미가 가장 비슷한 것을 고르십시오.
학습 포인트	-을까 봐(서)

연습문제

※ [3~4] 밑줄 친 부분과 의미가 가장 비슷한 것을 고르십시오. (각 2점)

3 사고가 <u>날까 봐</u> 경찰들이 횡단보도에서 교통정리를 하고 있다.

① 나는 바람에   ② 나기 때문에

③ 날지도 몰라서   ④ 나기가 무섭게

풀이

사고가 날 것을 걱정해서 경찰들이 교통정리를 하고 있다는 내용이다.

정답 ③

학습 포인트 **서술문에서 문장을 끝낼 때 사용되는 표현을 공부합시다.**

-기 나름이다
앞의 내용에 따라서 결과가 달라짐을 표현할 때 사용한다.

모든 일의 결과는 노력하기 나름이다.

-기 마련이다
당연함을 표현할 때 사용한다.

누구나 나이가 들면 건강이 나빠지기 마련이다.

-기에 달려 있다
앞의 내용에 따라서 결과가 달라짐을 표현할 때 사용한다. '-기 나름이다'와 비슷한 의미이다.

행복과 불행은 모두 생각하기에 달려 있다.

-는 모양이다
추측을 표현할 때 사용한다. '-는 것 같다'와 비슷한 의미이다.

밖이 시끄러운 걸 보니 수업이 끝난 모양이다.

-는 법이다
당연함을 표현할 때 사용한다. '-기 마련이다'와 비슷한 의미이다.

급히 서두르면 실수하는 법이다.

-는 셈이다
사실은 아니지만 그렇게 생각할 수 있음을 표현할 때 사용한다. '-는다고 할 수 있다'와 비슷한 의미이다.

이제 일주일 남았으면 이번 학기도 다 끝난 셈이다.

-는 척하다
거짓으로 꾸밈을 표현할 때 사용한다. '-는 체하다'와 비슷한 의미이다.

대개 윗사람들은 아랫사람 앞에서 강한 척한다.

-는 탓이다
부정적인 상황의 원인을 설명할 때 사용한다. '-기 때문이다'와 비슷한 의미이다.

감기 환자가 급증한 것은 갑자기 기온이 높아진 탓이다.

-을까 하다
계획이나 의도를 표현할 때 사용한다. '-으려고 하다'와 비슷한 의미이다.

이번 방학에는 부모님을 모시고 해외 여행을 갈까 한다.

-을 따름이다
다른 선택의 가능성이 없음을 표현할 때 사용한다. '-을 뿐이다'와 비슷한 의미이다.

큰 어려움 없이 졸업할 수 있어서 감사할 따름이다.

-을 리(가) 없다
가능성이 없음을 표현할 때 사용한다.

승진에서 떨어지면 누구나 기분이 좋을 리가 없다.

읽기

-을 만하다	그 정도의 가치가 있음을 표현할 때 사용한다.
	설악산은 한번 가 볼 만하다.

-을 뻔하다	실제로 발생하지 않았지만 거의 발생할 상황이었음을 표현할 때 사용한다.
	택시를 탔는데 길이 많이 막혀서 비행기를 놓칠 뻔했다.

-을 뿐이다	다른 선택의 가능성이 없음을 표현할 때 사용한다.
	신제품을 내놓은 회사들은 이제 고객들의 반응을 기다릴 뿐이다.

체크 포인트

빈칸에 들어갈 말로 가장 알맞은 것을 고르십시오.

1 이 책은 내용이 쉬워서 아이들도 (   ).

① 읽을까 한다　　　　　　　② 읽을 만하다
③ 읽을 뿐이다　　　　　　　④ 읽을 리가 없다

2 밖이 조용한 것을 보니 행사가 (   ).

① 끝난 셈이다　　　　　　　② 끝난 탓이다
③ 끝난 모양이다　　　　　　④ 끝나기 마련이다

3 나쁜 일을 하면 나쁜 결과가 (   ).

① 생기는 셈이다　　　　　　② 생기는 탓이다
③ 생기기 나름이다　　　　　④ 생기기 마련이다

4 다음 방학에는 아르바이트를 (   ).

① 할까 한다　　　　　　　　② 할 뻔했다
③ 하는 법이다　　　　　　　④ 하는 척한다

5 나는 남의 눈치를 전혀 보지 않고 맡은 일만 열심히 (   ).

① 하는 셈이다　　　　　　　② 할 따름이다
③ 하는 모양이다　　　　　　④ 하기 나름이다

정답 1② 　2③ 　3④ 　4① 　5②

읽기   **4번 문제**

평가 목표	짧은 서술문을 읽고 문맥을 파악할 수 있다.
유형	의미가 비슷한 말 고르기
세부 내용	의미가 비슷한 종결형 고르기
지시문	밑줄 친 부분과 의미가 가장 비슷한 것을 고르십시오.
학습 포인트	-는 탓이다

연습문제

※ [3~4] 밑줄 친 부분과 의미가 가장 비슷한 것을 고르십시오. (각 2점)

4 대부분의 비만은 먹은 양에 비해 활동이 <u>적은 탓이다</u>.

① 적을 뿐이다   ② 적은 셈이다

③ 적기 때문이다   ④ 적기 나름이다

풀이

먹은 양보다 활동이 적기 때문에 비만이 된다는 내용이다.

정답 ③

학습포인트 **광고문에서 자주 사용되는 표현을 공부합시다.**

피동 표현 '이, 히, 리, 기'를 붙여서 다른 대상의 행동으로 인해 영향을 받을 때 사용한다.
피동의 문장은 다음과 같은 예가 있다.

> 산을 보다 – 산이 보이다
>
> 물건을 쌓다 – 물건이 쌓이다
>
> 그릇을 닦다 – 그릇이 닦이다
>
> 전화번호를 바꾸다 – 전화번호가 바뀌다
>
> 벌레를 잡다 – 벌레가 잡히다
>
> 문을 닫다 – 문이 닫히다
>
> 발을 밟다 – 발이 밟히다
>
> 음악을 듣다 – 음악이 들리다
>
> 창문을 열다 – 창문이 열리다
>
> 물건을 팔다 – 물건이 팔리다
>
> 스트레스를 풀다 – 스트레스가 풀리다
>
> 전화를 끊다 – 전화가 끊기다
>
> 낙서를 씻다 – 낙서가 씻기다
>
> 아기를 안다 – 아기가 안기다

똑똑한 그릇을 찾으십니까? 음식 냄새 없는 냉장고! 뚜껑이 부드러워서 잘 열리고 잘 닫혀요.

| 사동 표현 | '이, 히, 리, 기, 우, 추' 등을 붙여서 행동의 주체가 다른 대상에게 영향을 줄 때 사용한다. 사동의 문장은 다음과 같은 예가 있다. |

라면이 끓다 – 라면을 끓이다

모기가 죽다 – 모기를 죽이다

사진을 보다 – 친구에게 사진을 보이다

밥을 먹다 – 아기에게 밥을 먹이다

음식이 식다 – 음식을 식히다

옷을 입다 – 아이에게 옷을 입히다

친구가 울다 – 친구를 울리다

환자가 살다 – 환자를 살리다

얼음이 얼다 – 얼음을 얼리다

시간을 알다 – 사람들에게 시간을 알리다

친구가 웃다 – 친구를 웃기다

음식이 남다 – 음식을 남기다

일을 맡다 – 친구에게 일을 맡기다

아이가 깨다 – 아이를 깨우다

얼룩이 지다 – 얼룩을 지우다

볼륨이 낮다 – 볼륨을 낮추다

여러분이 찾는 학원이 문을 열었습니다. 대학 진학의 꿈을 키우는 곳! 최고의 교사들이 가르칩니다.

| -기 | 동사나 형용사의 명사형을 만들 때 사용한다. |

건강 관리를 위해서는 치료보다 예방이 중요합니다! 자주 손 씻기, 마스크 착용하기~ 우리 모두를 위해 실천합시다!

빈칸에 들어갈 말로 가장 알맞은 것을 고르십시오.

1

넓고 푸른 바다가 (　　) 전망!
최고의 호텔을 경험해 보세요.

① 쌓이는　　　② 보이는　　　③ 바뀌는　　　④ 씻기는

2

이제 청소가 쉬워져요~.
얼룩이 많은 가구도 더러운 창문도 잘 (　　).

① 잡힙니다　　　② 열립니다　　　③ 팔립니다　　　④ 닦입니다

3

머릿속에 잠들어 있는 생각을 (　　) 시간~
맑은 마음으로 그동안 쌓인 스트레스를 멀리 날리세요.

① 울리는　　　② 깨우는　　　③ 웃기는　　　④ 낮추는

4

경험이 많은 선생님들과 편안한 환경~

사랑으로 돌보는 저희에게 아이를 (　　).

① 맡기세요　　　② 남기세요　　　③ 재우세요　　　④ 살리세요

5

언제 어디서든 쉽고 편하게 (　　)
다양하고 재미있는 콘텐츠가 여러분을 기다립니다.

① 누르기　　　② 말리기　　　③ 즐기기　　　④ 떨리기

정답　1②　2④　3②　4①　5③

평가 목표	광고를 읽고 화제를 파악할 수 있다.
유형	화제 고르기
세부 내용	광고 내용에 맞는 상품 고르기
지시문	다음은 무엇에 대한 글인지 고르십시오.
학습 포인트	피동 표현(바뀌다), 사동 표현(식히다)

연습문제

※ **[5~8] 다음은 무엇에 대한 글인지 고르십시오. (각 2점)**

5

덥고 짜증 나는 여름이 시원하고 쾌적하게 바뀝니다~

조용하고 부드러운 바람이 여러분의 더위를 식혀 드립니다!

① 청소기   ② 에어컨   ③ 냉장고   ④ 세탁기

풀이

에어컨의 부드러운 바람으로 더위를 시원하게 해 준다는 광고의 내용이다.

정답 ②

평가 목표	광고를 읽고 화제를 파악할 수 있다.
유형	화제 고르기
세부 내용	광고 내용에 맞는 장소 고르기
지시문	다음은 무엇에 대한 글인지 고르십시오.
학습 포인트	사동 표현(맡기다)

연습문제

※ **[5~8] 다음은 무엇에 대한 글인지 고르십시오. (각 2점)**

6

높은 이자, 안전한 관리~
여러분의 소중한 재산을 맡겨 보세요.

① 식당   ② 서점   ③ 병원   ④ 은행

풀이

은행에 돈을 맡기면 높은 이자를 주고 안전하게 관리해 준다는 광고의 내용이다.

정답 ④

평가 목표	공익광고를 읽고 화제를 파악할 수 있다.
유형	화제 고르기
세부 내용	광고 내용에 맞는 정보 고르기
지시문	다음은 무엇에 대한 글인지 고르십시오.
학습 포인트	-기

연습문제

※ [5~8] 다음은 무엇에 대한 글인지 고르십시오. (각 2점)

7

조용히 걷기! 텔레비전 볼륨 줄이기!

이웃에 대한 배려를 실천합시다.

① 안전 운전   ② 화재 예방   ③ 생활 예절   ④ 환경 보호

풀이

생활 예절을 지켜서 이웃을 배려해야 한다는 광고의 내용이다.

정답   ③

안내문에서 자주 사용되는 표현을 공부합시다.

-기 바라다   희망을 표현할 때 사용한다.

표는 각자 가지고 입장하시기 바랍니다.

-든지   어느 것을 선택해도 상관이 없음을 나타낼 때 사용한다.

어느 매장에서 구매하든지 서비스센터에서 교환할 수 있습니다.

-아 드리다   '-아 주다'의 의미로 상대방을 높여서 공손하게 표현할 때 사용한다.

구매한 후 일주일 안에 연락을 주시면 교환해 드리겠습니다.

-아 주다   부탁을 할 때 사용한다.

진행에 방해가 될 수 있으니 나가실 때는 뒷문을 이용해 주십시오.

-으면   조건을 나타낼 때 사용한다.

모든 물건은 오전 중에 주문하시면 오늘 받으실 수 있습니다.

-을 수 있다   가능성을 표현할 때 사용한다.

비가 많이 오면 공연이 취소될 수 있습니다.

-지 말다   금지를 표현할 때 사용한다.

공연이 끝난 후에는 나가지 말고 안내를 기다려 주십시오.

-지 않으면   문제 상황을 가정할 때 사용한다.

공연이 시작되기 전에 도착하지 않으면 입장할 수 없습니다.

빈칸에 들어갈 말로 가장 알맞은 것을 고르십시오.

① 문이 열릴 때 다칠 수 있으니 출입문 옆에 (   ).

① 앉으십시오   ② 앉아도 됩니다
③ 앉아 주십시오   ④ 앉지 마십시오

② 현장의 상황에 따라서 일정이 (   ).

① 변경되려고 합니다   ② 변경되어도 됩니다
③ 변경될 수 있습니다   ④ 변경되기 마련입니다

③ 입장하기 전에 반드시 좌석의 위치를 (   ).

① 확인하셔도 됩니다   ② 확인하지 마십시오
③ 확인하시는 법입니다   ④ 확인하시기 바랍니다

④ 연락처를 (   ) 상담원이 연락드리겠습니다.

① 남기시든지   ② 남기시려고
③ 남겨 주시면   ④ 남기지 말고

⑤ 빌린 책을 기간 내에 (   ) 연체료를 내야 합니다.

① 반납하지 않든지   ② 반납하지 않으면
③ 반납하지 않도록   ④ 반납하지 않아야

평가 목표	안내문을 읽고 화제를 파악할 수 있다.
유형	화제 고르기
세부 내용	안내문의 내용에 맞는 정보 고르기
지시문	다음은 무엇에 대한 글인지 고르십시오.
학습 포인트	-기 바라다, -아 주다

연습문제

※ [5~8] 다음은 무엇에 대한 글인지 고르십시오. (각 2점)

8

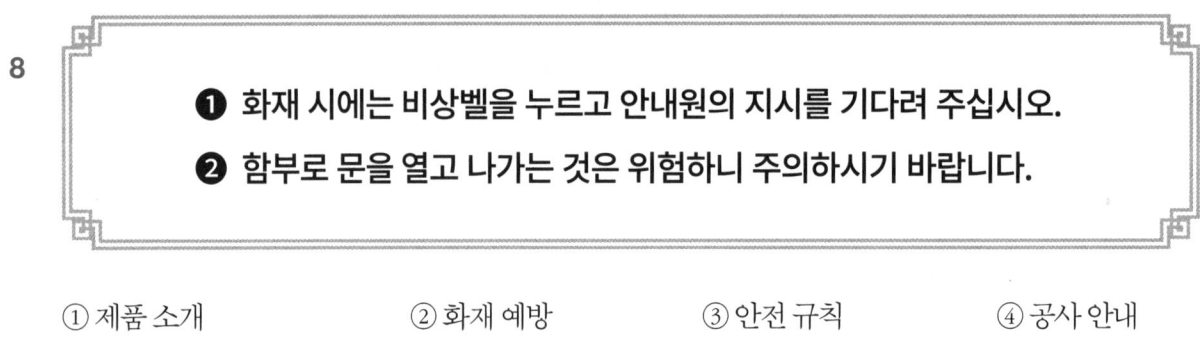

❶ 화재 시에는 비상벨을 누르고 안내원의 지시를 기다려 주십시오.

❷ 함부로 문을 열고 나가는 것은 위험하니 주의하시기 바랍니다.

① 제품 소개   ② 화재 예방   ③ 안전 규칙   ④ 공사 안내

풀이

화재가 났을 때 함부로 나가면 위험하니 안내원의 지시를 기다려야 한다는 안전 규칙에 대한 내용이다.

정답 ③

 안내문을 설명할 때 자주 사용되는 표현을 공부합시다.

-거나
앞이나 뒤의 내용 중에서 하나를 선택할 때 사용한다.
인터넷에서 신청하시거나 직접 방문해서 신청하실 수 있습니다.

-기 위해(서)
목적이나 의도를 나타낼 때 사용한다.
이번 행사는 우리 지역을 홍보하기 위해서 마련했습니다.

-기 전에
뒤의 내용이 앞의 내용보다 앞설 때 사용한다.
대회가 시작되기 전에 입장해 주시기 바랍니다.

-아 보다
시도나 경험을 표현할 때 사용한다.
체험관을 방문해서 한국의 문화를 즐겨 보세요.

-아야 하다
의무를 표현할 때 사용한다.
관람을 원하시는 분들은 오늘 저녁 8시까지 신청을 하셔야 합니다.

-으며
두 가지 이상이 동시에 있음을 나타낼 때 사용한다.
이웃과 함께 따뜻한 정을 느끼며 행복한 시간을 보내세요.

-으면 되다
필요한 조건을 표현할 때 사용한다.
인터넷 신청이 어려운 분은 직접 방문하시면 됩니다.

-을 때까지
상황이 계속되는 기간을 나타낼 때 사용한다.
신청은 정원이 마감될 때까지 할 수 있습니다.

읽기

213

빈칸에 들어갈 말로 가장 알맞은 것을 고르십시오.

❶ 필요한 서류는 이메일로 (   ) 우편으로 보내 주십시오.

① 보내시며   ② 보내셔야
③ 보내시거나   ④ 보내시려고

❷ 어려운 이웃을 (   ) 주민들이 직접 계획한 행사입니다.

① 돕지만   ② 도우려면
③ 돕자마자   ④ 돕기 위해서

❸ 그림은 한 달 동안 (   ) 관람료는 없습니다.

① 전시되며   ② 전시되거나
③ 전시되려면   ④ 전시되다가

❹ 달빛 축제에 오셔서 가족과 함께 아름다운 야경을 (   ).

① 즐겨 보십시오   ② 즐겨도 됩니다
③ 즐기기로 합시다   ④ 즐기는 셈입니다

❺ 행사가 진행되는 동안 아무 때나 구경하러 (   ).

① 오실 만합니다   ② 오셔야 합니다
③ 오시면 됩니다   ④ 오신 적이 있습니다

정답 1③   2④   3①   4①   5③

평가 목표	안내문을 읽고 세부 내용을 파악할 수 있다.
유형	세부 내용 고르기
세부 내용	안내문의 내용에 맞는 정보 고르기
지시문	다음 글 또는 그래프의 내용과 같은 것을 고르십시오.
학습 포인트	-아야 하다

연습문제

※ **[9~12] 다음 글 또는 그래프의 내용과 같은 것을 고르십시오. (각 2점)**

9

-캠핑장 개장 안내-
가까운 곳에서 자연을 느끼며 즐거운 시간을 보내세요!

- 캠핑 장소 : 한강 공원 캠핑장
- 예약 방법 : 한강 공원 홈페이지(www.hangang-park.com)에서 신청
- 이용 비용 : 텐트당 20,000원(인원수에 관계없음)
- 주의 사항 : 입장 시 신분증이나 예약증 지참

① 인원수에 따라서 이용 요금이 달라진다.
② 한강 공원 어디서든 캠핑을 즐길 수 있다.
③ 캠핑장을 이용하려면 미리 신청해야 한다.
④ 신분증이 없으면 캠핑장에 들어갈 수 없다.

풀이
① 인원수에 관계없이 텐트당 요금을 내야 한다.
② 한강 공원의 캠핑장에서 캠핑을 즐길 수 있다.
③ 캠핑장을 이용하려면 미리 예약해야 한다.
④ 신분증이 없어도 예약증이 있으면 캠핑장에 들어갈 수 있다.

정답 ③

8 도표의 세부 내용 파악하기

| 학 습 포인트 | 도표를 설명할 때 자주 사용되는 표현을 공부합시다. |

-고 있다

진행을 나타낼 때 사용한다.

자가용보다 대중교통을 이용하는 사람이 증가하고 있다.

-는다고 응답하다

설문에 대답한 내용을 표현할 때 사용한다.

대학생의 절반 이상이 부모에게 용돈을 받는다고 응답했다.

-는 반면(에)

앞과 뒤의 내용이 다름을 나타낼 때 사용한다.

부모들은 학원을 선호하는 반면 자녀들은 학교 수업을 선호하는 것으로 나타났다.

-아지다

변화를 표현할 때 사용한다.

대기업에 취업하기를 희망하는 20대의 비율이 많아졌다.

에 비해(서)

비교의 기준을 나타낼 때 사용한다.

올해는 작년에 비해서 물가가 많이 올랐다.

으로 나타나다

어떤 결과가 보일 때 사용한다.

60대는 공동주택보다 단독주택을 선호하는 것으로 나타났다.

을 넘다

앞의 기준보다 많음을 표현할 때 사용한다.

서울의 1인 가구 수는 전체 가구의 절반을 넘는다.

을 차지하다

그 정도임을 표현할 때 사용한다.

교통수단으로 지하철을 이용하는 사람이 제일 많은 비중을 차지했다.

빈칸에 들어갈 말로 가장 알맞은 것을 고르십시오.

❶ 설문조사에서 대학생들은 생활비의 대부분을 주거비로 (   ).

① 사용할 따름이었다   ② 사용하기 나름이었다
③ 사용한다고 응답했다   ④ 사용하기 마련이었다

❷ 부모들은 자녀의 결혼을 (   ) 자녀들은 결혼보다는 자기 개발에 관심이 많다.

① 원하는 만큼   ② 원하는 반면
③ 원하는 데다가   ④ 원하는 덕분에

❸ 65세 이상 고령자 수가 전체 인구의 20퍼센트를 (   ).

① 넘는다   ② 보인다
③ 나타난다   ④ 증가한다

❹ 경영자가 중요하게 생각하는 직원의 조건으로 업무능력이 1위를 (   ).

① 들었다   ② 바뀌었다
③ 차지했다   ④ 나타났다

❺ 10년 사이에 청소년이 희망하는 직업의 종류가 많이 달라진 것으로 (   ).

① 차지했다   ② 비교했다
③ 응답했다   ④ 나타났다

평가 목표	도표를 읽고 세부 내용을 파악할 수 있다.
유형	세부 내용 고르기
세부 내용	도표의 내용에 맞는 정보 고르기
지시문	다음 글 또는 그래프의 내용과 같은 것을 고르십시오.
학습 포인트	에 비해(서), 으로 나타나다

연습문제

※　[9~12] 다음 글 또는 그래프의 내용과 같은 것을 고르십시오. (각 2점)

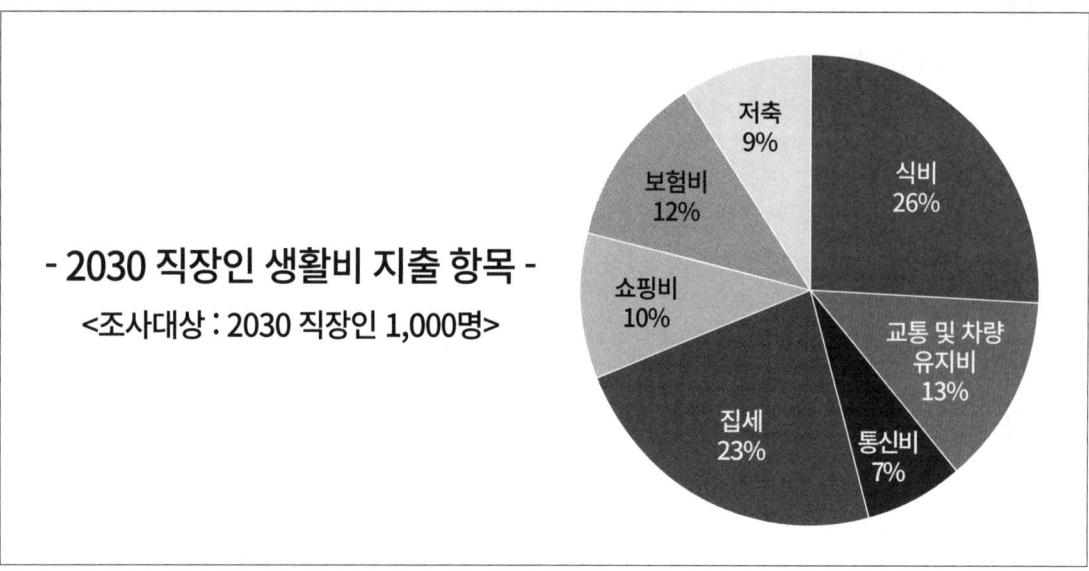

10　① 교통비에 비해서 통신비를 많이 사용하고 있다.

　　② 생활비에서 저축이 차지하는 비율이 가장 낮다.

　　③ 쇼핑비보다 보험비에 더 지출한 것으로 나타났다.

　　④ 식비와 집세로 생활비의 절반 이상을 지출하고 있다.

　　풀이

　　① 교통비에 비해서 통신비를 적게 사용하고 있다.

　　② 생활비에서 통신비가 차지하는 비율이 가장 낮다.

　　③ 쇼핑비보다 보험비에 더 지출한 것으로 나타났다.

　　④ 식비와 집세로 생활비의 절반 정도인 49%를 지출하고 있다.

정답　③

학습 포인트 기사문에서 자주 사용되는 표현을 공부합시다.

간접화법 다른 사람의 말을 전할 때 사용한다. '-는다고, -다고, -이라고, -냐고, -자고, -으라고'의 형태로 쓰인다. 간접화법은 다음과 같이 사용한다.

"시민들을 위해서 쉼터를 운영합니다."
→ 인주시는 시민들을 위해서 쉼터를 운영한다고 밝혔다.

"채소 값이 작년에 비해서 10% 정도 비쌉니다."
→ 주부들은 채소 값이 작년에 비해서 10% 정도 비싸다고 말했다.

"업무가 끝난 후에 사원들에게 문자를 보내는 것도 사생활 간섭입니다."
→ 업무가 끝난 후에 사원들에게 문자를 보내는 것도 사생활 간섭이라고 한다.

"현재 진행하고 있는 공사가 언제 끝납니까?"
→ 시민들은 현재 진행하고 있는 공사가 언제 끝나냐고 인주시에 문의했다.

"어려운 이웃들을 함께 도웁시다."
→ 봉사자들은 어려운 이웃을 함께 돕자고 시민들을 설득했다.

"제품을 사용하기 전에 반드시 사용설명서를 읽으십시오."
→ 전문가들은 제품을 사용하기 전에 반드시 사용설명서를 읽으라고 조언한다.

기상청은 주말 동안 강한 태풍이 올 것이라고 발표하고 미리 대비하라고 당부했다.

-는 것으로 보다 생각이나 의견을 표현할 때 사용한다.

경찰은 등산객의 부주의로 인해 화재가 발생한 것으로 보고 있다.

-는다는 평을 받다 평가의 내용을 설명할 때 사용한다.

부산 영화제는 세계 영화의 발전에 큰 역할을 한다는 평을 받는다.

-으면서 두 가지 사실이 동시에 있음을 표현할 때 사용한다.

김 씨는 빵집을 운영하면서 모은 돈을 모두 기부했다.

-을 예정이다 계획을 나타낼 때 사용한다.

교육청은 올해부터 초등학생을 대상으로 온라인 수업을 진행할 예정이다.

으로 알려지다 모르던 사실이 밖으로 드러남을 설명할 때 사용한다.

폭발 사고의 원인은 제품과 상관없는 문제인 것으로 알려졌다.

으로 예상되다 미래의 상황을 추측하는 내용을 설명할 때 사용한다.

적극적인 홍보 덕분에 많은 시민들이 행사에 참여할 것으로 예상된다.

으로 조사되다 찾은 내용을 설명할 때 사용한다.

많은 직장인들이 인간관계를 가장 중요하게 생각하는 것으로 조사되었다.

빈칸에 들어갈 말로 가장 알맞은 것을 고르십시오.

1 김 씨는 피자 가게를 (   ) 야간에는 대리운전을 하고 있다.

① 운영하니까 ② 운영하면서

③ 운영하도록 ④ 운영하다가

2 이번 사고는 오토바이가 빗길에 미끄러져서 (   ).

① 발생한 것으로 보인다 ② 발생한 것으로 쓰인다

③ 발생한 것으로 평가된다 ④ 발생한 것으로 예상된다

3 가족을 주제로 한 이번 전시회는 관객들에게 깊은 감동을 (   ).

① 주었다고 밝혔다 ② 주었다고 알렸다

③ 주었다는 조언을 했다 ④ 주었다는 평을 받았다

4 많은 직장인들이 회사를 옮기고 (   ).

① 싶어 하는 것으로 알았다 ② 싶어 하는 것으로 달라졌다

③ 싶어 하는 것으로 감동했다 ④ 싶어 하는 것으로 조사되었다

5 인주시는 시민들의 건강을 위해 무료 진료 센터를 (   ).

① 운영하겠다고 챙겼다 ② 운영하겠다고 피했다

③ 운영하겠다고 밝혔다 ④ 운영하겠다고 충고했다

읽기

평가 목표	기사문을 읽고 세부 내용을 파악할 수 있다.
유형	세부 내용 고르기
세부 내용	기사문의 내용에 맞는 정보 고르기
지시문	다음 글 또는 그래프의 내용과 같은 것을 고르십시오.
학습 포인트	간접화법(-는다고 밝히다)

연습문제

※ **[9~12] 다음 글 또는 그래프의 내용과 같은 것을 고르십시오. (각 2점)**

11

> 인주시는 지역경제를 활성화하기 위해 '지역사랑 상품권'을 판매하고 있다. 이 상품권은 주민센터나 편의점에서도 구입할 수 있고 모바일로 다운을 받아서 사용할 수도 있다. 지역에서 판매하는 모든 물건을 10% 할인된 가격으로 살 수 있을 뿐만 아니라 사은품을 주는 행사도 많아서 시민들이 크게 호응하고 있다. 인주시는 상품권을 사용할 수 있는 매장을 늘려 나가겠다고 밝혔다.

① 이 상품권에 대한 시민들의 반응이 별로 좋지 않다.

② 이 상품권을 사용하면 저렴하게 물건을 살 수 있다.

③ 이 상품권을 구입하려면 주민센터에 직접 가야 한다.

④ 이 상품권을 사면 전국 어디에서든지 사용할 수 있다.

풀이

① 이 상품권에 대해 시민들이 크게 호응하고 있다.

② 이 상품권을 사용하면 저렴하게 물건을 살 수 있다.

③ 이 상품권은 주민센터나 편의점에서 구입하거나 모바일로도 살 수 있다.

④ 이 상품권은 인주시 지역에서만 사용할 수 있다.

정답 ②

평가 목표	기사문을 읽고 세부 내용을 파악할 수 있다.
유형	세부 내용 고르기
세부 내용	기사문의 내용에 맞는 정보 고르기
지시문	다음 글 또는 그래프의 내용과 같은 것을 고르십시오.
학습 포인트	으로 알려지다

연습문제

※ [9~12] 다음 글 또는 그래프의 내용과 같은 것을 고르십시오. (각 2점)

12

　　환경미화원들의 선행에 대한 뉴스가 큰 감동을 주고 있다. 아픈 아들의 수술을 위해 어렵게 모은 돈을 실수로 쓰레기와 함께 버린 노인의 안타까운 이야기를 전해 들은 환경미화원들은 일주일 동안 쓰레기 처리장을 뒤졌고 마침내 노인의 돈을 찾아서 돌려준 것으로 알려졌다. 힘든 청소일을 하면서도 시간을 내 도움의 손길을 내민 미화원들의 따뜻한 마음에 시민들의 감사가 이어지고 있다.

① 시민들이 노인을 돕기 위해 봉사활동을 했다.
② 노인이 직접 쓰레기장을 뒤져서 돈을 찾았다.
③ 이 돈은 노인의 아들에게 필요한 수술비였다.
④ 환경미화원들이 돈을 모아서 노인에게 주었다.

풀이

① 노인을 도와준 환경미화원들에게 시민들이 감사하고 있다.
② 환경미화원들이 쓰레기장을 뒤져서 돈을 찾았다.
③ 이 돈은 노인의 아들에게 필요한 수술비였다.
④ 환경미화원들이 쓰레기장에서 돈을 찾아서 노인에게 돌려주었다.

정답　③

학습포인트 **글의 순서를 파악할 때 필요한 표현을 공부합시다.**

-기도 하다 내용을 나열할 때 사용한다.

부모들은 자녀들의 교육을 위해 값비싼 학원을 찾아다니고 유명한 강사들의 정보를 모은다. 어떤 부모들은 자녀가 어렸을 때 조기 유학을 보내기도 한다.

-기 때문이다 앞 문장에 대한 원인을 나타낼 때 사용한다.

최근 전국적으로 산불이 자주 발생하고 있다. 이는 고기압의 영향으로 기후가 건조하기 때문이다.

-기 위해서는 목적을 강조해서 표현할 때 사용하며 뒤에 가장 좋은 방법을 제시한다.

자신의 단점을 극복하기 위해서는 중도에 포기하지 않고 스스로 실천할 수 있는 작은 일부터 시작해야 한다.

-는 것이 그 예이다 앞 문장의 내용에 대한 예를 설명할 때 사용한다.

최근 들어 국내 소비자들의 씀씀이가 많이 줄어들었다. 옷이나 신발, 가방 등의 의류 판매가 줄고 있는 것이 그 예이다.

-으면 조건을 나타낼 때 사용한다.

기온이 높아져 북극의 얼음이 모두 녹으면 세계의 여러 지역이 물에 잠길 것이다.

그러나 앞 문장의 내용과 반대가 되는 내용을 연결할 때 사용한다.

피서지의 상점들은 보통 휴가철 동안에만 운영을 한다. 그러나 우리 가게는 일 년 내내 문을 연다.

그러므로 앞 문장의 내용이 근거가 될 때 사용한다.

누구도 나를 대신할 수는 없다. 그러므로 자기가 한 일에 대한 책임은 자신이 져야 한다.

그런데 앞 문장의 내용과 다른 방향으로 화제를 바꿀 때 사용한다.

나는 친구에게 전화를 해서 대학원 합격 소식을 전했다. 그런데 전화를 끊고 생각해 보니 미안한 마음이 들었다. 가정 형편 때문에 대학원 진학을 포기한 친구를 배려하지 못한 것 같았다.

그렇지만	앞 문장의 내용을 인정하면서 뒤 문장에 반대가 되는 상황이 올 때 사용한다.
	여러 사람이 회의를 하다가 보면 자신의 의견과 다른 내용이 결정될 때가 있다. 그렇지만 우리는 그 결정을 따라야 한다.
그래서	앞 문장의 내용이 이유가 될 때 사용한다.
	디지털 기기의 사용으로 사람들은 서로 접촉할 기회가 줄었다. 그래서 이전보다 생활이 편하다고 생각하는 사람도 많다.
그리고	앞 문장의 내용과 같은 내용이거나 순차적으로 발생한 내용을 나열할 때 사용한다.
	친구들은 내 고민을 듣고 나를 위로했다. 그리고 회사를 그만두는 것은 좀 더 고민해 보라고 조언했다.
또	앞 문장의 내용에 뒤 문장의 내용을 더할 때 사용한다.
	우리는 힘든 일이 있을 때 가족들의 작은 위로에 감동을 받는다. 또 친구들의 애정 어린 관심에도 마음이 따뜻해진다.
또한	앞 문장의 내용에 의미를 더할 때 사용한다.
	우리의 몸은 더울 때 물을 많이 마시게 하거나 추울 때 적게 마시게 해서 몸의 온도를 일정하게 유지한다. 또한 땀을 통해서도 체온을 조절한다.
하지만	앞 문장의 내용과 서로 다르거나 반대가 되는 내용을 연결할 때 사용한다.
	기업은 고객들의 요구가 무엇인지 잘 알고 있다. 하지만 자신들의 이윤보다 우선시하지는 않는다.

읽기

빈칸에 들어갈 말로 가장 알맞은 것을 고르십시오.

① 대기업들은 많은 제품을 생산하기 때문에 한두 가지 제품의 광고보다는 회사 브랜드의 이미지에 신경을 쓴다. 회사의 이미지를 (   ) 불우이웃 돕기나 환경 보호 운동 등 사회적인 활동을 하는 것이 효과적이다.

① 높이는 대신에   ② 높이는 바람에
③ 높이기 위해서는   ④ 높일 뿐만 아니라

② 회사의 로비를 카페로 만들어 외부인에게 개방하는 회사가 많아졌다. 이 공간을 이용하는 사람이 많아지면 자연스럽게 회사의 홍보에 도움이 (   ).

① 되는 탓이다   ② 된 적이 있다
③ 되기 마련이다   ④ 되기 때문이다

③ 식품에 들어 있는 당과 단백질은 가열하면 색깔이 바뀌게 되고 더 맛있어진다. 빵이나 고기를 구울 때 갈색으로 바뀌면서 맛이 더 (   ).

① 풍부해지는 것으로 보인다   ② 풍부해진다는 평을 받는다
③ 풍부해지는 것이 그 예이다   ④ 풍부해지는 것으로 예상된다

④ 소비자는 선택의 폭이 넓으면 물건을 고를 때 어려움을 겪는다. (   ) 마트에서는 품목별로 몇 가지 제품만 매장에 진열해서 소비자들이 쉽게 선택할 수 있도록 도움을 준다.

① 또한   ② 그래서
③ 그리고   ④ 그렇지만

⑤ 운동이 건강에 도움이 된다는 것을 모르는 사람은 없다. (   ) 매일 운동하기를 실천에 옮기는 사람은 많지 않다.

① 또   ② 또한
③ 그러나   ④ 그러므로

정답   1③   2④   3③   4②   5③

평가 목표	간단한 글을 읽고 글 단위 관계를 추론할 수 있다.
유형	알맞은 순서로 배열한 것 고르기
세부 내용	시사적인 글을 순서에 맞게 배열한 것 고르기
지시문	다음을 순서에 맞게 배열한 것을 고르십시오.
학습 포인트	-기도 하다, 또

연습문제

※ **[13~15] 다음을 순서에 맞게 배열한 것을 고르십시오. (각 2점)**

13

> (가) 또 점원이 주문을 받지 않는 식당에서 망설이거나 당황하기도 한다.
> (나) 그래서 여러 단체에서는 노인들에 대한 스마트 교육을 실시하고 있다.
> (다) 스마트 기기가 널리 보급되면서 생활에 불편을 겪는 노년층이 늘고 있다.
> (라) 이들은 커피숍에 있는 키오스크 앞에서 어떻게 주문을 해야 할지 모른다.

① (가) - (나) - (라) - (다) 　　　② (가) - (라) - (다) - (나)
③ (다) - (라) - (가) - (나) 　　　④ (다) - (가) - (라) - (다)

풀이

스마트 기기에 익숙하지 않아서 어려움을 겪는 노인들을 위해 교육을 실시하고 있다는 내용이다.

정답 　③

평가 목표	간단한 글을 읽고 글 단위 관계를 추론할 수 있다.
유형	알맞은 순서로 배열한 것 고르기
세부 내용	개인적인 내용의 글을 순서에 맞게 배열한 것 고르기
지시문	다음을 순서에 맞게 배열한 것을 고르십시오.
학습 포인트	-기 때문이다, -으면

연습문제

※ **[13~15] 다음을 순서에 맞게 배열한 것을 고르십시오. (각 2점)**

14

(가) 우선 부담스럽지 않게 걷기부터 시작하려고 한다.
(나) 건강이 예전 같지 않고 체중도 많이 늘었기 때문이다.
(다) 올해는 무슨 일이 있어도 운동을 하기로 마음을 먹었다.
(라) 이렇게 살이 찌면 아무래도 이런저런 병에 걸리기 쉬울 것이다.

① (다) - (라) - (가) - (나)　　　② (다) - (나) - (라) - (가)
③ (라) - (다) - (나) - (가)　　　④ (라) - (나) - (다) - (가)

풀이

건강이 예전에 비해 좋지 않고 살이 쪄서 운동을 하기로 마음을 먹었으며 가벼운 걷기부터 시작하려고 한다는 내용이다.

정답　②

평가 목표	간단한 글을 읽고 글 단위 관계를 추론할 수 있다.
유형	알맞은 순서로 배열한 것 고르기
세부 내용	설명하는 글을 순서에 맞게 배열한 것 고르기
지시문	다음을 순서에 맞게 배열한 것을 고르십시오.
학습 포인트	-기 위해서는, 하지만

연습문제

※ **[13~15] 다음을 순서에 맞게 배열한 것을 고르십시오. (각 2점)**

15

> (가) 세계가 왕래하고 통신하기 위해서는 통일된 기준이 필요하다.
> (나) 현재 세계는 하루 24시간이라는 공통된 단위를 사용하고 있다.
> (다) 그래서 표준을 만들고 시간의 차이를 상대적으로 계산한 것이 시차이다.
> (라) 하지만 나라와 지역에 따라서 밤과 낮에 차이가 있고 현재 시각이 다르다.

① (가) – (다) – (라) – (나)   ② (가) – (라) – (다) – (나)

③ (나) – (라) – (가) – (다)   ④ (나) – (다) – (가) – (라)

풀이

지역에 따라 시간의 차이가 있어서 통일된 기준이 필요하기 때문에 시차를 만들었다는 내용이다.

정답   ③

글의 문맥 파악하기

학습 포인트

글의 문맥을 파악할 때 필요한 표현을 공부합시다.

-게 만들다 강제로 하게 하거나 시킴을 나타낼 때 사용한다.

자녀에 대한 부모의 지나친 관심이 자녀들로 하여금 부모에게서 멀어지게 만든다.

-는다면 가능성이 적은 상황을 가정할 때 사용한다. '만약'과 함께 자주 쓰인다.

만약 현재와 같은 속도로 지구온난화가 진행된다면 인류는 가까운 미래에 큰 위험에 처하게 될 것이다.

-는 데 경우나 일을 나타낼 때 사용한다.

족욕은 열을 낮추는 데 아주 효과적인 방법이다. 약간 따뜻한 물에 발을 담그고 10분 정도 지나면 열도 내리고 피로도 풀린다.

-을 뿐 그 외에 다른 것이 없음을 나타낼 때 사용한다.

동물들은 새끼가 독립할 수 있을 때까지만 돌볼 뿐 새끼가 성장한 후에는 도움을 주지 않는다.

-음으로써 방법을 나타낼 때 사용한다.

광합성을 해야 하는 식물은 햇빛을 받음으로써 세포가 성장할 수 있다.

으로서 신분이나 자격을 나타낼 때 사용한다.

물고기가 알을 낳는 것과 달리 고래는 물속에서 살지만 포유류로서 새끼를 낳는다.

적이다 '그런 특징을 가지고 있다'는 의미를 나타낼 때 사용한다.

한국의 대표적인 발효식품인 김치는 이제 세계적인 식품으로 사랑받고 있다.

화되다 '그런 상태나 현상으로 바뀐다'는 의미를 나타낼 때 사용한다.

최근 들어 소설이나 만화의 내용이 영화화되는 경우가 많다. 소설이나 만화를 영화화하기 위해서는 원래의 내용을 영화에 맞게 수정해야 하지만 큰 주제는 바뀌지 않는다.

빈칸에 들어갈 말로 가장 알맞은 것을 고르십시오.

❶ 대형 산불이나 폭우, 가뭄 등의 자연재해가 세계 곳곳에서 이어지고 있다. 전문가들은 이러한 자연재해의 원인은 지구온난화이며 계속해서 지구의 온도가 (   ) 지금까지 경험하지 못했던 엄청난 피해가 있을 것이라고 경고한다.

① 올라가거나
② 올라간다면
③ 올라가든지
④ 올라가면서

❷ 건강에 도움이 된다는 건강보조식품의 종류가 다양해지고 쉽게 구입할 수 있게 되면서 소비자들의 걱정도 늘고 있다. 제품을 만드는 회사들은 제품이 가진 좋은 점만 (   ) 복용할 때 주의해야 할 점이나 부작용에 대한 안내는 제대로 하지 않기 때문이다.

① 강조할 뿐
② 강조하려면
③ 강조하고자
④ 강조하는 한

❸ 전문가들의 연구 결과에 따르면 포옹은 마음을 (   ) 기분을 좋게 하고 혈압을 낮추며 통증을 줄여 주는 긍정적인 효과가 있다고 한다.

① 안정시킬 뿐
② 안정시키든지
③ 안정시키도록
④ 안정시킴으로써

❹ 등산, 낚시, 테니스 등 자신이 좋아하는 것을 다른 사람들과 함께 할 수 있는 다양한 동호회가 있지만 동호회에 가입하는 많은 사람들은 취미 활동보다는 사람을 (   ) 목적이 있다고 말한다.

① 사귀는 데
② 사귈까 봐
③ 사귀는 만큼
④ 사귀는 한편

❺ 대화를 할 때 상대방의 이야기에 집중하는 모습을 보이는 것은 대화를 부드럽게 잘 이끌어 갈 수 있는 방법이다. 이야기를 들으면서 고개를 끄덕이거나 눈을 마주치는 것은 상대방을 존중하고 이야기에 공감한다는 인상을 (   ).

① 줘야 한다
② 주면 된다
③ 주고 싶다
④ 주게 만든다

정답 1② 2① 3④ 4① 5④

평가 목표	글을 읽고 문맥을 파악할 수 있다.
유형	빈칸에 알맞은 말 고르기
세부 내용	설명하는 글의 문맥에 맞는 알맞은 말 고르기
지시문	(　)에 들어갈 말로 가장 알맞은 것을 고르십시오.
학습 포인트	-음으로써, 으로서

연습문제

※　[16~18] (　)에 들어갈 말로 가장 알맞은 것을 고르십시오. (각 2점)

16

> 모기는 낮에는 잠을 자고 밤에 활동하는 야행성 동물로서 일반적으로는 풀숲에 살면서 과일의 즙이나 꽃의 꿀에서 먹이를 구한다. 모기는 암컷과 수컷의 습성이 달라서 암컷만 (　　　　　　　　) 동물의 피를 먹는다. 암컷은 동물의 피를 먹음으로써 단백질을 섭취해 난소에 있는 알을 발육시킨다.

① 알을 낳기 위해서　　　　　　② 낮에 자기 위해서
③ 풀숲에 살기 위해서　　　　　④ 밤에 활동하기 위해서

풀이
암컷 모기는 난소에 있는 알을 키우고 낳기 위해서 동물의 피를 먹는다는 내용이다.

정답　①

평가 목표	글을 읽고 문맥을 파악할 수 있다.
유형	빈칸에 알맞은 말 고르기
세부 내용	설명하는 글의 문맥에 맞는 알맞은 말 고르기
지시문	( )에 들어갈 말로 가장 알맞은 것을 고르십시오.
학습 포인트	-게 만들다, 적이다

연습문제

※ [16~18] (   )에 들어갈 말로 가장 알맞은 것을 고르십시오. (각 2점)

17

> 장신구는 인류의 미적인 의식을 대표하는 기능을 가졌으며 주술적인 기능과 함께 부와 권력을 상징하는 수단으로 사용되었다. (   ) 행운을 기원하기 위해서 장신구로 몸을 치장하는 풍습은 원시시대부터 시작된 인류의 보편적인 현상이었다. 이렇게 시작된 장신구의 사용은 사회가 형성되고 발전하면서 지위와 신분을 나타내는 수단이 되었다.

① 사회를 발전시키거나   ② 자신을 돋보이게 만들거나
③ 인류의 의식을 대표하거나   ④ 주술적인 기능을 가지거나

풀이

인류는 자신을 돋보이게 하거나 행운을 기원하거나 지위와 신분을 나타내기 위해서 장신구를 사용하였다는 내용이다.

정답 ②

평가 목표	글을 읽고 문맥을 파악할 수 있다.
유형	빈칸에 알맞은 말 고르기
세부 내용	설명하는 글의 문맥에 맞는 알맞은 말 고르기
지시문	(　　)에 들어갈 말로 가장 알맞은 것을 고르십시오.
학습 포인트	-는 데, 화되다

연습문제

※ [16~18] (　　)에 들어갈 말로 가장 알맞은 것을 고르십시오. (각 2점)

18

> 자동화 기기는 사람의 힘으로 일을 할 때보다 생산성을 높이고 비용을 줄이는 데 도움을 주고 있다. 그래서 반복적인 작업을 하거나 단순한 작업이 필요한 공장에서는 생산 과정을 자동화하고 있다. 동일한 과정으로 제품을 조립, 검사, 포장하는 일이 대표적이다. 그런데 자동화 기기가 활용되면서 (　　　　　　　　　) 사람들의 일자리가 감소하는 사회적 문제가 발생하기도 한다.

① 복잡한 작업이 줄었지만　　　　　② 생산비를 줄일 수 있지만

③ 제품의 가격이 비싸졌지만　　　　④ 생산 과정을 단순화할 수 있지만

풀이

자동화 기기가 활용되면서 생산비를 줄여서 제품의 가격이 싸졌지만 사람들의 일자리가 감소하는 문제가 생겼다는 내용이다.

정답　②

학습 포인트 **글의 문맥을 파악할 때 필요한 표현을 공부합시다.**

과연 생각한 것이 실제와 같음을 나타낼 때 사용한다.

펭귄은 체온을 유지하기 위해서 겹겹이 붙어서 서로를 감싼다. 엄청난 추위 속에서 살아가는 펭귄의 협동심은 과연 동물들 중에서 으뜸이라고 할 수 있다.

게다가 앞의 내용에 더해서 의미를 강조할 때 사용한다.

탄산음료는 당분이 많이 들어 있어서 비만의 위험이 있다는 경고가 많다. 게다가 음료에 들어 있는 탄산가스는 소화기 계통의 증상을 악화시키고 치아의 건강에 악영향을 미칠 수 있다고 한다.

결국 결과를 나타낼 때 사용한다.

결정 장애가 있는 사람은 아주 단순한 것도 쉽게 선택하거나 결정하지 못한다. 초기에는 별로 심각하게 생각하지 않지만 증상이 심해져서 결국 정신과를 찾는 경우도 있다.

만약 가정을 나타낼 때 사용한다. 뒤에 '-으면, -는다면'과 함께 쓰인다.

출생률이 줄면서 매년 인구수가 감소하고 있다. 만약 지금의 속도로 인구가 감소하면 몇 년 사이에 대부분의 산업 분야에서 노동력이 부족해질 것이다.

비록 아주 심한 정도를 표현할 때 사용한다.

연꽃은 깨끗한 마음과 높은 정신의 세계를 의미한다. 비록 뿌리는 더러운 물속에 있지만 더러움에 물들지 않고 아름다운 꽃을 피우기 때문에 붙여진 의미이다.

오히려 기대하는 것과 다른 결과가 나타날 때 사용한다.

공급하는 물건이 많아지고 사려고 하는 소비자가 줄면 물건값이 떨어지는 것이 보통이다. 하지만 고가의 사치품 중에는 이런 경우에도 오히려 값이 올라가는 제품이 있다.

차라리 두 가지가 다 마음에 들지 않지만 상대적으로 나은 것을 선택할 때 사용한다.

감기는 바이러스가 원인이기 때문에 아직까지는 치료약이 없다. 그래서 불필요한 약을 먹는 것보다 차라리 며칠 아픈 것이 낫다는 사람들도 있다.

혹시 가능성이 거의 없는 내용을 가정할 때 사용한다.

전염성이 있는 병을 예방하고 면역력을 높이기 위해서 사람들은 다양한 종류의 백신 주사를 맞는다. 당연히 병에 걸리지 않기를 기대하지만 혹시 병에 걸리더라도 증상을 약화시킬 수 있기 때문이다.

읽기

빈칸에 들어갈 말로 가장 알맞은 것을 고르십시오.

1 인터넷을 이용해 회원 가입을 하려면 비밀번호가 필요한데 비밀번호는 숫자와 특수문자를 넣어서 만들어야 하기 때문에 번거롭고 기억하기도 힘들다. (   ) 주기적으로 비밀번호를 변경해야 해서 무척 불편하다.

① 차라리 　　　　　　　　　② 게다가
③ 반대로 　　　　　　　　　④ 오히려

2 산이나 바다를 찾는 사람들이 편리하게 이용할 수 있도록 주변을 개발하고 다양한 시설을 설치하는 지역이 늘고 있다. 하지만 주변의 환경과 어울리지 않는 시설은 (   ) 그곳을 찾아오는 사람들에게 실망감을 주게 된다.

① 차라리 　　　　　　　　　② 게다가
③ 대체로 　　　　　　　　　④ 오히려

3 잘못을 하고도 사과하거나 책임을 지려고 하지 않는 사람들이 많다. (   ) 욕을 먹더라도 자신의 잘못을 솔직하게 인정하고 반성을 한다면 용서를 구할 수 있는 기회가 주어질 것이다.

① 차라리 　　　　　　　　　② 게다가
③ 여전히 　　　　　　　　　④ 비교적

4 인간관계를 좋게 만드는 방법 중에 제일 중요한 것은 대화일 것이다. (   ) 의견이 크게 다르더라도 대화를 통해서 상대방의 상황을 이해하고 자신의 생각을 돌아볼 수 있기 때문이다.

① 과연 　　　　　　　　　　② 겨우
③ 별로 　　　　　　　　　　④ 비록

5 광고는 소비자의 호기심을 자극해서 제품을 구매하도록 하는 마케팅 전략이다. 하지만 아무리 재미있는 광고를 만들어도 제품의 품질이 소비자들의 기대에 미치지 못하는 경우에는 (   ) 제품의 판매량도 늘지 않고 회사의 이미지도 나빠진다.

① 과연 　　　　　　　　　　② 결국
③ 혹시 　　　　　　　　　　④ 비록

정답　1② 　2④ 　3① 　4④ 　5②

평가 목표	설명하는 글을 읽고 문맥을 파악할 수 있다.
유형	빈칸에 알맞은 말 고르기
세부 내용	설명하는 글의 문맥에 맞는 알맞은 말 고르기
지시문	(　)에 들어갈 말로 가장 알맞은 것을 고르십시오.
학습 포인트	만약

연습문제

※　[19~20] 다음을 읽고 물음에 답하십시오. (각 2점)

> 　탄수화물은 우리 몸에 에너지를 공급하는 중요한 영양소로서 단백질, 지방과 함께 3대 영양소로 불린다. 이처럼 탄수화물은 중요한 에너지원이지만 너무 많이 섭취하면 체중이 증가할 뿐만 아니라 혈당이 높아져 여러 가지 질병의 원인이 된다. (　　　　) 혈당을 낮추고 체중을 관리하고 싶다면 탄수화물인 밥이나 빵보다 열량이 적고 단백질이 풍부한 두부나 생선 등을 먹는 것이 좋다. 그리고 채소나 과일 등 신선한 식품을 통해서 필요한 탄수화물을 섭취하는 것이 건강에 도움이 된다.

읽기

19　(　)에 들어갈 말로 가장 알맞은 것을 고르십시오.

① 비록　　　　　　　　　　② 결국

③ 과연　　　　　　　　　　④ 만약

풀이

만약 혈당을 낮추고 체중을 관리하고 싶다면 단백질이 풍부한 식품을 먹는 것이 좋다는 내용이다.

정답　④

평가 목표	설명하는 글을 읽고 중심 내용을 추론할 수 있다.
유형	중심 내용 고르기
세부 내용	설명하는 글의 내용에 맞는 주제 고르기
지시문	윗글의 주제로 가장 알맞은 것을 고르십시오.
학습 포인트	만약

연습문제

※ **[19~20] 다음을 읽고 물음에 답하십시오. (각 2점)**

> 탄수화물은 우리 몸에 에너지를 공급하는 중요한 영양소로서 단백질, 지방과 함께 3대 영양소로 불린다. 이처럼 탄수화물은 중요한 에너지원이지만 너무 많이 섭취하면 체중이 증가할 뿐만 아니라 혈당이 높아져 여러 가지 질병의 원인이 된다. (　　　　) 혈당을 낮추고 체중을 관리하고 싶다면 탄수화물인 밥이나 빵보다 열량이 적고 단백질이 풍부한 두부나 생선 등을 먹는 것이 좋다. 그리고 채소나 과일 등 신선한 식품을 통해서 필요한 탄수화물을 섭취하는 것이 건강에 도움이 된다.

20 윗글의 주제로 가장 알맞은 것을 고르십시오.

① 탄수화물은 지나치게 많이 섭취하면 건강에 해롭다.

② 탄수화물은 체중을 증가시키기 때문에 끊어야 한다.

③ 탄수화물은 에너지를 공급하는 가장 좋은 영양소이다.

④ 탄수화물은 단백질보다 열량이 적어서 살이 찌지 않는다.

풀이

탄수화물은 중요한 영양소이지만 너무 많이 먹으면 체중이 증가하고 혈당이 높아지기 때문에 건강에 해롭다는 내용이다.

정답　①

학습 포인트 **글의 문맥을 파악할 때 필요한 표현을 공부합시다.**

가슴을 울리다 '아주 감동을 준다'는 의미로 사용한다.

화재 현장에서 자신을 돌보지 않고 주민들을 구하다가 사망한 젊은 소방관의 희생적인 이야기가 사람들의 가슴을 울리고 있다.

귀를 기울이다 '주의하여 잘 듣는다'는 의미로 사용한다.

다른 사람과 좋은 관계를 유지하려면 자신의 생각을 많이 말하기보다는 우선 그들의 말에 귀를 기울여야 한다.

눈 감아 주다 '잘못을 알고도 모른 척 넘어간다'는 의미로 사용한다.

신고를 하기가 귀찮아서 부정한 행위를 보고도 눈 감아 주는 것은 더 큰 문제를 만들 수 있다.

눈길을 끌다 '호기심을 일으켜서 보게 하거나 관심을 갖게 한다'는 의미로 사용한다.

최근에는 지역사회와 예술가들이 협력해서 만든 이색적인 행사가 눈길을 끈다.

등을 떠밀다 '억지로 일을 하게 만든다'는 의미로 사용한다.

학원에 가기 싫어하는 아이를 억지로 등을 떠밀어 이런저런 학원에 보내는 부모들의 욕심이 아이들을 행복하지 못한 상황으로 내몰고 있다.

발목을 잡다 '일을 못하게 방해한다'는 의미로 사용한다.

원유값 인상에서 시작된 물가 인상이 안정적인 경제 발전의 발목을 잡는다.

발 벗고 나서다 '적극적으로 나선다'는 의미로 사용한다.

체육시설을 만들고 다양한 운동 프로그램을 운영하는 등 주민들의 건강을 위해 인주시가 발 벗고 나섰다.

발을 빼다 '관계를 끊는다'는 의미로 사용한다.

마약이 무서운 이유는 한번 시작하면 발을 빼기가 어렵다는 데 있다.

손에 땀을 쥐다 '아주 긴장하고 있다'는 의미로 사용한다.

응원하는 팀의 경기는 언제나 손에 땀을 쥐게 한다.

읽기

손을 떼다	'습관적으로 하던 일을 그만둔다'는 의미로 사용한다.
	대형 유통 회사들은 전자 상거래가 활성화되면서 매장 운영에서 손을 떼는 경우가 많아지고 있다.
손을 잡다	'서로 생각이 같아서 협력하기로 한다'는 의미로 사용한다.
	국내 자동차 회사들이 인공지능을 활용하기 위해 컴퓨터 과학 기술 분야의 기업들과 손을 잡기로 했다.
앞뒤를 재다	'조심스럽게 따지고 계산한다'는 의미로 사용한다.
	자신의 생활에 소홀하면서 앞뒤를 재지 않고 연예인만 쫓아다니는 극성팬들 때문에 불편을 호소하는 연예인들이 많다.
엎드리면 코 닿는다	'아주 가까운 거리에 있다'는 의미로 사용한다.
	엎드리면 코 닿을 거리도 차를 이용하는 사람들에게 운동 부족은 당연한 결과일 것이다.
입맛에 맞다	'행동이나 일이 마음에 든다'는 의미로 사용한다.
	자신의 입맛에 맞는 직원만 편애하는 상사는 결코 회사의 발전에 도움이 되지 않는다.

빈칸에 들어갈 말로 가장 알맞은 것을 고르십시오.

1 아무리 어린아이라고 해도 옳지 않은 행동을 했을 때는 정확하게 잘못을 지적하고 야단을 쳐야 한다. 어리다는 이유로 잘못을 (   ) 자신이 무엇을 잘못했는지 배울 기회가 없기 때문이다.

① 바닥이 나면　　　　　　　　　② 물 쓰듯 하면
③ 눈 감아 주면　　　　　　　　　④ 도마 위에 오르면

2 생산량이 너무 많아 양파 가격이 폭락하면서 수확을 포기하는 농민들의 안타까운 소식이 전해지자 공무원들이 (   ) 양파를 많이 소비하자는 운동을 하고 있다.

① 등을 떠밀어서　　　　　　　　② 발 벗고 나서서
③ 어깨가 무거워서　　　　　　　④ 눈코 뜰 새 없어서

3 감정에만 충실하면 (   ) 화를 내거나 잘못된 행동을 할 수 있기 때문에 상황을 냉정하게 파악하고 객관적으로 판단할 수 있는 이성적 능력이 필요하다.

① 눈길을 끌지 않고　　　　　　② 발목을 잡지 않고
③ 앞뒤를 재지 않고　　　　　　④ 입맛에 맞지 않고

4 최근 농민들과 대학 또는 기업체의 연구팀이 (   ) 지역에서 생산되는 특산물을 이용해 여러 가지 상품을 개발하는 지역이 늘고 있다.

① 발을 끊고　　　　　　　　　　② 발을 빼고
③ 손을 떼고　　　　　　　　　　④ 손을 잡고

5 대부분의 선택은 많은 사람들이 찬성하는 쪽으로 결정하는 다수결의 원칙을 따른다. 이런 방법은 일을 진행할 때 당연한 원칙이지만 합리적인 결정을 하기 위해서는 소수의 의견에도 (   ).

① 발이 넓어야 한다　　　　　　② 눈이 높아야 한다
③ 귀를 기울여야 한다　　　　　④ 입이 무거워야 한다

읽기

정답　1③　2②　3③　4④　5③

평가 목표	글을 읽고 문맥을 파악할 수 있다.
유형	빈칸에 알맞은 말 고르기
세부 내용	설명하는 글의 문맥에 맞는 알맞은 말 고르기
지시문	(　　)에 들어갈 말로 가장 알맞은 것을 고르십시오.
학습 포인트	발목을 잡다

연습문제

※ **[21~22] 다음을 읽고 물음에 답하십시오. (각 2점)**

> 　　최근 가짜 뉴스가 늘면서 피해를 보는 사람들이 크게 분노하고 있다. 유명한 연예인이 사망했다는 뉴스에서부터 특정 기업이 재정적인 어려움에 처했다는 뉴스까지 내용도 다양하다. 이러한 가짜 뉴스는 개인에게도 큰 피해를 주지만 경제적, 외교적인 활동에서 지역사회나 국가 전체의 (　　　　　　　　　　) 한다. 전문가들은 이러한 행위가 범죄에 해당된다며 이를 막고 처벌할 수 있는 강력한 법이 필요하다고 조언하고 있다.

21　(　　　　)에 들어갈 말로 가장 알맞은 것을 고르십시오.

① 앞뒤를 재기도

② 발목을 잡기도

③ 눈 감아 주기도

④ 귀를 기울이기도

풀이

가짜 뉴스가 개인에게도 피해를 주지만 지역사회나 국가가 경제적, 외교적인 활동을 못하게 방해하기도 한다는 내용이다.

정답　②

평가 목표	글을 읽고 세부 내용을 파악할 수 있다.
유형	일치하는 내용 고르기
세부 내용	설명하는 글의 내용에 맞는 것 고르기
지시문	윗글의 내용과 같은 것을 고르십시오.
학습 포인트	발목을 잡다

연습문제

※ **[21~22] 다음을 읽고 물음에 답하십시오. (각 2점)**

> 최근 가짜 뉴스가 늘면서 피해를 보는 사람들이 크게 분노하고 있다. 유명한 연예인이 사망했다는 뉴스에서부터 특정 기업이 재정적인 어려움에 처했다는 뉴스까지 내용도 다양하다. 이러한 가짜 뉴스는 개인에게도 큰 피해를 주지만 경제적, 외교적인 활동에서 지역사회나 국가 전체의 (   ) 한다. 전문가들은 이러한 행위가 범죄에 해당된다며 이를 막고 처벌할 수 있는 강력한 법이 필요하다고 조언하고 있다.

22 윗글의 내용과 같은 것을 고르십시오.

① 가짜 뉴스가 경제적, 외교적인 활동에 필요하다.

② 가짜 뉴스를 막기 위해 피해자들이 나서고 있다.

③ 가짜 뉴스로 인해 피해를 입는 사람이 늘고 있다.

④ 가짜 뉴스를 만드는 사람들이 크게 분노하고 있다.

풀이

① 가짜 뉴스가 경제적, 외교적인 활동을 방해하기도 한다.

② 가짜 뉴스를 막기 위해 전문가들이 강력한 법이 필요하다고 조언하고 있다.

③ 가짜 뉴스로 인해 피해를 입는 사람이 늘고 있다.

④ 가짜 뉴스로 인해 피해를 보는 사람들이 크게 분노하고 있다.

정답 ③

| 학습포인트 | **글의 내용을 파악할 때 필요한 표현을 공부합시다.** |

-고는

앞의 행동 후에 기대하지 않은 행동이나 상황이 이어질 때 사용한다.

좋아 보여서 사고는 한 번도 입지 않은 옷들이 옷장에서 잠자고 있다.

-나 보다

추측을 표현할 때 사용한다.

집에 오자마자 동생은 물을 벌컥벌컥 마셨다. 목이 많이 말랐나 보다.

-더니

과거에 알게 된 사실을 표현하고 뒤에 결과나 변화된 상황을 나타낼 때 사용한다.

밤새 비가 오더니 날씨가 많이 추워졌다.

-던

과거에 지속된 행동이나 상태를 나타낼 때 사용한다.

오랫동안 살던 곳을 떠나 새로운 곳으로 이사를 하게 되었다.

-았더니

과거의 사실이나 상황이 뒤의 결과를 만든 원인이나 이유가 됨을 나타낼 때 사용한다.

매일 30분씩 걸었더니 한 달 만에 체중이 이 킬로그램이나 줄었다.

-았던

과거에 끝난 행동이나 상태를 나타낼 때 사용한다.

대학생 때 친구들과 같이 여행을 갔던 제주도가 지금도 기억에 남는다.

-으니

앞의 행동을 한 결과 뒤의 사실을 알게 되었을 때 사용한다.

출근을 해 보니 내 책상 위에 빨간 장미가 놓여 있었다.

-자

한 동작이 끝남과 동시에 다른 동작이나 사실이 잇따라 일어남을 나타낼 때 사용한다.

영화가 시작되자 모두들 이야기를 멈추고 영화에 빠져들었다.

빈칸에 들어갈 말로 가장 알맞은 것을 고르십시오.

1 새벽부터 도서관에 자리를 (   ) 공부하지 않고 친구들과 놀러 나간 적이 있다.

① 잡고는   ② 잡다가
③ 잡더니   ④ 잡도록

2 하루 종일 밥도 못 먹고 여기저기 (   ) 너무 피곤해서 잠도 안 온다.

① 뛰어다니거나   ② 뛰어다니고자
③ 뛰어다녔더니   ④ 뛰어다니려면

3 친구가 맛집이라고 추천해 준 식당을 (   ) 기다리는 사람들이 도로에까지 길게 줄을 서 있었다.

① 찾아가 보고   ② 찾아가 보니
③ 찾아가 보며   ④ 찾아가 보자

4 부모 세대가 젊었을 때 (   ) 음악이나 놀이가 젊은이들에게 인기를 끌면서 부모와 자녀가 함께 즐기고 공감할 수 있는 문화공간이 늘고 있다.

① 즐기는   ② 즐기니
③ 즐기던   ④ 즐기며

5 올해는 발코니 한쪽에 토마토를 심었는데 작은 줄기가 점점 (   ) 귀엽게 생긴 하얀 꽃이 피었다. 정말 토마토가 달릴지 궁금하고 기다려진다.

① 굵어지거나   ② 굵어지더니
③ 굵어지도록   ④ 굵어지지만

읽기

정답 1 ①   2 ③   3 ②   4 ③   5 ②

평가 목표	수필을 읽고 인물의 태도나 심정을 추론할 수 있다.
유형	인물의 태도/심정 고르기
세부 내용	수필 속 인물의 심정 고르기
지시문	밑줄 친 부분에 나타난 '나'의 심정으로 가장 알맞은 것을 고르십시오.
학습 포인트	-았던, -자

연습문제

※ **[23~24] 다음을 읽고 물음에 답하십시오. (각 2점)**

> 　　내가 고등학교 1학년이 끝나갈 무렵 고향에 큰 홍수가 났었다. 도로며 건물이며 모든 것들이 무너지고 부서지고 엉망이 되었다. 학교에서는 상황이 좋아질 때까지 임시 휴교를 한다는 안내 문자가 왔다. 다행히 우리 집은 큰 피해가 없어서 나는 부모님의 허락을 받고 학교로 향했다. 학교로 가는 내내 <u>아무 일이 없기를 기도했다.</u> 학교에는 선생님들과 선배들이 나와서 피해 상황을 살피고 있었고 어려움을 당한 학생들을 도와줄 방법에 대해 의논하고 있었다. 우리는 성금을 모아 도움을 주기로 했고 선생님들이 앞장서 모금함을 설치했다. 학생들의 자발적인 행동과 선생님들의 헌신적인 활동이 알려지자 이곳저곳에서 도움의 손길이 이어졌다. 지금 생각해도 가슴이 벅차오른다. 예상하지 못한 어려움을 슬기롭게 이겨내고 일상을 되찾을 수 있었던 힘은 다른 사람의 어려움을 외면하지 않은 따뜻한 마음이었다.

23 밑줄 친 부분에 나타난 '나'의 심정으로 가장 알맞은 것을 고르십시오.

① 만족스럽다

② 부담스럽다

③ 의심스럽다

④ 걱정스럽다

풀이

홍수로 학교나 친구들이 피해를 입었을까 봐 걱정하면서 아무 일이 없기를 기도했다는 내용이다.

정답 ④

평가 목표	수필의 인물 태도와 세부 내용 파악할 수 있다.
유형	일치하는 내용 고르기
세부 내용	수필의 내용에 맞는 것 고르기
지시문	윗글의 내용과 같은 것을 고르십시오.
학습 포인트	-았던, -자

연습문제

※ **[23~24] 다음을 읽고 물음에 답하십시오. (각 2점)**

　　내가 고등학교 1학년이 끝나갈 무렵 고향에 큰 홍수가 났었다. 도로며 건물이며 모든 것들이 무너지고 부서지고 엉망이 되었다. 학교에서는 상황이 좋아질 때까지 임시 휴교를 한다는 안내 문자가 왔다. 다행히 우리 집은 큰 피해가 없어서 나는 부모님의 허락을 받고 학교로 향했다. 학교로 가는 내내 아무 일이 없기를 기도했다. 학교에는 선생님들과 선배들이 나와서 피해 상황을 살피고 있었고 어려움을 당한 학생들을 도와 줄 방법에 대해 의논하고 있었다. 우리는 성금을 모아 도움을 주기로 했고 선생님들이 앞장서 모금함을 설치했다. 학생들의 자발적인 행동과 선생님들의 헌신적인 활동이 알려지자 이곳저곳에서 도움의 손길이 이어졌다. 지금 생각해도 가슴이 벅차오른다. 예상하지 못한 어려움을 슬기롭게 이겨내고 일상을 되찾을 수 있었던 힘은 다른 사람의 어려움을 외면하지 않은 따뜻한 마음이었다.

24 윗글의 내용과 같은 것을 고르십시오.

① 나는 피해 상황이 좋아질 때까지 학교에 가지 않았다.

② 학생들은 선생님들의 지시로 모금함을 만들어서 설치했다.

③ 학생들은 성금을 모아서 어려운 친구들을 도와주기로 했다.

④ 나는 학교로부터 봉사활동에 참여하라는 안내 문자를 받았다.

풀이

① 나는 부모님의 허락을 받고 학교에 갔다.

② 선생님들이 앞장서 모금함을 만들어서 설치했다.

③ 학생들은 성금을 모아서 어려운 친구들을 도와주기로 했다.

④ 나는 학교로부터 임시로 수업이 없다는 안내 문자를 받았다.

정답 ③

학습
포인트

신문 기사(제목)에 많이 사용되는 비유 표현을 공부합시다.

의성어

소리를 표현할 때 사용한다. 여러 의성어의 의미는 다음과 같다.

- 꿀꺽꿀꺽 : 음식물이 한꺼번에 목으로 넘어갈 때 나는 소리
- 덜커덩덜커덩 : 크고 단단한 물건이 부딪칠 때 나는 소리
- 바스락바스락 : 마른 나뭇잎이나 물건을 만지거나 밟을 때 나는 소리
- 삐걱삐걱 : 두 물건이 잘 맞지 않을 때 나는 소리
- 아삭아삭 : 싱싱한 과일이나 채소를 먹을 때 나는 소리
- 철렁철렁 : 많은 물이 넘쳐서 흔들릴 때 나는 소리

도로에 생긴 2미터짜리 싱크홀, 지나가던 주민들 가슴 '철렁'

의태어

모양을 표현할 때 사용한다. 여러 의태어의 의미는 다음과 같다.

- 껑충껑충 : 크고 높게 뛰는 모양
- 들썩들썩 : 들떠서 계속 움직이는 모양
- 북적북적 : 사람이 많아서 복잡한 모양
- 성큼성큼 : 크고 빠른 걸음으로 걷는 모양
- 엉금엉금 : 천천히 불편하게 걷는 모양
- 우르르 : 사람이나 동물이 한꺼번에 움직이거나 한곳으로 몰리는 모양
- 화들짝 : 크게 놀라는 모양

예술과 과학의 만남, 전시장에 관람객들 '북적'

거북이걸음

거북이가 천천히 걷는 것처럼 '변화의 속도가 느린 상황'을 비유해서 표현할 때 사용한다.

수해 복구 공사 거북이걸음, 시민들 불편 심각

골칫거리

문제가 되는 상황을 비유해서 표현할 때 사용한다.

문을 닫는 학교 증가, 빈 건물은 지역의 골칫거리

기지개	'기지개를 켜다'는 '팔을 올려서 펴고 일어날 준비를 한다'는 뜻으로 '좋아지기 시작하는 상황'을 비유해서 표현할 때 사용한다.
	재개발아파트 거래 활발, 부동산 시장 기지개
뒷전	'다른 일보다 관심을 갖지 않거나 처리를 미루고 있는 상황'을 비유해서 표현할 때 사용한다.
	쓰레기 처리장 건립 강행, 지역 주민들의 불편은 뒷전
맞장구	'맞장구를 치다'는 다른 사람의 말에 호응하거나 동의하는 상황을 비유해서 표현할 때 사용한다.
	생활용품 줄줄이 인상, 서비스 업계도 맞장구
몸살	'몸살을 앓다'는 '몸이 아프다'는 뜻으로 '문제가 있는 상황'을 비유해서 표현할 때 사용한다.
	피서지마다 쓰레기로 몸살, 지역 주민들 불편 호소
물결	파도처럼 움직이는 모양을 비유해서 표현할 때 사용한다.
	가족의 사랑을 그린 드라마 인기, 삽입곡도 감동의 물결
싸늘	'싸늘하다'는 '기온이 낮아서 추운 느낌이 있다'는 뜻으로 좋지 않은 분위기를 비유해서 표현할 때 사용한다.
	가전업체 신제품 줄줄이 공개, 소비자 반응은 '싸늘'
찬바람	'찾아오는 사람이 없는 좋지 않은 상황'을 비유해서 표현할 때 사용한다.
	온라인 쇼핑이 대세, 대형 매장은 찬바람
침묵	아무 말도 하지 않는 상황을 비유해서 표현할 때 사용한다.
	소속사와 연예인의 끊이지 않는 불화, 이유에 대해서는 양측 모두 침묵
코앞	아주 가까운 곳이나 시간을 비유해서 표현할 때 사용한다.
	대학입학시험 코앞, 수험생의 건강관리가 최우선
훈풍	'따뜻한 바람'이라는 의미로 '좋아지는 상황'을 비유해서 표현할 때 사용한다.
	기본 소득 인상, 서민 경제 훈풍

읽기

빈칸에 들어갈 말로 가장 알맞은 것을 고르십시오.

1 기습 폭설에 차량들 (   ), 퇴근길 정체 극심

① 우르르   ② 줄줄이

③ 성큼성큼   ④ 엉금엉금

2 무역 갈등으로 두 나라 관계 (   ), 주식시장은 큰 폭으로 하락

① 꿀꺽   ② 삐걱

③ 아삭   ④ 철렁

3 소비 심리 훈풍, 대형 매장은 매출 (   )

① 뒷북   ② 몸살

③ 기지개   ④ 찬바람

4 금리 인상 시기 (   ), 부동산 투자 심리 위축

① 코앞   ② 로또

③ 침묵   ④ 훈풍

5 김민수 의원 공개 사과, 시민들 반응은 (   )

① 뜨끔   ② 몸살

③ 물결   ④ 싸늘

정답   1④   2②   3③   4①   5④

25번 문제

평가 목표	신문 기사의 제목을 읽고 중심 내용을 추론할 수 있다.
유형	중심 내용 고르기
세부 내용	신문 기사의 제목에 맞는 설명 고르기
지시문	다음 신문 기사의 제목을 가장 잘 설명한 것을 고르십시오.
학습 포인트	훈풍

연습문제

※ [25~27] 다음 신문 기사의 제목을 가장 잘 설명한 것을 고르십시오. (각 2점)

25 | 캠핑 인구 급증, 캠핑용품 대여 업계 훈풍 |

① 캠핑용품을 구입하려는 사람들이 늘면서 가격이 크게 오르고 있다.

② 캠핑 인구를 늘리기 위해서 캠핑용품 업계가 다양한 노력을 하고 있다.

③ 캠핑을 즐기는 사람들이 늘면서 캠핑용품을 빌리려는 사람들이 늘고 있다.

④ 캠핑을 하는 사람들이 늘어나고 있지만 캠핑용품을 파는 가게는 줄고 있다.

풀이

캠핑을 하는 사람들이 갑자기 많아지면서 캠핑용품을 빌려주는 업계의 상황이 좋아지고 있다는 내용이다.

정답 ③

평가 목표	신문 기사의 제목을 읽고 중심 내용을 추론할 수 있다.
유형	중심 내용 고르기
세부 내용	신문 기사의 제목에 맞는 설명 고르기
지시문	다음 신문 기사의 제목을 가장 잘 설명한 것을 고르십시오.
학습 포인트	바스락

연습문제

※ [25~27] 다음 신문 기사의 제목을 가장 잘 설명한 것을 고르십시오. (각 2점)

26

> 계속되는 건조한 날씨에 산불 주의보, 전국이 '바스락'

① 날씨가 건조해서 전국에 큰 산불이 자주 발생하고 있다.

② 전국에 산불 피해가 많아서 주민들의 어려움이 늘고 있다.

③ 전국에 비가 오지 않아서 산불이 날 위험이 높아지고 있다.

④ 날씨가 건조해서 건강에 문제가 생기는 사람이 많아지고 있다.

풀이

건조한 날씨가 계속되면서 산불이 날 위험이 높아지고 있어서 전국적으로 산불을 조심해야 한다는 경고를 하고 있다는 내용이다.

정답 ③

평가 목표	신문 기사의 제목을 읽고 중심 내용을 추론할 수 있다.
유형	중심 내용 고르기
세부 내용	신문 기사의 제목에 맞는 설명 고르기
지시문	다음 신문 기사의 제목을 가장 잘 설명한 것을 고르십시오.
학습 포인트	뒷전

연습문제

※ **[25~27] 다음 신문 기사의 제목을 가장 잘 설명한 것을 고르십시오. (각 2점)**

27   학교 주변 도로 공사, 아이들의 안전은 뒷전

① 학교 주변에 있는 도로에 문제가 있어서 학생들이 불편을 겪고 있다.

② 아이들의 안전을 위해서 학교 주변의 도로를 바꾸는 공사를 하고 있다.

③ 아이들이 위험할 수 있기 때문에 학교 주변의 도로 공사가 중단되었다.

④ 학교 주변의 도로를 만드는 공사가 진행 중이지만 안전 대책이 미흡하다.

읽기

풀이

학교 주변에 있는 도로를 고치거나 만드는 공사가 진행 중이지만 학생들의 안전을 위한 대책을 세우지 않고 있다는 내용이다.

정답 ④

16 설명문의 문맥 파악하기

읽기 28, 29, 30, 31번 문제

학습 포인트

설명문에 자주 사용되는 표현을 공부합시다.

-게

뒤에 나오는 행위의 목적을 나타내며 '-도록'과 유사한 의미로 사용한다.

대부분의 병원은 환자와 고객들에게 밝은 이미지를 줄 수 있게 흰색이나 하늘색을 많이 사용한다.

-게 되다

외부의 영향으로 어떤 상황이 되거나 바뀌었을 때 사용한다.

물가가 오르고 경제가 불안한 상황이 되면 소비자들은 지출을 줄이고 저축을 늘리게 된다.

-아 있다

행위가 이루어진 후에 그 상태나 결과가 지속됨을 나타낼 때 사용한다.

궁궐을 건축할 때 제작된 책자에는 건축 재료와 건축 방법, 동원된 인력 등이 상세하게 기록되어 있고 그림으로 공사 장면이 묘사되어 있다.

-으려는

'-으려고 하는'을 줄인 말로 의도를 나타낼 때 사용한다.

일부의 파충류가 주변의 색깔에 맞춰 몸의 색깔을 바꾸는 것은 적으로부터 자신을 보호하고 쉽게 먹이를 구하려는 행동이다.

-으므로

이유나 근거를 나타낼 때 사용한다.

위약은 약효가 전혀 없지만 실제 약과 똑같은 모양으로 제조되어 환자가 복용할 경우 심리적 효과를 얻을 수 있으므로 실제 약의 효과를 알아보는 임상실험에 많이 사용한다.

-음에도

앞에 오는 상황이나 조건의 영향을 받지 않음을 나타낼 때 사용한다. '-음에도 불구하고'의 형태로 많이 사용한다.

지구온난화의 속도를 늦추기 위해 세계 각국이 노력하고 있음에도 매년 지구의 온도는 높아지고 있으며 이로 인한 피해가 속출하고 있다.

에 따라(서)

앞에 오는 상황이나 기준에 의존한다는 의미를 나타낼 때 사용한다.

인류 역사상 가장 유명하고 세계적으로 널리 알려진 초상화인 '모나리자'의 인기 비결은 보는 사람의 위치에 따라 표정이 달라 보인다는 것이다.

을 통해(서)

어떤 과정이나 경험을 거쳐서 결과가 나타날 때 사용한다.

최근 크게 인기를 끌고 있는 명상이나 요가는 생각을 멈추고 자신을 관찰하는 활동을 통해 스트레스를 관리하고 집중력을 향상시키며 심리적인 안정을 찾는 데 도움을 준다.

빈칸에 들어갈 말로 가장 알맞은 것을 고르십시오.

❶ 강한 햇빛으로부터 눈을 보호하기 위해서 착용하는 선글라스에도 유효기간이 있어서 시간이 지나면 자외선 차단 기능이 점점 (   ).

① 떨어져 있다   ② 떨어지게 된다
③ 떨어지고 있다   ④ 떨어지게 만든다

❷ 국내 소비가 줄고 경제 상황이 (   ) 외국을 찾는 여행객 수는 꾸준히 늘고 있으며 올여름 휴가철에는 사상 최고의 해외여행 경비를 지출할 것으로 예상된다.

① 어려워야   ② 어렵다면
③ 어려움에도   ④ 어려우므로

❸ 비만한 사람들은 배가 고프지 않은데도 음식을 계속 먹게 되는 가짜 배고픔을 경험하는데 이것은 스트레스와 같은 심리적인 요인에 의해 (   ) 산책이나 음악 감상 등의 활동이 도움이 된다.

① 발생하게   ② 발생하거나
③ 발생하든지   ④ 발생하므로

❹ 얼굴에 나타난 특징과 데이터를 비교해서 개인을 식별하거나 확인하는 안면인식 기술이 대중화되면서 다양한 분야에서 (   ) 간편하고 정확하게 신분을 확인하고 있다.

① 안면인식에 따라   ② 안면인식에 비해
③ 안면인식에 의해   ④ 안면인식을 통해

❺ 식물을 비롯한 많은 생명체는 빛 에너지를 받아들여 화학 에너지로 전환하는 광합성 과정을 사용하는데 화학 에너지는 필요할 때 생명체에게 에너지를 (   ) 당과 같은 탄수화물 분자에 저장된다.

① 공급할 수 있게   ② 공급할 수 있으면
③ 공급할 수 있지만   ④ 공급할 수 있으므로

읽기

정답 1② 2③ 3④ 4④ 5①

평가 목표	글을 읽고 문맥을 파악할 수 있다.
유형	빈칸에 알맞은 말 고르기
세부 내용	문맥에 맞는 내용 고르기
지시문	(　　)에 들어갈 말로 가장 알맞은 것을 고르십시오.
학습 포인트	을 통해(서)

연습문제

※ **[28~31] (　　)에 들어갈 말로 가장 알맞은 것을 고르십시오. (각 2점)**

28

> 독서는 지적인 호기심을 만족시킬 뿐만 아니라 생각하는 습관을 기를 수 있는 좋은 방법이다. 책 속에서 새로운 세상을 접하고 다양한 지식과 정보를 습득하며 생각의 폭을 넓힐 수 있다. 독서를 통해서 얻는 간접 경험은 다른 사람의 감정과 생각을 이해하는 공감 능력을 향상시키고 인격 형성과 성장에 도움을 준다. 그러므로 독서는 (　　　　　　　　　　) 것이 좋다.

① 전문적인 지식을 포함하는
② 어렸을 때부터 꾸준히 하는
③ 자신의 직접 경험으로 연결하는
④ 다른 사람들과 함께 모여서 하는

풀이

독서는 인격 형성과 성장에 도움을 주기 때문에 어렸을 때부터 꾸준히 하는 것이 좋다는 내용이다.

정답　②

평가 목표	글을 읽고 문맥을 파악할 수 있다.
유형	빈칸에 알맞은 말 고르기
세부 내용	문맥에 맞는 내용 고르기
지시문	(　　)에 들어갈 말로 가장 알맞은 것을 고르십시오.
학습 포인트	-게 되다

연습문제

※ [28~31] (　　)에 들어갈 말로 가장 알맞은 것을 고르십시오. (각 2점)

29
> 배가 물에 뜨는 원리는 물체가 물에 잠겼을 때 이것을 위로 밀어 올리는 물의 부력이다. 부력은 물체의 밀도와 부피에 의해서 결정되는데 같은 무게라도 부피가 크면 부력이 커져서 물체가 물에 뜨게 된다. 그래서 같은 무게일 때 고무풍선은 물에 뜨는데 동전은 물에 가라앉는 것이다. 부력을 이용해서 (　　　　　　　　　　) 위해서는 배의 무게는 가볍게 하고 부피는 크게 해야 한다. 배의 부피가 커지면 물과 닿는 면적이 넓어져서 부력의 영향을 넓게 받기 때문이다.

① 배의 균형을 잡기
② 배를 쉽게 만들기
③ 배의 면적을 줄이기
④ 배를 물에 잘 띄우기

풀이

부력을 이용해서 배를 물 위에 잘 띄우기 위해서는 배의 무게는 가볍게 하고 부피는 크게 해야 한다는 내용이다.

정답 ④

평가 목표	글을 읽고 문맥을 파악할 수 있다.
유형	빈칸에 알맞은 말 고르기
세부 내용	문맥에 맞는 내용 고르기
지시문	(　　)에 들어갈 말로 가장 알맞은 것을 고르십시오.
학습 포인트	-으려는

연습문제

※　[28~31] (　　)에 들어갈 말로 가장 알맞은 것을 고르십시오. (각 2점)

30

물건의 가격은 물건을 사려는 소비자의 수요와 물건을 팔려는 생산자의 공급 비율에 의해서 결정된다. 물건을 사길 원하는 소비자가 많으면 물건의 가격은 올라가고 물건을 만들거나 팔려는 생산자가 많아지면 물건의 가격은 내려간다. 그래서 기업들은 (　　　　　　　　　　) 광고를 하거나 한정판을 출시하는 마케팅 전략을 사용한다. 마케팅으로 수요가 많아지면 당연히 물건의 가격이 오르기 때문이다.

① 생산자들이 공급을 늘리도록

② 물건의 품질을 향상시키도록

③ 소비자들이 물건을 더 사도록

④ 생산을 늘리고 소비를 줄이도록

풀이

기업들은 소비자들이 물건을 더 사도록 광고를 하거나 한정판을 출시하는 마케팅 전략을 사용해서 물건의 가격이 오르게 한다는 내용이다.

정답　③

평가 목표	글을 읽고 문맥을 파악할 수 있다.
유형	빈칸에 알맞은 말 고르기
세부 내용	문맥에 맞는 내용 고르기
지시문	( )에 들어갈 말로 가장 알맞은 것을 고르십시오.
학습 포인트	에 따라(서)

연습문제

※ [28~31] (   )에 들어갈 말로 가장 알맞은 것을 고르십시오. (각 2점)

31
'슬로 푸드'는 쉽고 빠르게 만들어서 먹을 수 있는 '패스트 푸드'에 대립되는 개념으로 전통적인 식생활 문화를 지키면서 (   ) 만들어진 건강한 음식을 일컫는다. 자연의 시간에 따라 성장한 지역의 제철 식재료를 사용해서 음식을 만들고 화학 조미료를 사용하지 않은 것이 기본이다. 된장이나 김치 같은 발효식품이 대표적인 슬로 푸드이다.

① 간편한 조리법을 사용해서
② 흔하지 않은 식재료를 찾아서
③ 자연적인 조리 과정을 거쳐서
④ 소화시키기 쉬운 재료를 모아서

풀이

'슬로 푸드'는 쉽고 빠르게 만드는 것이 아니라 자연적인 조리 과정을 거쳐서 만들어진 건강한 음식이라는 내용이다.

정답 ③

학습
포인트

설명문에 자주 사용되는 표현을 공부합시다.

-기가 쉽다
그런 일이 생길 가능성이 크다는 의미를 나타낼 때 사용한다.

환절기에는 기온 변화가 심하기 때문에 면역력이 약한 사람은 병에 걸리기가 쉽다.

-다(가) 보면
어떤 행위나 상태가 계속되는 동안에 발생하는 상황이나 알게 된 사실을 설명할 때 사용한다.

계속해서 담배를 피우거나 술을 마시다가 보면 몸속에 독소가 쌓이게 된다.

-아도
앞에서 가정한 상황에서 기대하지 못한 결과가 나타날 때 사용한다.

사람마다 체질이 다르기 때문에 달거나 짠 음식을 자주 먹어도 건강에 문제가 생기지 않는 사람도 있다.

-은 지
앞의 상황이 발생한 후에 시간이 지났음을 나타낼 때 사용한다.

유적지가 발견된 지 50년이 되었지만 많이 알려지지 않아서 찾아오는 사람이 드물다.

-을 수도 있다
또 다른 가능성이 있음을 나타낼 때 사용한다.

탄수화물은 필수적인 영양소이지만 지나치게 많이 먹으면 살이 찌게 하거나 당뇨병을 유발할 수도 있다.

-을수록
정도가 점점 심해짐을 나타낼 때 사용한다.

화폐의 가치가 낮아질수록 부동산이나 금 등 안전 자산을 찾는 요구가 커진다.

-을 수밖에 없다
이외에 다른 방법이 없음을 나타낼 때 사용한다.

모든 상황을 직접 경험하거나 확인할 수 없기 때문에 우리는 매체가 제공하는 정보에 의존할 수밖에 없다.

에 관한
말하거나 생각하는 대상을 나타낼 때 사용한다.

여성의 날을 기념하는 토론회에서는 여성의 사회적 지위에 관한 논문 발표가 이어졌다.

빈칸에 들어갈 말로 가장 알맞은 것을 고르십시오.

1 생태계 보호와 보전에 중요한 의미를 갖는 주요 동식물인 깃대종은 그 지역 전체의 자연을 대표하는 상징적인 가치가 (   ) 생태계를 회복하는 데 효과적이다.

① 높더니   ② 높아도
③ 높으면서   ④ 높을수록

2 '음식이 보약'이라는 말은 음식을 잘 가려서 먹으면 건강을 지킬 수 있다는 말이다. 음식에 신경 쓰지 않고 지나치게 약물에만 (   ) 우리 몸은 점점 더 약해지고 면역력을 잃게 될 것이다.

① 의존하는 반면   ② 의존할 때까지
③ 의존하다가 보면   ④ 의존하기 위해서는

3 요즘 자주 사용하는 '캥거루족'이라는 말은 나이가 들어서 독립할 시기가 (   ) 계속 부모에게 의존하며 경제적인 도움을 받는 젊은 세대를 가리킨다.

① 지나다가   ② 지났거나
③ 지났어도   ④ 지났으면

4 자국의 경제를 보호하기 위해서 많은 국가들이 다른 나라에서 수입하는 물건에 높은 관세를 매기기도 하는데 이런 보호무역 정책은 시장 경제의 자율성을 (   ).

① 해쳐도 된다   ② 해치기 쉽다
③ 해치는 탓이다   ④ 해치기 나름이다

5 비타민은 생명체가 살아가는 데 중요한 역할을 하는 분자로 많은 양이 필요하진 않지만 몸 안에서 스스로 합성하는 것이 어렵기 때문에 음식물을 통해서 (   ).

① 섭취할 만하다   ② 섭취할 리가 없다
③ 섭취할 수도 있다   ④ 섭취할 수밖에 없다

읽기

정답 1④ 2③ 3③ 4② 5④

평가 목표	글을 읽고 세부 내용을 파악할 수 있다.
유형	일치하는 내용 고르기
세부 내용	설명하는 글과 일치하는 내용 고르기
지시문	다음을 읽고 글의 내용과 같은 것을 고르십시오.
학습 포인트	-을 수도 있다

연습문제

※　**[32~34] 다음을 읽고 글의 내용과 같은 것을 고르십시오. (각 2점)**

32　　커피에 들어 있는 카페인은 다양한 효능을 가지고 있어서 잘 활용하면 건강에 도움을 받을 수 있다. 체질에 따라 효과에 차이가 있지만 커피를 마시면 카페인이 신경을 자극해서 집중력을 높인다. 직장인이나 학생들이 커피를 즐겨 마시는 이유이다. 또 카페인은 신진대사를 빠르게 해서 몸속의 지방을 태워 에너지로 사용하게 한다. 그래서 체중을 줄이려고 하는 사람들은 커피 음료를 선호한다. 하지만 카페인을 지나치게 섭취하면 긴장감이 높아져서 가슴이 두근거리는 증상이 생기거나 수면에 방해가 될 수도 있다.

① 커피는 긴장을 풀어주는 효능이 있다.

② 커피는 체중을 줄이는 데 도움을 줄 수 있다.

③ 커피는 가슴이 두근거리는 병을 고칠 수 있다.

④ 커피는 몸속에 지방이 쌓이게 하는 단점이 있다.

풀이

① 커피는 긴장감을 높이는 효과가 있다.

② 커피는 지방을 태워서 체중을 줄이는 데 도움을 줄 수 있다.

③ 커피는 가슴이 두근거리게 하는 증상을 일으킬 수 있다.

④ 커피는 몸속에 있는 지방을 태우는 효능이 있다.

정답　②

평가 목표	글을 읽고 세부 내용을 파악할 수 있다.
유형	일치하는 내용 고르기
세부 내용	설명하는 글과 일치하는 내용 고르기
지시문	다음을 읽고 글의 내용과 같은 것을 고르십시오.
학습 포인트	에 관한

연습문제

※ **[32~34] 다음을 읽고 글의 내용과 같은 것을 고르십시오. (각 2점)**

33

『음식디미방』은 조선시대 여성이 쓴 한글 요리책이다. 다양한 음식의 맛을 소개하고 당시 여성들이 알아야 할 음식의 재료와 요리 방법을 구체적으로 설명하고 있다. 이전에도 한국 음식에 관한 책이 있었지만 대부분 한문으로 쓰여 있거나 내용의 일부만 전하는 경우가 많다. 하지만 이 책은 한글로 쓰여 있고 전체의 내용이 온전하게 남아 있어 연구 가치가 높은 것으로 평가되고 있다.

① 이 책은 한문과 한글로 된 설명이 있어서 이해하기가 쉽다.

② 이 책은 한국 음식을 설명하는 최초의 책으로 평가되고 있다.

③ 이 책은 조선시대의 음식을 연구하는 데 중요한 자료가 되고 있다.

④ 이 책은 내용의 일부만 전하고 있어서 전체 내용은 알려지지 않았다.

풀이

① 이 책은 한글로 쓰인 요리책이다.

② 이 책이 나오기 이전에도 한국 음식에 관한 책이 있었다.

③ 이 책은 조선시대의 음식을 연구하는 데 가치가 높은 것으로 평가되고 있다.

④ 이 책은 전체의 내용이 온전하게 남아 있다.

정답 ③

평가 목표	글을 읽고 세부 내용을 파악할 수 있다.
유형	일치하는 내용 고르기
세부 내용	설명하는 글과 일치하는 내용 고르기
지시문	다음을 읽고 글의 내용과 같은 것을 고르십시오.
학습 포인트	-을수록

연습문제

※ **[32~34] 다음을 읽고 글의 내용과 같은 것을 고르십시오. (각 2점)**

34

지구의 끌어당기는 힘과 인공위성의 빠른 회전 속도 때문에 인공위성은 지구 밖으로 떨어져 나가지 않고 지구의 주위를 돌 수 있다. 인공위성은 도는 높이가 낮으면 지구의 중력이 강하기 때문에 빠른 속도가 필요하다. 반면 궤도가 높을수록 지구의 중력이 약해지기 때문에 지구를 도는 데 필요한 속도는 느려도 된다. 하지만 인공위성의 속도가 느려지면 지구를 한 바퀴 도는 데 시간이 많이 걸리기 때문에 정보 수집이 늦어진다.

① 인공위성의 궤도가 낮으면 회전 속도가 빨라야 한다.
② 지구의 중력 때문에 인공위성이 지구 밖으로 떨어진다.
③ 인공위성의 회전 속도가 느리면 정보 수집이 빨라진다.
④ 지구 주위를 도는 인공위성은 지구 중력의 영향을 받지 않는다.

풀이

① 인공위성의 궤도가 낮으면 지구의 중력이 강하기 때문에 회전 속도가 빨라야 한다.
② 지구의 중력 때문에 인공위성이 지구 밖으로 떨어져 나가지 않는다.
③ 인공위성의 회전 속도가 느리면 지구를 도는 데 시간이 많이 걸리기 때문에 정보 수집이 늦어진다.
④ 지구 주위를 도는 인공위성은 지구 중력의 영향을 받기 때문에 지구 밖으로 떨어져 나가지 않고 회전을 할 수 있다.

정답 ①

| 학 습 포인트 | **논설문에 자주 사용되는 표현을 공부합시다.** |

-기를 희망하다 원하는 내용을 설명할 때 사용한다.

국제기구의 도움으로 세상의 모든 어린이들이 안전한 환경에서 마음껏 뛰놀고 학교에 다닐 수 있기를 희망한다.

-도록 하다 어떤 일을 하게 하거나 시킴을 나타낼 때 사용한다.

정부는 약을 남용하면 부작용이 따르기 때문에 약을 처방하기 전에 환자가 어떤 약을 복용하고 있는지 의사가 반드시 확인하도록 해야 한다.

-은 바 있다 앞에서 말한 내용이나 일, 경험을 나타낼 때 사용한다.

세계 각국은 지구온난화를 방지하고 기후 변화의 부정적인 영향을 줄이기 위해 함께 다양한 노력을 하기로 논의한 바 있다.

-을 것으로 기대되다 예상되는 내용을 설명할 때 사용한다.

지방에 있는 대학들은 지역의 특산물을 이용한 제품을 개발하고자 기업들과 손잡고 다양한 노력을 하고 있으며 이는 지역경제의 발전에 도움이 될 것으로 기대된다.

-을 필요가 있다 필요한 조건을 설명할 때 사용한다.

몇몇 회사의 건강식품에서 몸에 해로운 유해 물질이 발견되어 논란이 되고 있는데 국민들의 건강을 위해서는 더 많은 제품을 대상으로 안정성을 검사할 필요가 있다.

아무리 정도가 매우 심함을 나타낼 때 사용한다. '-아도'와 함께 쓰인다.

체육관이나 놀이공원 등 편의시설은 아무리 크고 좋아도 이용료가 너무 비싸면 소비자들로부터 외면을 받게 된다.

으로 인해(서) 원인을 나타낼 때 사용한다.

강한 비와 바람으로 인해 많은 피해가 발생했다.

을 비롯한 앞의 내용을 시작으로 다른 것들도 있음을 나타낼 때 사용한다.

서울을 비롯한 각 지방은 다양한 축제를 열어 지역의 문화를 알리고 있으며 관광객들의 호응으로 지역 경제에도 도움을 얻고 있다.

읽기

빈칸에 들어갈 말로 가장 알맞은 것을 고르십시오.

1 모국어를 완전하게 습득하기 전에 외국어를 학습해야 하는 환경에 있는 아이들에게 모국어와 외국어를 사용하는 모든 상황에서 문제가 발생한다는 것은 이미 여러 연구에서 (   ).

① 밝혀지면 된다   ② 밝혀진 바 있다

③ 밝혀지기를 희망한다   ④ 밝혀지도록 해야 한다

2 지구의 자원이 한정되어 있기 때문에 미래 자원을 확보하기 위해서는 적극적으로 우주 탐사에 대한 투자를 늘리고 기술을 개발하기 위한 노력을 (   ).

① 하기 나름이다   ② 할 필요가 있다

③ 하나에 달려 있다   ④ 할 것으로 기대된다

3 현재 60세인 법정 정년 연령이 65세로 연장되는 방안이 추진 중인데 이것이 법률적으로 결정되면 국민연금을 받기 시작하는 65세까지의 소득 공백이 (   ).

① 해소될 모양이다   ② 해소될 리가 없다

③ 해소되도록 해야 한다   ④ 해소될 것으로 기대된다

4 다회용기를 빌려주거나 수거한 후에 세척해서 재사용할 수 있도록 도움을 주는 다회용기 세척센터가 문을 열었는데 이러한 시설이 일회용품의 사용을 줄이고 환경 보호에 (   ).

① 기여할 뿐이다   ② 기여한 바 있다

③ 기여하기 마련이다   ④ 기여하기를 희망한다

5 사교육 시장이 커지면서 대부분의 가정에서 불필요한 사교육으로 많은 비용을 지불하고 있지만 큰 효과를 거두지 못하고 있다. 가정의 부담도 줄이고 사교육을 통해 도움을 받기 위해서는 부모가 아니라 아이가 배우고 싶은 교육 프로그램을 직접 (   ).

① 결정할 만하다   ② 결정하는 법이다

③ 결정하도록 해야 한다   ④ 결정할 것으로 기대된다

정답 1② 2② 3④ 4④ 5③

평가 목표	글을 읽고 중심 내용을 추론할 수 있다.
유형	중심 내용 고르기
세부 내용	주장하는 글의 주제 파악하기
지시문	다음을 읽고 글의 주제로 가장 알맞은 것을 고르십시오.
학습 포인트	으로 인해(서)

연습문제

※ **[35~38] 다음을 읽고 글의 주제로 가장 알맞은 것을 고르십시오. (각 2점)**

35   자동차의 매연으로 인해 대기오염이 심각해지면서 전기차에 대한 관심이 높아지고 있다. 세계의 유명 자동차 회사들은 전기차를 생산하는 비중을 점차 높여 가고 있으며 일부 국가에서는 전기차를 구매할 때 보조금을 지급하는 등 혜택을 제공하기도 한다. 하지만 전기차가 화재에 취약하다는 점과 위험한 비상 상황에서 탑승자가 탈출하기 힘들다는 문제는 구매자들을 망설이게 한다. 전기차의 보급을 늘리기 위해서는 이러한 안전 문제가 해결되어야 하며 충전소 설치, 충전 시간 단축 등 구매자들의 편의를 위한 노력이 있어야 한다.

① 자동차 화재를 줄이기 위해서 전기차 보급을 늘려야 한다.

② 전기차의 안전 문제와 소비자들의 편의성이 개선되어야 한다.

③ 대기오염을 해결하기 위해서 전기차의 생산 비중을 높여야 한다.

④ 전기차 구매자들은 위험한 상황이 발생하지 않도록 노력해야 한다.

읽
기

풀이

화재 발생, 비상 상황에서의 탈출 어려움 등 전기차의 안전 문제가 해결되어야 하며 충전소 설치, 충전 시간 단축 등 편의성이 좋아져야 한다는 내용이다.

정답   ②

평가 목표	글을 읽고 중심 내용을 추론할 수 있다.
유형	중심 내용 고르기
세부 내용	주장하는 글의 주제 파악하기
지시문	다음을 읽고 글의 주제로 가장 알맞은 것을 고르십시오.
학습 포인트	을 비롯한

연습문제

※ **[35~38] 다음을 읽고 글의 주제로 가장 알맞은 것을 고르십시오. (각 2점)**

36 | 　　인공지능은 컴퓨터가 인간의 지능을 모방하는 기술을 말하는데 현재는 컴퓨터 공학 분야를 넘어서 의학 분야를 비롯한 다양한 분야에서 활용되고 있다. 컴퓨터가 인간의 음성이나 언어를 이해하고 많은 데이터를 분석해서 문제를 해결할 수 있도록 도움을 준다. 하지만 인공지능 사회를 만들기 위해서 필요한 규정이 충분하지 않아 곳곳에서 갈등이 생긴다. 인공지능이 건전하게 발전하고 인간의 삶을 향상시키기 위해서는 인공지능을 안전하게 활용할 수 있는 원칙과 기준이 마련되어야 할 것이다.

① 인간과 컴퓨터의 갈등을 해결할 수 있는 방법을 찾아야 한다.

② 다양한 분야에서 인공지능을 활용할 수 있도록 지원해야 한다.

③ 인공지능을 연구하고 이용하는 데 필요한 규정이 있어야 한다.

④ 컴퓨터가 인간의 지능을 모방할 수 있는 기술을 개발해야 한다.

풀이

인공지능사회를 만들기 위해서 필요한 규정이 부족하므로 인공지능을 안전하게 활용할 수 있는 원칙과 기준이 있어야 한다는 내용이다.

정답　③

평가 목표	글을 읽고 중심 내용을 추론할 수 있다.
유형	중심 내용 고르기
세부 내용	주장하는 글의 주제 파악하기
지시문	다음을 읽고 글의 주제로 가장 알맞은 것을 고르십시오.
학습 포인트	-을 필요가 있다

연습문제

※ **[35~38] 다음을 읽고 글의 주제로 가장 알맞은 것을 고르십시오. (각 2점)**

37

　　의도적으로 약물을 다른 목적으로 사용하는 약물 남용, 약물 중독의 사례가 늘고 있다. 약물은 사용할 때마다 양이 늘게 되고 한번 사용하기 시작하면 약물에 의존하게 된다. 이러한 문제는 개인에게 피해를 줄 뿐만 아니라 사회에도 해를 끼치기 때문에 이를 관리할 필요가 있다. 약물 남용이나 중독을 예방하기 위해서는 약물에 대한 정확한 정보가 제공되어야 하며 교육을 통해 위험성을 알려야 한다. 또 환자들을 위해서는 치료 프로그램이나 재활을 위한 지원이 있어야 한다.

① 환자들을 도와줄 수 있는 치료 프로그램을 많이 알려야 한다.

② 약물에 대한 의존성을 줄이기 위해 약물의 사용을 줄여야 한다.

③ 개인과 사회에 피해를 주는 약물 남용의 사례를 조사해야 한다.

④ 약물 남용을 막기 위해서 예방 교육을 비롯한 관리가 필요하다.

풀이

약물 남용이나 약물 중독을 막기 위해서 예방 교육을 통해 위험성을 알려야 하고 환자들의 치료를 위한 지원이 있어야 한다는 내용이다.

정답　④

평가 목표	글을 읽고 중심 내용을 추론할 수 있다.
유형	중심 내용 고르기
세부 내용	주장하는 글의 주제 파악하기
지시문	다음을 읽고 글의 주제로 가장 알맞은 것을 고르십시오.
학습 포인트	-도록 하다

연습문제

※ **[35~38] 다음을 읽고 글의 주제로 가장 알맞은 것을 고르십시오. (각 2점)**

38

세계 예술의 날은 예술가들이 경제적, 사회적인 어려움을 이겨내고 자유로운 활동을 할 수 있도록 해야 한다는 목적으로 만들어졌다. 현대의 예술가들은 경제적인 불안정과 지적재산권 등의 영역에서 많은 어려움을 겪고 있다. 이에 대처하기 위해서는 예술가들의 권리를 보호할 수 있는 법적인 기반을 마련하고 지원 프로그램을 확충해야 하며 예술 교육을 장려해야 한다. 예술의 아름다움과 다양성을 감상하고 기념하며 예술가들의 역할에 대해 생각해 보는 날이 되었으면 한다.

① 예술을 감상하고 교육할 수 있는 프로그램을 확대해야 한다.

② 예술가들의 안정적인 활동을 지원하는 노력을 기울여야 한다.

③ 현대 사회에는 경제적인 어려움을 겪고 있는 예술가들이 많다.

④ 어려움을 겪는 예술인들을 위해 세계 예술의 날을 지정해야 한다.

풀이

예술가들의 권리를 보호할 수 있는 법적인 기반을 마련하고 지원하는 프로그램을 확충해야 하며 예술 교육을 장려하는 등 예술인들의 안정적인 활동을 지원하는 노력을 해야 한다는 내용이다.

정답 ②

학습 포인트 **글의 관계를 파악할 때 필요한 표현을 공부합시다.**

반면(에) 앞에 있는 내용과 반대가 되는 내용을 설명할 때 사용한다.

추운 겨울이 지나고 따뜻한 봄이 되면 아름다운 꽃이 피고 활동하기 좋아서 봄을 즐기는 사람들이 많다. 반면에 봄만 되면 꽃가루 때문에 건강에 문제가 생기는 사람들은 봄을 싫어하고 봄이 빨리 지나가기를 바란다.

예를 들면 앞에 있는 내용을 구체적으로 설명할 때 사용한다.

스마트폰의 성능이 좋아지면서 이제는 컴퓨터가 할 수 있는 거의 모든 역할을 한다. 예를 들어 이메일을 주고받을 수 있으며 은행 업무를 보거나 서류를 작성하고 편집할 수도 있다.

왜냐하면 이유를 설명할 때 사용한다. '-기 때문이다'와 함께 쓰인다.

체온을 유지하고 음식물을 소화시키거나 호흡을 하는 일은 우리가 의식하지 않아도 일어나는 활동이다. 왜냐하면 이러한 활동은 뇌의 명령을 받지 않는 자율 신경이 담당하기 때문이다.

이어(서) 앞의 말이나 행동 다음에 계속됨을 나타낼 때 사용한다.

이 책은 먼저 유적지의 모습을 사진으로 소개하고 있다. 이어서 유적지의 역사와 특징을 자세히 설명하고 유적지의 가치에 대한 작가의 의견을 덧붙였다.

이에 비해(서) 앞의 내용과 비교해서 설명할 때 사용한다.

강아지는 코뿐만 아니라 입속에도 냄새를 맡을 수 있는 후각 세포가 2억~30억 개나 있어서 작은 냄새에도 예민하게 반응한다. 이에 비해 인간은 코로만 냄새를 맡을 수 있으며 후각 세포도 겨우 5백만 개 정도로 상당히 적다.

이처럼 앞에서 설명한 내용과 비슷하거나 같음을 나타낼 때 사용한다.

최근에는 논문 작성이나 발표 자료 준비 등의 대학 수업에서 인공지능을 많이 활용하고 있다. 이처럼 인공지능의 도움을 받으면 익숙하지 않은 학습 내용에 대해 학생들이 쉽게 가까워질 수 있다.

즉 앞에서 설명한 내용과 같거나 비슷한 내용을 다시 한번 설명할 때 사용한다.

많은 경우에 사람들은 흑백논리에 빠지기 쉽다. 즉, 모든 것을 검은 것과 흰 것으로만 나누어 이분법적으로 생각하기 쉽다는 것이다.

한편 앞에 있는 내용과 다른 내용을 설명할 때 사용한다.

진보주의는 기존의 정치, 경제, 사회 체제를 새롭게 바꾸려는 태도를 보인다. 한편 보수주의는 기존의 체제를 유지하거나 점진적인 변화를 추구하는 성향을 갖는다.

읽기

빈칸에 들어갈 말로 가장 알맞은 것을 고르십시오.

1 운동경기에서 심판은 득점이나 반칙 등의 판정을 해야 하기 때문에 정확한 상황을 알아야 하지만 간혹 선수의 몸에 가려서 상황을 볼 수 없는 사각지대가 생긴다. (   ) 눈에 보이지 않는 곳에서 벌어지는 상황에 대해서는 심판도 판단을 내리기 어렵기 때문에 비디오 판독의 도움을 받는다.

① 이처럼   ② 이어서
③ 반면에   ④ 아무리

2 멸종된 인류의 조상들은 현생 인류보다 신체적 조건도 좋고 뇌의 용량도 컸지만 서로를 공격하고 배척했기 때문에 살아남지 못했다. (   ) 현생 인류인 호모 사피엔스는 서로를 안아 주고 보호하는 친화력을 생존 전략으로 사용해서 큰 집단을 형성하고 외부의 공격에 대응함으로써 살아남게 되었다.

① 결국   ② 게다가
③ 반면에   ④ 차라리

3 최근 선거에서 중도층 유권자들의 역할이 주목을 받고 있다. (   ) 중도층의 의견이 양극화의 갈등을 완화하고 합리적인 사회적 합의를 만들어 낼 수 있기 때문이다.

① 그래서   ② 오히려
③ 그러므로   ④ 왜냐하면

4 채소는 밭에 심어서 가꾸어 먹는 식물로서 열매뿐만 아니라 잎이나 줄기, 뿌리 등 식용이 가능한 부분을 가리킨다. (   ) 과일은 보통 나무에 열리는 열매로서 식물의 꽃이 핀 부분에서 발달하며 씨앗을 포함하고 있다.

① 과연   ② 또한
③ 이에 비해   ④ 예를 들면

5 프로그램의 흥행 정도를 나타내는 시청률은 얼마나 많은 사람이 주어진 시간에 특정 방송을 시청하거나 청취했는지를 백분율로 나타낸 것이다. (   ) 시청 점유율은 텔레비전 시청자의 총 시청 시간 중 특정 방송국 채널에 대한 시청 시간이 차지하는 비율을 말한다.

① 즉   ② 한편
③ 결국   ④ 비록

정답 1① 2③ 3④ 4③ 5②

평가 목표	글을 읽고 글 단위 관계를 추론할 수 있다.
유형	문장이 들어갈 위치 고르기
세부 내용	글의 흐름을 이해하고 문장이 들어갈 위치 파악하기
지시문	주어진 문장이 들어갈 곳으로 가장 알맞은 것을 고르십시오.
학습 포인트	즉

연습문제

※ **[39~41] 주어진 문장이 들어갈 곳으로 가장 알맞은 것을 고르십시오. (각 2점)**

39 │ 즉, 하나에 하나를 더해서 둘이 되는 것보다 큰 상승효과를 얻어내는 것을 말한다.

> 두 개 이상의 요소가 서로 협력하고 상호 보완해서 독립적으로는 이룰 수 없는 더 큰 결과를 만들어 내는 것을 시너지 효과라고 한다. (　　㉠　　) 운동을 할 때 구성원들이 서로의 강점을 활용하고 협력해서 개인적으로 달성하기 어려운 성과를 거두는 것이 그 예이다. (　　㉡　　) 그래서 운동선수들에게는 팀워크를 강조한다. (　　㉢　　) 또 기업 합병을 통해서 두 기업이 서로의 기술이나 인적, 물적 자원을 결합해서 새로운 제품을 개발하거나 사업을 성장시키는 것은 개별 기업이 할 수 없었던 시너지 효과를 만들어 내기 위한 방법이다. (　　㉣　　)

① ㉠　　　　　　② ㉡　　　　　　③ ㉢　　　　　　④ ㉣

풀이

앞에서 설명한 시너지 효과의 의미를 다시 한번 설명하는 내용이다.

정답　①

평가 목표	글을 읽고 글 단위 관계를 추론할 수 있다.
유형	문장이 들어갈 위치 고르기
세부 내용	글의 흐름을 이해하고 문장이 들어갈 위치 파악하기
지시문	주어진 문장이 들어갈 곳으로 가장 알맞은 것을 고르십시오.
학습 포인트	예를 들면

연습문제

※ **[39~41] 주어진 문장이 들어갈 곳으로 가장 알맞은 것을 고르십시오. (각 2점)**

40

예를 들면 체중이 증가하거나 혈압이 상승하기도 하고 심하면 우울증이나 수면 장애 등이 발생할 수 있다.

호르몬은 체내에서 만들어지고 작용하는 화학물질의 일종으로 정상적인 대사 과정의 속도를 증가시키거나 감소시키는 데 작용하여 신체의 항상성을 유지한다. (㉠   ) 그래서 호르몬이 정상적인 수준이 아닌 경우 여러 가지 증상을 유발할 수 있다. (㉡   ) 이러한 호르몬 불균형의 원인은 스트레스와 불규칙한 식사, 수면 부족 등이다. (㉢   ) 의사들은 카페인을 줄이고 체중을 관리하는 것이 증상을 개선하는 데 도움이 된다고 말한다. (㉣   )

① ㉠   ② ㉡   ③ ㉢   ④ ㉣

풀이

호르몬이 정상적인 수준이 아닌 경우에 발생할 수 있는 문제를 구체적으로 설명하는 내용이다.

정답   ②

평가 목표	서평/감상문을 읽고 글 단위 관계를 추론할 수 있다.
유형	문장이 들어갈 위치 고르기
세부 내용	서평/감상문의 흐름을 이해하고 문장이 들어갈 위치 파악하기
지시문	주어진 문장이 들어갈 곳으로 가장 알맞은 것을 고르십시오.
학습 포인트	이어(서)

연습문제

※ **[39~41] 주어진 문장이 들어갈 곳으로 가장 알맞은 것을 고르십시오. (각 2점)**

41 이어서 이러한 경영 원리의 차이가 생활과 사고방식에 어떤 영향을 주었는지 다양한 예를 들어 보여 준다.

경제학자 김경민의 『경영 산책』은 우리의 삶 속에 녹아 있는 경영의 원리를 소개하는 책이다. (㉠) 이 책에는 익숙하지 않은 경영 용어가 많이 등장하지만 일상생활과 관련지어 쉽게 이해할 수 있게 구성되어 있다. (㉡) 전반부에서는 먼저 국가 경영과 기업 경영에 있어서 동서양이 어떤 차이가 있는지 사례를 들어 설명하고 있다. (㉢) 후반부에서는 역사적으로 많이 알려진 사건들을 새로운 시각으로 해석하고 경영의 의미를 생활 속에서 이해할 수 있도록 제시하고 있다. (㉣)

① ㉠   ② ㉡   ③ ㉢   ④ ㉣

읽기

풀이

앞에서 동서양의 차이에 대해서 설명한 다음에 계속해서 이러한 차이가 생활과 사고방식에 어떤 영향을 주었는지 설명하는 내용이다.

정답 ③

소설의 인물 태도와 세부 내용 파악하기

| 학습
포인트 | **소설의 내용을 파악할 때 필요한 표현을 공부합시다.** |

-거든

조건을 나타낼 때 사용하며 뒤에는 명령이나 청유의 내용이 온다.

아버지는 나만 보면 입버릇처럼 말씀하셨다. '필요한 게 있거든 언제든지 연락해라.' 지금은 들을 수 없는 말이라서 더 그리운 것 같다.

-기는 하다

앞의 내용을 긍정하지만 그렇지 않은 부분이 있음을 나타낼 때 사용한다.

혼자 생활하면 자유롭고 편하기는 하지만 외로울 때가 많다.

-느라(고)

과거에 있었던 일의 목적이나 원인을 나타낼 때 사용한다.

동료들이 모두 퇴근한 후에도 민석은 남은 일을 하느라고 늦은 시간까지 컴퓨터 앞에 앉아 있었다.

-는다는

뒤에 오는 명사의 내용을 설명할 때 사용한다. '-는다는 점, -는다는 것, -는다는 사실, -는다는 말, –는다는 뉴스, -는다는 이야기' 등으로 쓰인다.

민수는 자신에게 특별한 재능이 없다는 점이 항상 불만이었다.

-아 두다

앞의 행동을 끝내고 그 상태를 계속해서 유지함을 나타낼 때 사용한다.

나는 차를 잠시 빵집 앞에 세워 두고 커피를 사러 뛰어갔다.

-았다(가)

앞의 행동이 끝나고 다시 처음의 상태로 돌아감을 나타낼 때 사용한다. '갔다가 왔다, 일어났다가 앉았다, 탔다가 내렸다, 만났다가 헤어졌다'와 같이 보통 앞과 뒤에 반대의 의미를 갖는 동사가 쓰인다.

아이들은 바닷가에서 모래를 가지고 집도 만들고 사람도 만들었다가 부수면서 놀았다.

거리다

의성어나 의태어에 붙여서 상태나 동작이 계속됨을 나타낼 때 사용한다. '소곤거리다, 출렁거리다, 반짝거리다, 흔들거리다, 꾸물거리다, 깜빡거리다, 투덜거리다, 중얼거리다, 칭얼거리다, 덜렁거리다' 등이 있다.

상사의 지시가 마음에 안 들 때마다 친구는 직접 말을 하지 못하고 불만이 가득한 얼굴로 투덜거렸다.

스럽다

명사에 붙여서 형용사를 만들 때 사용한다. '걱정스럽다, 의심스럽다, 후회스럽다, 짜증스럽다, 실망스럽다, 불만스럽다, 당황스럽다, 부담스럽다, 감격스럽다, 자유스럽다, 고통스럽다' 등이 있다.

아이가 고개를 끄덕였지만 선생님은 아이가 정말 이해했는지 의심스러웠다.

빈칸에 들어갈 말로 가장 알맞은 것을 고르십시오.

1 어릴 적 할머니께서는 우리 집에 오실 때마다 내가 좋아하는 과자를 한가득 안겨 주셨는데 나는 그걸 서랍 속에 (　　　) 몰래몰래 혼자 먹곤 했다.

① 감추거든　　　　　　　　　② 감춰 두고
③ 감추느라고　　　　　　　　④ 감추다 보면

2 두 사람은 고등학교 동창이고 십여 년이 넘게 가까이 (　　　) 민준이 사업에 실패한 후로는 알 수 없는 벽이 두 사람 사이에 놓인 것처럼 서먹서먹했다.

① 지내야 했지만　　　　　　② 지낼 만했지만
③ 지낼 뻔했지만　　　　　　④ 지내기는 했지만

3 아이들은 여기저기를 뛰어다니며 시끄럽게 소리를 지르기도 했는데 아이들의 엄마가 야단을 치면 잠깐 조용히 (　　　) 몇 분도 안 되어서 다시 뛰어다니며 시끄럽게 굴었다.

① 앉느라고　　　　　　　　② 앉았다가
③ 앉으려고　　　　　　　　④ 앉을수록

4 민욱은 친구들이 모두 (　　　) 단체로 기념사진부터 찍고 식사를 시작하자고 제안했다.

① 도착하거든　　　　　　　② 도착하도록
③ 도착했다가　　　　　　　④ 도착하느리고

5 큰아이가 대학에 들어가고 작은아이가 고등학생이 되면서 공부하는 아이들의 뒷바라지를 (　　　) 미연은 최근 몇 년 동안 가족여행은 꿈도 못 꿨다.

① 할까 봐　　　　　　　　② 하느라고
③ 함으로써　　　　　　　　④ 하고 나서

정답　1② 2④ 3② 4① 5②

읽기

277

평가 목표	소설을 읽고 인물의 태도/심정을 추론할 수 있다.
유형	인물의 태도/심정 고르기
세부 내용	소설 속 인물의 태도/심정 파악하기
지시문	밑줄 친 부분에 나타난 '미연'의 심정으로 가장 알맞은 것을 고르십시오.
학습 포인트	거리다, 스럽다

연습문제

※ **[42~43] 다음을 읽고 물음에 답하십시오. (각 2점)**

> 미연은 대학 졸업을 앞두고 생각이 많아진 모습이었다. 친구들과 이야기를 나누는 시간도 줄고 말없이 멍하게 앉아 있는 시간도 늘었다. 머릿속에서는 이런 생각 저런 생각이 어지럽게 일어났다. 그러면서도 자신의 미래가 확실하게 그려지지 않았다. 미연은 아직도 진로를 선택하지 못한 자신이 한심스럽게 느껴졌다. (중략)
>
> "여기서 뭘 하고 있어?"
>
> 멍하니 창가에 기대어 커피를 마시고 있는 미연에게 민준이 다가와 물었다. 미연은 무심한 표정으로 밖을 보며 중얼거렸다.
>
> "가을 햇살이 참 예쁘네. 그런데 난 왜 이러고 있을까?"
>
> 다른 친구들은 쉽게 자신의 진로를 결정하고 앞으로 나아가는데 미연은 자신만 제자리에 머물러 있는 것 같았다.
>
> "그렇게 여러 군데 원서를 냈는데 아직 한 군데도 연락이 없어."
>
> 민준이 미연의 얼굴을 쳐다봤다.
>
> "다들 그래. 너무 조급해하지 말고 밥이나 먹으러 가자."
>
> 미연은 평소와 다름없이 씩씩한 민준이 고마웠다. 민준에게서 위로를 받는 느낌이었기 때문이다.

42 밑줄 친 부분에 나타난 '미연'의 심정으로 가장 알맞은 것을 고르십시오.

① 후회스럽다   ② 실망스럽다

③ 의심스럽다   ④ 감동스럽다

풀이

여러 곳에 원서를 냈지만 아직 취직을 하지 못한 자신의 상황이 실망스럽다는 내용이다.

정답 ②

평가 목표	소설을 읽고 세부 내용을 추론할 수 있다.
유형	일치하는 내용 고르기
세부 내용	소설의 세부 내용 파악하기
지시문	윗글의 내용으로 알 수 있는 것을 고르십시오.
학습 포인트	거리다, 스럽다

연습문제

※ [42~43] 다음을 읽고 물음에 답하십시오. (각 2점)

미연은 대학 졸업을 앞두고 생각이 많아진 모습이었다. 친구들과 이야기를 나누는 시간도 줄고 말없이 멍하게 앉아 있는 시간도 늘었다. 머릿속에서는 이런 생각 저런 생각이 어지럽게 일어났다. 그러면서도 자신의 미래가 확실하게 그려지지 않았다. 미연은 아직도 진로를 선택하지 못한 자신이 한심스럽게 느껴졌다. (중략)

"여기서 뭘 하고 있어?"

멍하니 창가에 기대어 커피를 마시고 있는 미연에게 민준이 다가와 물었다. 미연은 무심한 표정으로 밖을 보며 중얼거렸다.

"가을 햇살이 참 예쁘네. 그런데 난 왜 이러고 있을까?"

다른 친구들은 쉽게 자신의 진로를 결정하고 앞으로 나아가는데 미연은 자신만 제자리에 머물러 있는 것 같았다.

"그렇게 여러 군데 원서를 냈는데 아직 한 군데도 연락이 없어."

민준이 미연의 얼굴을 쳐다봤다.

"다들 그래. 너무 조급해하지 말고 밥이나 먹으러 가자."

미연은 평소와 다름없이 씩씩한 민준이 고마웠다. 민준에게서 위로를 받는 느낌이었기 때문이다.

43 윗글의 내용으로 알 수 있는 것을 고르십시오.

① 미연과 민욱은 같이 밥을 먹기로 약속했다. 　② 민욱은 미연을 위로하려고 기다리고 있었다.

③ 미연은 진로가 결정되지 않아서 걱정하고 있다. 　④ 미연의 친구들은 모두 원하는 곳에 취직을 했다.

풀이

① 미연의 걱정하는 모습을 보고 민욱이 밥을 먹으러 가자고 했다.

② 민욱이 지나가다가 미연을 만나서 이야기를 했는데 미연은 위로를 받는 느낌이었다.

③ 미연은 진로가 결정되지 않아서 걱정하고 있다.

④ 미연의 친구들도 모두 취직을 기다리고 있다고 민욱이 이야기했다.

정답 ③

<table>
<tr><td>학 습
포인트</td><td>**설명하는 글에 자주 사용되는 표현을 공부합시다.**</td></tr>
</table>

-는 거나 마찬가지이다	달라 보이지만 결국 결과는 같다는 의미를 나타낼 때 사용한다. 재료 값이 오르고 나서 식품회사들은 실제로 상품의 가격을 올리지는 않았지만 양을 줄였기 때문에 이것은 값을 올린 거나 마찬가지이다.
-는 탓에	부정적인 결과에 대한 이유를 나타낼 때 사용한다. 사람들에게 편의를 제공한다는 이유로 무분별한 개발이 이루어진 탓에 엄청난 양의 숲이 사라졌으며 결국 그 피해는 그대로 사람들에게 돌아오고 있다.
-더라도	가정을 표현할 때 사용한다. 제품을 생산하던 회사가 문을 닫게 되면 제품을 사용하다가 고장이 나더라도 수리를 받을 수 없다.
-으니만큼	원인이나 근거를 나타낼 때 사용한다. 아직은 자율주행자동차에 대한 소비자들의 걱정이 많지만 전문가들과 기업들이 해결책을 찾기 위해 노력하니만큼 머지않아 상용화될 것으로 보인다.
-을 정도로	수준을 나타낼 때 사용한다. 스마트폰에 중독된 사람들은 스마트폰을 들고서 잠이 들 정도로 24시간 스마트폰에 빠져서 지낸다.
-자	앞의 행동이 끝난 후에 곧 뒤의 행동이 이어짐을 나타낼 때 사용한다. 탐험가들에 의해 바닷길이 열리자 전 세계는 하나의 시장이 되었다.
을 바탕으로	기준을 나타낼 때 사용한다. 최근 들어 실화를 바탕으로 제작된 영화들이 관객의 공감을 얻어 흥행에 성공하는 경우가 많다.
이란	설명하는 화제를 나타낼 때 사용한다. 국가란 일정한 영토와 거기에 사는 사람들로 구성되고 주권에 의한 하나의 통치 조직을 가지고 있는 사회 집단이다.

빈칸에 들어갈 말로 가장 알맞은 것을 고르십시오.

① 밀과 쌀의 주요 생산국들이 가뭄과 홍수 등의 자연재해로 인해 생산량이 줄고 이어서 수출량이 (   ) 세계 각국은 식량을 확보하기 위해서 발 벗고 나섰고 국제시장에서의 곡물값은 급등했다.

① 감소하자   ② 감소해야

③ 감소하지만   ④ 감소하더라고

② 예전에는 명절에 차례를 지내거나 돌아가신 분들에게 제사를 지내는 풍습을 반드시 지켜야 하는 예법으로 여겼으나 준비가 힘들고 비용도 많이 (   ) 최근에는 이를 지키려는 사람이 줄고 있다.

① 드는 데다   ② 드는 탓에

③ 들 정도로   ④ 드는 대신에

③ 부지런함의 대명사인 개미는 자기 몸무게의 수십 배가 되는 먹이를 집까지 끌고 갈 수 (   ) 강하고 큰 턱을 가지고 있다.

① 있는 한편   ② 있는 탓에

③ 있으니만큼   ④ 있을 정도로

④ 동일한 업종에 경쟁자가 많아지면 서로 눈치를 보며 가격 경쟁을 하게 되는데 이때 자본이 풍부한 기업은 손해를 (   ) 싼값으로 경쟁에 뛰어들어 결국 자본력이 약한 기업을 무너뜨리고 시장을 차지한다.

① 보도록   ② 보고자

③ 보더라도   ④ 보자마자

⑤ 백신 또는 예방주사는 병원체를 처리하여 기능을 약하게 만들어서 인체에 주입해 인체가 병원체에 대한 정보를 습득하게 함으로써 병에 저항하는 후천 면역이 생기도록 하는 물질인데 바이러스나 세균을 병원체로 (   ) 여러 가지 부작용이 생길 수 있다.

① 사용할수록   ② 사용하니만큼

③ 사용하느라고   ④ 사용할 정도로

정답 1 ①   2 ②   3 ④   4 ③   5 ②

평가 목표	글을 읽고 문맥을 파악할 수 있다.
유형	빈칸에 알맞은 말 고르기
세부 내용	문맥에 맞는 내용 고르기
지시문	( )에 들어갈 말로 가장 알맞은 것을 고르십시오.
학습 포인트	-는 탓에, -을 정도로

연습문제

※ **[44~45] 다음을 읽고 물음에 답하십시오. (각 2점)**

> 플라스틱은 열이나 압력을 가해서 쉽게 모양을 바꿀 수 있고 천연 재료에 비해서 가볍고 튼튼하다. 그러나 플라스틱이 갖는 최대의 강점은 다른 재료에 비해서 값이 싸다는 것이다. 그래서 여러 분야에서는 ( ) 플라스틱 소재를 사용해 가성비를 높인다. 최근에는 기술이 발전하면서 더 가볍고 강한 플라스틱이 만들어져 철을 재료로 사용하던 분야에서까지 사용될 정도로 이제 현대 문명에서 플라스틱이 없는 생활은 상상하기 쉽지 않다. 하지만 플라스틱은 썩지 않는 물질인 탓에 발명된 이래로 생산된 엄청난 양의 플라스틱이 그대로 지구에 쌓여 생태계에 악영향을 미치고 있다. 이러한 문제를 해결하기 위해 다양한 논의가 이루어지고 있지만 큰 성과를 거두지 못했고 여전히 버려지는 플라스틱의 처리에 많은 노력이 필요한 상황이다.

44 ( )에 들어갈 말로 가장 알맞은 것을 고르십시오.

① 편리하게 사용하도록

② 생산비를 낮추기 위해서

③ 환경 오염을 해결하려고

④ 다양한 제품을 만들 수 있는

풀이

플라스틱은 값이 싸기 때문에 여러 분야에서 생산비를 낮추기 위해서 플라스틱을 소재로 사용해 가성비를 높인다는 내용이다.

정답 ②

읽기 **45**번 문제

평가 목표	글을 읽고 중심 내용을 추론할 수 있다.
유형	중심 내용 고르기
세부 내용	글의 주제 파악하기
지시문	윗글의 주제로 가장 알맞은 것을 고르십시오.
학습 포인트	--는 탓에, -을 정도로

연습문제

※ **[44~45] 다음을 읽고 물음에 답하십시오. (각 2점)**

> 플라스틱은 열이나 압력을 가해서 쉽게 모양을 바꿀 수 있고 천연 재료에 비해서 가볍고 튼튼하다. 그러나 플라스틱이 갖는 최대의 강점은 다른 재료에 비해서 값이 싸다는 것이다. 그래서 여러 분야에서는 (   ) 플라스틱 소재를 사용해 가성비를 높인다. 최근에는 기술이 발전하면서 더 가볍고 강한 플라스틱이 만들어져 철을 재료로 사용하던 분야에서까지 사용될 정도로 이제 현대 문명에서 플라스틱이 없는 생활은 상상하기 쉽지 않다. 하지만 플라스틱은 썩지 않는 물질인 탓에 발명된 이래로 생산된 엄청난 양의 플라스틱이 그대로 지구에 쌓여 생태계에 악영향을 미치고 있다. 이러한 문제를 해결하기 위해 다양한 논의가 이루어지고 있지만 큰 성과를 거두지 못했고 여전히 버려지는 플라스틱의 처리에 많은 노력이 필요한 상황이다.

45 윗글의 주제로 가장 알맞은 것을 고르십시오.

① 플라스틱을 사용함으로써 현대 문명과 기술이 엄청나게 발전했다.

② 플라스틱의 강점을 살려서 사용하면 제품의 가성비를 높일 수 있다.

③ 플라스틱으로 인한 오염 문제를 해결하기 위해 많은 노력이 필요하다.

④ 플라스틱은 천연 재료에 비해서 값이 싸고 오래 쓸 수 있어서 실용적이다.

풀이

버려지는 플라스틱이 지구에 쌓여서 생태계에 악영향을 미치고 있으며 이 문제를 해결하기 위해 다양한 논의가 이루어지고 있지만 큰 성과를 거두지 못하고 있어서 많은 노력이 필요한 상황이라는 내용이다.

정답 ③

학습 포인트 **논설문에 자주 사용되는 표현을 공부합시다.**

-는 게 틀림없다 추측하는 내용이 맞을 것으로 믿고 있음을 나타낼 때 사용한다.

지구의 기온이 올라가면서 태풍이나 홍수가 자주 발생하고 대형 화재로 큰 피해를 입는 경우가 늘고 있는 것을 보면 지구온난화가 자연재해에 영향을 미치는 게 틀림없다.

-는다고 해서 앞에 설명하는 이유만으로 뒤에 오는 결과가 생기지 않음을 나타낼 때 사용한다.

공급과 소비의 관계로 결정되는 시장의 물가는 정부가 간섭을 한다고 해서 안정적으로 유지되는 것은 아니다.

-다가는 앞의 행동이나 상황이 계속되면 뒤의 결과가 예상됨을 나타낼 때 사용한다.

세계의 모든 나라들이 자국의 이익만을 생각하고 정책을 결정하다가는 국가 간의 갈등이 심해지고 세계 경제는 어려움에 빠질 것이다.

-아서는 앞의 행동 후에 기대하거나 예상한 것과 다른 결과가 생김을 나타낼 때 사용한다.

환경 보호나 전염병 예방과 같은 문제는 개인이나 한 국가가 노력해서는 해결할 수 없다.

-지 않으면 안 되다 이중부정으로 꼭 해야 함을 나타낼 때 사용한다.

범죄를 예방하기 위해서 강력한 법을 만드는 것도 중요하지만 불법행위에 대한 국민들의 인식을 바꾸지 않으면 안 된다.

만 못하다 앞에 있는 명사의 정도가 뒤에 있는 것과 비교해서 좋지 않음을 나타낼 때 사용한다.

늙은 부모들은 자식과 함께 살기를 원하지만 자식과 갈등이 있을 때는 자식과의 동거가 혼자 사는 것만 못한 경우도 많다.

에다(가) 위치나 장소를 나타낼 때 사용한다. 뒤에 '놓다, 쓰다, 넣다, 붙이다, 꽂다, 적다, 섞다' 등의 동사가 쓰인다.

간접흡연의 위험성이 알려지면서 담배를 피우지 않는 주민들의 건강을 위해 아파트 단지 내에다가 흡연실을 따로 설치하는 곳이 늘고 있다.

이나 다름없다 정도나 가치가 같음을 나타낼 때 사용한다.

일이 어려워 보인다고 해서 시작도 하지 않는 것은 스스로 포기하는 것이나 다름없다.

빈칸에 들어갈 말로 가장 알맞은 것을 고르십시오.

1 우리는 할 일이 많을 때 시간을 낭비하지 않도록 계획을 세우는 경우가 많은데 무조건 계획만 (　　　) 좋은 건 아니며 시간이 부족할 것 같으면 중요한 일부터 순서를 정해 놓고 덜 중요한 일은 버려야 한다.

① 세우기 때문에　　　　　　② 세우기 위해서
③ 세우지 않으면　　　　　　④ 세운다고 해서

2 최근 거의 모든 뉴스를 인터넷을 통해 접하고 있어서 종이 신문이 차지하는 비율이 점점 적어지고 있고 이대로 시간이 더 지나면 종이 신문은 우리 생활에서 (　　　).

① 사라질 따름이다　　　　　② 사라질 리가 없다
③ 사라지기 나름이다　　　　④ 사라질 게 틀림없다

3 고령화가 진행되면서 노인들의 빈곤 문제가 심각한 사회 문제가 되고 있지만 국가가 나서지 않고 개인에게만 (　　　) 실제적이고 효과적인 해결 방안을 찾을 수 없다.

① 맡기고는　　　　　　　　② 맡겨서는
③ 맡기려는　　　　　　　　④ 맡기지는

4 건강에 대한 관심이 높아지면서 건강 보조 식품을 찾는 사람들이 많아지고 있지만 아무리 좋은 약도 신선한 채소와 과일을 먹고 매일 운동을 하는 등 규칙적인 일상생활을 (　　　).

① 하기 나름이다　　　　　　② 하는 것만 못하다
③ 하는 것이나 다름없다　　　④ 하는 거나 마찬가지이다

5 다른 사람의 부탁을 받고 '한번 생각해 보겠다'거나 '글쎄요' 등의 말을 하는 것은 직접적인 거절의 표현은 아니지만 (　　　) 생각해야 한다.

① 거절에 달려 있다고　　　　② 거절하기 마련이라고
③ 거절이나 다름없다고　　　④ 거절하는 수가 있다고

정답　1④　2④　3②　4②　5③

평가 목표	논설문을 읽고 필자의 태도를 추론할 수 있다.
유형	필자의 태도 고르기
세부 내용	글쓴이의 태도 추론하기
지시문	윗글에 나타난 필자의 태도로 가장 알맞은 것을 고르십시오.
학습 포인트	-다가는, -지 않으면 안 되다

연습문제

※ [46~47] 다음을 읽고 물음에 답하십시오. (각 2점)

개인정보가 저장되어 관리되고 있는 이용자 수가 급증하고 이를 이용해서 많은 이익을 내는 사업자들이 등장하면서 하루가 멀다 하고 개인정보와 관련된 사건이나 사고가 발생하고 있다. 이용자들은 편리성 때문에 자신의 정보를 제공하지만 이 정보가 분실되거나 유출되는 경우에 그 피해는 눈덩이처럼 커진다. 이러한 상황을 그대로 두다가는 개인뿐만 아니라 기업이나 국가도 큰 손해를 볼 수 있다. 이를 막기 위해서는 개인정보를 안전하게 처리할 수 있는 기술과 정책이 필요하다. 국가 차원에서는 개인정보의 안전성을 확보할 수 있는 보호 정책을 마련해야 하며 정보통신 서비스를 제공하는 기업이나 기관에서는 정보가 분실되거나 훼손되지 않도록 스스로의 환경에 맞는 기술적인 조치를 해야 한다. 하지만 이용자들 자신이 정보 보호를 위해 노력하지 않으면 안 된다. 귀찮더라도 비밀번호를 주기적으로 바꾸고 개인정보가 도난을 당하거나 불법적으로 이용되었는지 수시로 확인해서 자신의 정보가 보호되고 있는 상황을 점검해야 한다.

46　윗글에 나타난 필자의 태도로 가장 알맞은 것을 고르십시오.

① 개인정보를 불법적으로 이용하는 범죄가 증가하고 있어서 걱정하고 있다.

② 개인정보를 이용하면 편리하고 안전한 생활을 할 수 있다고 홍보하고 있다.

③ 개인정보가 악용되고 있는 사건이나 사고를 자세하게 조사해서 분석하고 있다.

④ 개인정보를 보호하기 위해서 국가나 기업, 개인이 노력해야 함을 촉구하고 있다.

풀이

개인정보를 안전하게 보호할 수 있도록 국가와 기업, 이용자 개인이 노력해야 한다고 주장하는 내용이다.

정답 ④

평가 목표	논설문을 읽고 세부 내용을 파악할 수 있다.
유형	일치하는 내용 고르기
세부 내용	논설문의 세부 내용 파악하기
지시문	윗글의 내용과 같은 것을 고르십시오.
학습 포인트	-다가는, -지 않으면 안 되다

연습문제

※ **[46~47] 다음을 읽고 물음에 답하십시오. (각 2점)**

> 개인정보가 저장되어 관리되고 있는 이용자 수가 급증하고 이를 이용해서 많은 이익을 내는 사업자들이 등장하면서 하루가 멀다 하고 개인정보와 관련된 사건이나 사고가 발생하고 있다. 이용자들은 편리성 때문에 자신의 정보를 제공하지만 이 정보가 분실되거나 유출되는 경우에 그 피해는 눈덩이처럼 커진다. 이러한 상황을 그대로 두다가는 개인뿐만 아니라 기업이나 국가도 큰 손해를 볼 수 있다. 이를 막기 위해서는 개인정보를 안전하게 처리할 수 있는 기술과 정책이 필요하다. 국가 차원에서는 개인정보의 안전성을 확보할 수 있는 보호 정책을 마련해야 하며 정보통신 서비스를 제공하는 기업이나 기관에서는 정보가 분실되거나 훼손되지 않도록 스스로의 환경에 맞는 기술적인 조치를 해야 한다. 하지만 이용자들 자신이 정보 보호를 위해 노력하지 않으면 안 된다. 귀찮더라도 비밀번호를 주기적으로 바꾸고 개인정보가 도난을 당하거나 불법적으로 이용되었는지 수시로 확인해서 자신의 정보가 보호되고 있는 상황을 점검해야 한다.

47 윗글의 내용과 같은 것을 고르십시오.

① 개인정보가 분실되거나 유출되는 사고가 점점 줄고 있다.

② 비밀번호를 자주 바꾸는 것이 개인정보 보호에 도움이 된다.

③ 범죄를 걱정해서 개인정보를 제공하지 않는 경우가 늘고 있다.

④ 개인이 아니라 국가와 기업이 노력해야 개인정보를 보호할 수 있다.

풀이

① 개인정보가 분실되거나 유출되는 사고가 거의 매일 발생하고 있다.

② 이용자들 차원에서는 비밀번호를 자주 바꾸는 것이 개인정보 보호에 도움이 된다.

③ 개인정보를 제공하는 이용자 수가 급증하고 있다.

④ 국가와 기업뿐만 아니라 개인도 노력해야 개인정보를 보호할 수 있다.

정답 ②

학습 포인트 **논설문에 자주 사용되는 표현을 공부합시다.**

-기는커녕

앞의 내용을 부정하고 그보다 덜한 뒤의 내용까지 부정할 때 사용한다.

신제품이라고 해도 성능이 더 좋아지기는커녕 사용하기만 복잡해서 오히려 예전 것만 못한 경우도 많다.

-다시피 하다

앞에 있는 행동과 거의 비슷하게 함을 나타낼 때 사용한다.

사교육에 의존하려는 부모들 때문에 아이들은 매일 학원에서 살다시피 한다.

-은 채(로)

앞의 행동을 끝낸 후에 바꾸지 않음을 표현할 때 사용한다.

컴퓨터는 사용하는 프로그램의 종류나 작업에 따라 용량을 선택해서 구입해야 한다. 용량이 큰 컴퓨터로 바꾸지 않은 채 새로운 프로그램을 다운로드하면 컴퓨터가 제대로 작동하지 않는다.

가령

예를 들어 설명할 때 사용한다.

새해가 되면 사람들은 뭔가 결심을 하고 계획을 세운다. 가령 매일 운동을 하겠다거나 외국어를 하나 배우겠다는 계획은 자주 듣는 새해 결심이다.

그럼에도 불구하고

앞 문장에서 설명한 상황이나 조건의 영향을 받지 않는 결과를 나타낼 때 사용한다.

정부는 출산율을 높이기 위해 다양한 지원 정책을 발표했다. 그럼에도 불구하고 출산율과 결혼 비율은 계속해서 감소하는 상황이다.

더구나

앞에서 설명한 사실에 더해 상황을 강조할 때 사용한다.

최근 들어 인건비가 오르면서 자영업자들이 어려움을 겪고 있다. 더구나 전기료, 임대료 등 유지비가 증가해 영업을 포기하는 경우도 늘고 있다.

에 비례하다

한쪽의 양이나 수가 증가하면 관계있는 다른 쪽의 양이나 수도 증가함을 나타낼 때 사용한다.

현재의 선거법에서는 각 지역의 인구수에 비례해서 국회의원의 수가 정해진다.

으로 보이다

추측이나 생각을 표현할 때 사용한다.

지방자치제도가 주민들의 생활을 가까이에서 정확하게 이해함으로써 지역의 특성에 맞는 다양한 서비스를 제공할 것으로 보인다.

빈칸에 들어갈 말로 가장 알맞은 것을 고르십시오.

❶ 인터넷상에서 이루어지는 사이버 범죄의 유형이 다양해지고 심각해지면서 경찰은 이를 막기 위해 다방면으로 노력하고 있지만 범죄가 (   ) 날이 갈수록 수법이 지능화되어 사회적, 경제적 피해가 커지고 있다.

① 줄어든다면　　　　　　　　　　② 줄어들었다가

③ 줄어들기는커녕　　　　　　　　④ 줄어들었음에도

❷ 최근 우주 산업에 대한 관심이 높아지고 있고 기업들이 나서서 우주 과학 기술을 개발하기 위해 노력하고 있다. (   ) 정부의 적극적인 보조와 법적인 보호가 없으면 현실적으로 우주 산업의 성장을 기대하기는 어렵다.

① 가령　　　　　　　　　　　　　② 더구나

③ 이에 비해　　　　　　　　　　④ 그럼에도 불구하고

❸ 많은 사람들은 재산이나 수입과 같은 경제적인 (   ) 행복의 크기가 결정된다고 생각한다. 높은 연봉에 비싼 집과 자동차를 소유하면 행복해지고 그렇지 못하면 행복이 줄어든다고 생각하는 것이다.

① 상황을 넘어서　　　　　　　　② 상황으로 인해

③ 상황을 비롯한　　　　　　　　④ 상황에 비례해서

❹ 1인 방송을 개인적인 의사소통의 창구로 생각해서 방송법에 의해 처벌하지 않기 때문에 부적절한 내용으로 인해 피해를 보는 사람이 많다. 1인 방송이 누구나 즐길 수 있는 의사소통의 통로가 되기 위해서는 공영방송과 같은 기준으로 만들어지고 규제되어야 (   ).

① 할 따름이다　　　　　　　　　② 할 모양이다

③ 할 것으로 보인다　　　　　　　④ 할 것으로 기대된다

❺ 독창적인 기술을 처음 발명한 사람에게 그 기술을 사용할 권리를 주는 특허법은 기술 개발을 보호함으로써 국가의 산업을 발전시키기 위해 만들어졌으나 다른 사람의 기술을 불법적으로 사용하는 범죄 행위는 지금까지 매일 (   ).

① 발생할 수도 있다　　　　　　　② 발생하다시피 한다

③ 발생하기 마련이다　　　　　　④ 발생할 것으로 보인다

읽기

정답　1③　2④　3④　4③　5②

평가 목표	논설문을 읽고 필자의 의도나 목적을 추론할 수 있다.
유형	필자의 의도/목적 고르기
세부 내용	글쓴이의 의도/목적을 추론하기
지시문	윗글을 쓴 목적으로 가장 알맞은 것을 고르십시오.
학습 포인트	가령, 에 비례하다

연습문제

※ **[48~50] 다음을 읽고 물음에 답하십시오. (각 2점)**

> 　개나 고양이 등 반려동물을 키우는 가구가 크게 늘고 있다. '반려동물'이란 단어는 한 동물학자가 최초로 사용했는데 이는 단순한 애완동물이 아니라 사람이 동물로부터 다양한 도움을 받으며 함께 살아가는 상대라고 인식한 것이다. 생활은 풍요롭고 편리해지고 있지만 외로움이나 정신적인 스트레스를 느끼는 사람들이 많아지면서 반려동물을 통해 (　　　　　　　　　) 사람들도 늘고 있다. 사회학자들은 고령화 사회, 1인 가구의 증가, 동물에 대한 의식의 변화를 반려동물 증가의 요인으로 꼽는다. 반려동물을 가족으로 생각하고 상호작용을 하는 덕분에 사람들은 심리적인 안정을 느끼고 사회로부터의 스트레스가 해소되면서 삶의 질이 향상된다. 하지만 반려동물의 숫자가 늘어나는 속도에 비례해서 버려지는 유기 동물의 숫자도 증가하고 있어서 사회 문제가 되고 있다. 가령 경제적인 부담을 감당할 수 없거나 동물의 특성을 제대로 알지 못해 돌볼 수 없는 사람이라면 반려동물을 키워서는 안 된다. 동물과 더불어 살기 위해서는 자신이 키우는 동물을 끝까지 책임지겠다는 각오가 필요하다.

48　윗글을 쓴 목적으로 가장 알맞은 것을 고르십시오.
　　① 반려동물의 특성을 정확하게 알려 주려고
　　② 반려동물과 애완동물의 차이를 설명하려고
　　③ 반려동물을 키우는 사람의 책임을 강조하려고
　　④ 반려동물이 인간에게 미치는 영향을 분석하려고

　　풀이
　　자신이 키우는 반려동물을 끝까지 책임져야 한다는 것을 강조하는 내용이다.

정답　③

읽기 · 49번 문제

평가 목표	논설문을 읽고 문맥을 파악할 수 있다.
유형	빈칸에 알맞은 말 고르기
세부 내용	논설문의 문맥 파악하기
지시문	( )에 들어갈 말로 가장 알맞은 것을 고르십시오.
학습 포인트	가령, 에 비례하다

연습문제

※ **[48~50] 다음을 읽고 물음에 답하십시오. (각 2점)**

> 개나 고양이 등 반려동물을 키우는 가구가 크게 늘고 있다. '반려동물'이란 단어는 한 동물학자가 최초로 사용했는데 이는 단순한 애완동물이 아니라 사람이 동물로부터 다양한 도움을 받으며 함께 살아가는 상대라고 인식한 것이다. 생활은 풍요롭고 편리해지고 있지만 외로움이나 정신적인 스트레스를 느끼는 사람들이 많아지면서 반려동물을 통해 (   ) 사람들도 늘고 있다. 사회학자들은 고령화 사회, 1인 가구의 증가, 동물에 대한 의식의 변화를 반려동물 증가의 요인으로 꼽는다. 반려동물을 가족으로 생각하고 상호작용을 하는 덕분에 사람들은 심리적인 안정을 느끼고 사회로부터의 스트레스가 해소되면서 삶의 질이 향상된다. 하지만 반려동물의 숫자가 늘어나는 속도에 비례해서 버려지는 유기 동물의 숫자도 증가하고 있어서 사회 문제가 되고 있다. 가령 경제적인 부담을 감당할 수 없거나 동물의 특성을 제대로 알지 못해 돌볼 수 없는 사람이라면 반려동물을 키워서는 안 된다. 동물과 더불어 살기 위해서는 자신이 키우는 동물을 끝까지 책임지겠다는 각오가 필요하다.

49 (   )에 들어갈 말로 가장 알맞은 것을 고르십시오.

① 인간관계를 넓히려는

② 사회로부터 도피하려는

③ 마음의 위안을 얻으려는

④ 경제적 부담을 줄이려는

풀이

외로움이나 정신적인 스트레스를 느끼는 사람들이 마음의 위안을 얻기 위해서 반려동물을 키운다는 내용이다.

정답 ③

평가 목표	논설문을 읽고 세부 내용을 파악할 수 있다.
유형	일치하는 내용 고르기
세부 내용	논설문의 세부 내용 파악하기
지시문	윗글의 내용과 같은 것을 고르십시오.
학습 포인트	가령, 에 비례하다

연습문제

※ **[48~50] 다음을 읽고 물음에 답하십시오. (각 2점)**

> 　　개나 고양이 등 반려동물을 키우는 가구가 크게 늘고 있다. '반려동물'이란 단어는 한 동물학자가 최초로 사용했는데 이는 단순한 애완동물이 아니라 사람이 동물로부터 다양한 도움을 받으며 함께 살아가는 상대라고 인식한 것이다. 생활은 풍요롭고 편리해지고 있지만 외로움이나 정신적인 스트레스를 느끼는 사람들이 많아지면서 반려동물을 통해 (　　　　　　　　　　) 사람들도 늘고 있다. 사회학자들은 고령화 사회, 1인 가구의 증가, 동물에 대한 의식의 변화를 반려동물 증가의 요인으로 꼽는다. 반려동물을 가족으로 생각하고 상호작용을 하는 덕분에 사람들은 심리적인 안정을 느끼고 사회로부터의 스트레스가 해소되면서 삶의 질이 향상된다. 하지만 반려동물의 숫자가 늘어나는 속도에 비례해서 버려지는 유기 동물의 숫자도 증가하고 있어서 사회 문제가 되고 있다. 가령 경제적인 부담을 감당할 수 없거나 동물의 특성을 제대로 알지 못해 돌볼 수 없는 사람이라면 반려동물을 키워서는 안 된다. 동물과 더불어 살기 위해서는 자신이 키우는 동물을 끝까지 책임지겠다는 각오가 필요하다.

50 윗글의 내용과 같은 것을 고르십시오.

① 반려동물이라는 말은 사회학자들이 처음 만들어서 사용했다.

② 반려동물을 키우는 사람이 늘면서 유기 동물도 증가하고 있다.

③ 반려동물을 키우면 불안감이 늘고 외로움과 스트레스가 많아진다.

④ 반려동물의 수가 증가하는 큰 이유는 생활이 풍요로워졌기 때문이다.

풀이

① 반려동물이라는 말은 한 동물학자가 처음 사용했다.

② 반려동물을 키우는 사람이 느는 것과 비례해서 버려지는 유기 동물도 증가하고 있다.

③ 반려동물을 키우면 심리적인 안정을 느끼고 스트레스가 해소된다.

④ 반려동물의 수가 증가하는 큰 이유는 고령화 사회, 1인 가구의 증가, 동물에 대한 의식의 변화이다.

정답 ②

실전 모의고사

실제 시험의 유형과 난이도에 맞춰 실전 모의고사를 구성하였습니다.

실제 시험 시간에 맞춰 실전 모의고사를 풀고, 교재 맨 뒤에 있는 OMR 답안지에
답을 체크해 보는 연습을 해 보세요.

한국어능력시험

TOPIK II

| 1교시 | 듣기, 쓰기
(Listening, Writing) |

수험번호(Registration No.)	
이 름 (Name)	한국어(Korean)	
	영어(English)	

유 의 사 항
Information

1. 시험 시작 지시가 있을 때까지 문제를 풀지 마십시오.

   Do not open the booklet until you are allowed to start.

2. 수험번호와 이름을 정확하게 적어 주십시오.

   Write your name and registration number on the answer sheet.

3. 답안지를 구기거나 훼손하지 마십시오.

   Do not fold the answer sheet; keep it clean.

4. 답안지의 이름, 수험번호 및 정답의 기입은 배부된 펜을 사용하여 주십시오.

   Use the given pen only.

5. 정답은 답안지에 정확하게 표시하여 주십시오.

   Mark your answer accurately and clearly on the answer sheet.

   marking example   ① ● ③ ④

6. 문제를 읽을 때에는 소리가 나지 않도록 하십시오.

   Keep quiet while answering the questions.

7. 질문이 있을 때에는 손을 들고 감독관이 올 때까지 기다려 주십시오.

   When you have any questions, please raise your hand.

TOPIK II 듣기 (1번~50번)

※ [1~3] 다음을 듣고 가장 알맞은 그림 또는 그래프를 고르십시오. (각 2점)

1.

2.

3.

①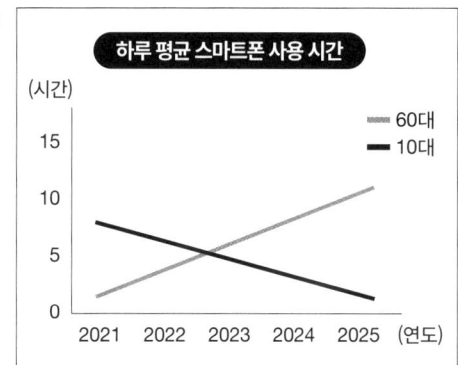

②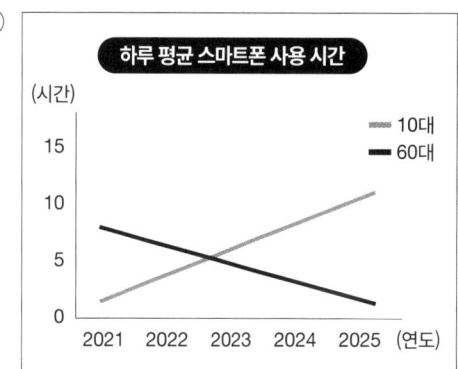

③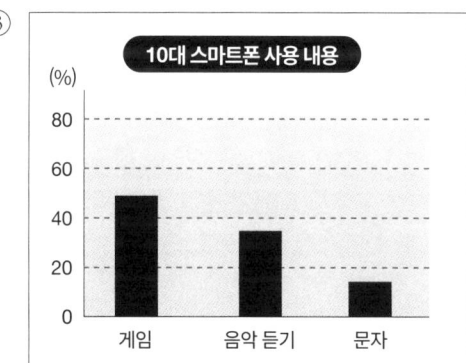

④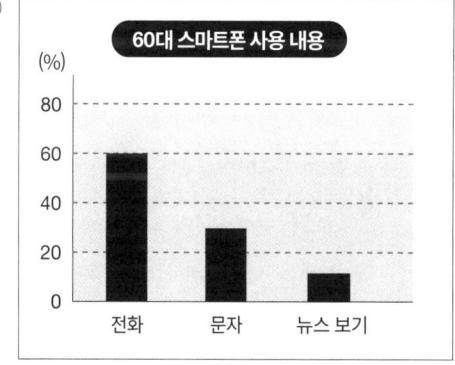

※ **[4~8] 다음을 듣고 이어질 수 있는 말로 가장 알맞은 것을 고르십시오. (각 2점)**

4.　① 그래. 오늘은 일찍 가서 푹 쉬어.

　　② 응. 이번 모임은 일찍 끝났으면 좋겠어.

　　③ 응. 난 무슨 일이 생긴 줄 알고 걱정했어.

　　④ 친한 친구들과 오늘 모임을 하기로 했거든.

5.　① 그래도 소파는 필요할 것 같아요.

　　② 소파가 있으니까 거실이 좀 좁네요.

　　③ 그럼 제가 소파 가격을 알아볼게요.

　　④ 소파를 살 게 아니라 침대를 사면 좋겠어요.

6. ① 수선비는 얼마래?

② 오늘 내가 맡길게.

③ 언제 찾으러 오래?

④ 옷을 수선해야 되는구나.

7. ① 그래서 오늘 날씨가 좋군요.

② 그래요? 그럼 산책하러 갑시다.

③ 그럼, 집에서 쉬는 게 좋겠네요.

④ 그렇군요. 야외로 나가는 건 어때요?

8. ① 언제까지 등록하면 돼요?

② 등록금은 어디에 내야 해요?

③ 정말요? 어제까지인 줄 몰랐어요.

④ 다음 학기 등록 기간이 언제예요?

※ **[9~12] 다음을 듣고 여자가 이어서 할 행동으로 가장 알맞은 것을 고르십시오. (각 2점)**

9. ① 부산에 간다.   ② 회사 일을 한다.

③ 관광지를 알아본다.   ④ 맛있는 식당을 찾아본다.

10. ① 핸드폰을 찾는다.   ② 번호표를 뽑는다.

③ 핸드폰을 구매한다.   ④ 핸드폰 화면을 확인한다.

11. ① 책을 주문한다.   ② 우편함으로 간다.

③ 현관 앞을 확인한다.   ④ 택배 문자를 확인한다.

12. ① 행사 준비를 시작한다.   ② 고객 명단을 작성한다.

③ 고객 명단을 가지러 간다.   ④ 도착한 고객이 있는지 확인하러 간다.

※ **[13~16] 다음을 듣고 들은 내용과 같은 것을 고르십시오. (각 2점)**

13. ① 이 한식집은 맛있지만 비싼 편이다.

② 이 한식집에 두 사람은 간 적이 없다.

③ 이 한식집은 이번 달까지 장사를 한다.

④ 이 한식집은 손님이 없어서 문을 닫는다.

14. ① 오후 7시 이후에는 면회할 수 없다.

② 환자 면회는 1층 로비에서만 가능하다.

③ 병실 면회는 하루에 2명까지 가능하다.

④ 환자를 보호하기 위해서 병실 면회를 금지한다.

15. ① 사고 원인을 조사 중이다.

② 산불은 아직 꺼지지 않았다.

③ 이 사고는 어젯밤에 일어났다.

④ 인근 주민들은 초등학교에서 대피 중이다.

16. ① 여자는 어린이집 운영에 어려움이 없다.

② 여자는 1년 동안의 준비 과정을 거쳤다.

③ 여자는 연기를 하면서 어린이집을 운영하고 있다.

④ 여자는 인기가 없어서 어린이집 원장을 선택했다.

실전 모의고사

※ **[17~20] 다음을 듣고 남자의 중심 생각으로 가장 알맞은 것을 고르십시오. (각 2점)**

17. ① 아이들은 뛰어 놀아야 한다.

② 불편한 내용은 직접 전달하는 게 좋다.

③ 다른 사람에 대한 배려가 있어야 한다.

④ 공동생활을 하면 불편함이 없을 수는 없다.

18. ① 출퇴근 시간을 정해야 한다.

② 자율 출퇴근 제도에 문제가 많다.

③ 출근 시간을 제한하지 말아야 한다,

④ 맡은 일을 제대로 하지 않는 직원이 많다.

19. ① 투표는 꼭 해야 한다.

② 투표는 차선을 선택하는 것이 좋다.

③ 국회의원 선거 방법이 달라져야 한다.

④ 정치에 무관심한 젊은이들이 문제이다.

20. ① 가수는 노래의 기술이 중요하다.

② 가수는 좋은 목소리를 타고 나야 한다.

③ 가수는 대중들의 인기를 얻기가 쉽지 않다.

④ 가수는 노래에 담긴 감정을 잘 전달해야 한다.

※ [21~22] 다음을 듣고 물음에 답하십시오. (각 2점)

21. 남자의 중심 생각으로 가장 알맞은 것을 고르십시오.
   ① 분리수거를 위해 청소 직원을 늘려야 한다.
   ② 분리수거함을 잘 보이는 곳에 두는 것이 효과적이다.
   ③ 분리수거가 잘 되려면 직원들의 인식의 변화가 필요하다.
   ④ 분리수거를 제대로 하지 않아서 쓰레기의 양이 많이 늘었다.

22. 들은 내용과 같은 것을 고르십시오.
   ① 회사에 분리수거함을 늘릴 것이다.
   ② 청소 직원들의 분리수거 인식에 문제가 있다.
   ③ 청소 직원들이 분리수거를 제대로 하지 않는다.
   ④ 청소 직원들을 대상으로 분리수거에 대한 교육을 할 예정이다.

※ [23~24] 다음을 듣고 물음에 답하십시오. (각 2점)

23. 남자가 무엇을 하고 있는지 고르십시오.
   ① 근무 부서에 대해 알려주고 있다.
   ② 서류 심사 일정을 확인하고 있다.
   ③ 면접 시간과 장소를 안내하고 있다.
   ④ 인주 기업 인사과에 대해 설명하고 있다.

24. 들은 내용과 같은 것을 고르십시오.
   ① 여자는 인주 기업에 최종 합격했다.
   ② 여자는 경력 사원 모집에 지원했다.
   ③ 여자는 인사과에서 근무할 예정이다.
   ④ 여자는 다음 주 월요일부터 근무를 시작한다.

실전 모의고사

※ **[25~26] 다음을 듣고 물음에 답하십시오. (각 2점)**

25. 남자의 중심 생각으로 가장 알맞은 것을 고르십시오.
① 옷은 소재가 좋아야 한다.
② 옷은 입는 방법이 중요하다.
③ 옷은 디자인이 독특해야 한다.
④ 옷은 인터넷으로 판매해야 한다.

26. 들은 내용과 같은 것을 고르십시오.
① 남자 옷은 처음부터 인기가 있었다.
② 남자의 옷 가게는 항상 손님들이 많다.
③ 남자는 대학교를 졸업하고 창업을 했다.
④ 남자는 어렸을 때부터 옷에 관심이 있었다.

※ **[27~28] 다음을 듣고 물음에 답하십시오. (각 2점)**

27. 남자가 말하는 의도로 알맞은 것을 고르십시오.
① 꿈이 있어야 함을 주장하려고
② 꿈을 이룬 사람들의 특징을 설명하려고
③ 꿈을 이루는 과정도 중요함을 말하려고
④ 꿈을 이룰 때까지 노력해야 함을 말하려고

28. 들은 내용과 같은 것을 고르십시오.
① 김인주 씨는 가족을 위해서 꿈을 포기했다.
② 김인주 씨는 일하지 않고 고시 공부만 했다.
③ 김인주 씨는 오랜 기간 동안 시험공부를 했다.
④ 김인주 씨는 고시에 합격하지 못해서 다른 일을 선택했다,

※ **[29~30] 다음을 듣고 물음에 답하십시오. (각 2점)**

29. 남자가 누구인지 고르십시오.

① 인공지능을 전공하는 사람

② 인사팀에 지원하려는 사람

③ 해외에서 유학하는 유학생

④ 직원 채용 관련 일을 하는 사람

30. 들은 내용과 같은 것을 고르십시오.

① 이 회사는 인사팀 직원을 늘릴 계획이다.

② 이 회사는 해외 유학생을 채용할 계획이다.

③ 이 회사의 미래는 채용 설명회에 달려 있다.

④ 이 회사는 국내에서 채용 박람회를 열 예정이다.

※ **[31~32] 다음을 듣고 물음에 답하십시오. (각 2점)**

31. 남자의 중심 생각으로 가장 알맞은 것을 고르십시오.

① 해외 지사 직원을 늘려야 한다.

② 해외 지사 파견은 문제가 많다.

③ 해외 지사 파견 직원은 회사에서 정해야 한다.

④ 해외 지사 파견 직원은 공개적으로 모집해야 한다.

32. 남자의 태도로 가장 알맞은 것을 고르십시오.

① 상대방의 의견을 지지하고 있다.

② 문제의 해결 방안을 요구하고 있다.

③ 회사의 결정에 대한 문제를 제기하고 있다.

④ 구체적인 사례를 들어 자신의 의견을 주장하고 있다.

실전 모의고사

※ **[33~34] 다음을 듣고 물음에 답하십시오. (각 2점)**

33. 무엇에 대한 내용인지 알맞은 것을 고르십시오.
① 노년기 분류의 필요성
② 노인 기준 연령 상향의 문제점
③ 노인 빈곤 문제를 해결하기 위한 방법
④ 노인들을 위한 사회 정책 마련의 과정

34. 들은 내용과 같은 것을 고르십시오.
① 노인들의 빈곤 문제가 심해졌다.
② 65세부터 노인 기초 연금을 받는다.
③ 노인 기준 연령이 65세로 상향되었다.
④ 노인 기준 연령과 경로 우대 혜택은 상관이 없다.

※ **[35~36] 다음을 듣고 물음에 답하십시오. (각 2점)**

35. 남자가 무엇을 하고 있는지 고르십시오.
① 인주 대학교의 문제점을 진단하고 있다.
② 인주 대학교의 교육 내용을 설명하고 있다.
③ 인주 대학교의 발전 과정을 소개하고 있다.
④ 인주 대학교 동문들의 활약상을 강조하고 있다.

36. 들은 내용과 같은 것을 고르십시오.
① 이 학교는 현재 공업 전문대학이다.
② 이 학교는 올해 취업률이 좋지 않은 편이다.
③ 이 학교는 전쟁 시기에도 지속적으로 교육을 했다.
④ 이 학교는 올해 처음으로 최우수 대학으로 선정되었다.

※ **[37~38] 다음을 듣고 물음에 답하십시오. (각 2점)**

37. 여자의 중심 생각으로 가장 알맞은 것을 고르십시오.
   ① 베개와 숙면은 관계가 없다.
   ② 수면의 질보다 수면 시간이 중요하다.
   ③ 현대인은 목과 어깨의 피로가 쌓여 문제가 많다.
   ④ 기능성 베개가 삶의 질을 향상시키는 데 도움이 된다.

38. 들은 내용과 같은 것을 고르십시오.
   ① 여자는 기능성 베개 개발자이다.
   ② 여자는 수면 문제로 힘든 적이 없었다.
   ③ 최근 기능성 베개의 판매가 감소하였다.
   ④ 기능성 베개는 일반 베개보다 저렴하다.

※ **[39~40] 다음을 듣고 물음에 답하십시오. (각 2점)**

39. 이 대화 전의 내용으로 가장 알맞은 것을 고르십시오.
   ① 편집에 대한 규제가 있었다.
   ② 시청자들이 방송사에 문제를 제기했다.
   ③ 표현의 자유를 침해하는 문제가 있었다.
   ④ 악의적인 편집으로 피해를 본 사람이 있었다.

40. 들은 내용과 같은 것을 고르십시오.
   ① 1인 방송에 대한 규제를 시작했다.
   ② 악의적인 편집 예방법이 만들어졌다.
   ③ 공영 방송은 편집에 대한 문제가 없다.
   ④ 방송의 규제는 표현의 자유를 침해할 수 있다.

실전 모의고사

※ **[41~42] 다음을 듣고 물음에 답하십시오. (각 2점)**

41. 이 강연의 중심 내용으로 가장 알맞은 것을 고르십시오.

① 복어의 독에 대한 해독제가 빨리 개발되어야 한다.

② 복어는 독이 있으므로 가급적 먹지 않는 것이 좋다.

③ 복어의 독이 치명적인 이유에 대한 연구가 필요하다.

④ 복어는 독이 있지만 전문 요리점을 이용하면 문제가 없다.

42. 들은 내용과 같은 것을 고르십시오.

① 복어의 독으로 인해 죽을 수도 있다.

② 복어는 누구나 요리할 수 있는 식재료이다.

③ 복어는 건강한 식재료이나 식감이 좋지 않다.

④ 복어의 독 때문에 사람들이 복어를 잘 먹지 않는다.

※ **[43~44] 다음을 듣고 물음에 답하십시오. (각 2점)**

43. 무엇에 대한 내용인지 알맞은 것을 고르십시오.

① 수중 발레 선수들의 연습 과정

② 수중 발레에서 사용되는 수중 스피커의 장점

③ 수중 발레에서 사용되는 수중 스피커의 적절한 위치

④ 수중 발레 선수가 음악에 맞춰 동작을 만들 수 있는 요인

44. 수중 발레에 대한 설명으로 맞는 것을 고르십시오.

① 수중보다 물 위에서의 동작이 더 중요하다.

② 수중에서는 음악 소리가 더 빨리 전달된다.

③ 선수들은 느낌과 감각에만 의존하여 동작을 한다.

④ 수중 발레를 할 때는 스피커의 위치가 아주 중요하다.

※ **[45~46] 다음을 듣고 물음에 답하십시오. (각 2점)**

45. 들은 내용과 같은 것을 고르십시오.

① 석굴암은 자연적으로 만들어졌다.

② 석굴암에 있는 불상은 예술적 가치가 높다.

③ 석굴암은 1995년에 만들어진 불교 유적이다.

④ 석굴암은 통풍이 잘되지 않아서 습기가 많은 편이다.

46. 여자가 말하는 방식으로 알맞은 것을 고르십시오.

① 석굴암의 가치를 설명하고 있다.

② 석굴암의 건축 방법을 분석하고 있다.

③ 석굴암에 있는 불상의 모습을 묘사하고 있다.

④ 석굴암이 문화유산으로 지정되어야 함을 주장하고 있다.

※ **[47~48] 다음을 듣고 물음에 답하십시오. (각 2점)**

47. 들은 내용과 같은 것을 고르십시오.

① 이번 산불이 국내 가장 큰 산불이다.

② 재난 경보가 잘 전달되어서 피해를 줄일 수 있었다.

③ 기온과 바람은 산불의 진화에 영향을 미치지 않는다.

④ 안전 관리 지침 덕분에 구조대원들의 어려움이 적었다.

48. 남자의 태도로 알맞은 것을 고르십시오.

① 대형 산불 진화의 성공을 축하하고 있다.

② 대형 산불로 인한 피해를 걱정하고 있다.

③ 대형 산불의 발생 가능성을 경계하고 있다.

④ 대형 산불 진화 시스템의 문제를 지적하고 있다.

실전 모의고사

※ **[49~50] 다음을 듣고 물음에 답하십시오. (각 2점)**

49. 들은 내용과 같은 것을 고르십시오.

　① 교육 기회와 소득은 관계가 없다.

　② 한국의 경제적 불평등은 세계 10위이다.

　③ 현재 한국의 최저 임금은 크게 문제가 되지 않는다.

　④ 상위 10% 고소득층이 전체 소득의 45%를 차지하고 있다.

50. 남자의 태도로 알맞은 것을 고르십시오.

　① 경제적 불균형의 해결책을 제시하고 있다.

　② 정규직과 비정규직의 상호 협력을 당부하고 있다.

　③ 고소득층과 저소득층의 소득 격차를 분석하고 있다.

　④ 한국이 급속한 경제 성장을 이룰 수 있었던 배경을 설명하고 있다.

TOPIK II 쓰기 (51번~54번)

※ [51~52] 다음 글의 ㉠과 ㉡에 알맞은 말을 각각 쓰시오. (각 10점)

51.

받는 사람	daehan@hankuk.com, minkuk@hankuk.com, sarang@hankuk.com ……
보낸 사람	mskim@hankuk.com
제목	학생 식당 이용에 관한 공지사항

학생 식당 이용에 관한 공지 사항입니다.

이번 주 목요일과 금요일은 신입생 오리엔테이션 행사로 학생 식당을 이용할 수 없습니다.

교직원과 재학생 여러분께서는 (㉠   ).

신입생들의 오리엔테이션이 (㉡   ) 많은 양해와 협조를 부탁드립니다.

감사합니다.

52.

　　직장에서의 스트레스는 업무, 대인관계, 조직 문화 등 다양한 원인으로 발생한다. 직장에서의 지나친 스트레스는 (㉠   ). 자신의 건강과 업무의 효율성을 위해서 (㉡   ) 필요가 있다. 업무 관리, 동료와의 상담, 적절한 휴식과 운동뿐만 아니라 일과 생활의 균형을 유지하는 것이 스트레스를 관리하는 데 도움이 된다.

53. 다음은 '인기가 있는 인터넷 개인 방송 콘텐츠'에 대한 자료이다. 이 내용을 200~300자의 글로 쓰시오. 단, 글의 제목은 쓰지 마시오. (30점)

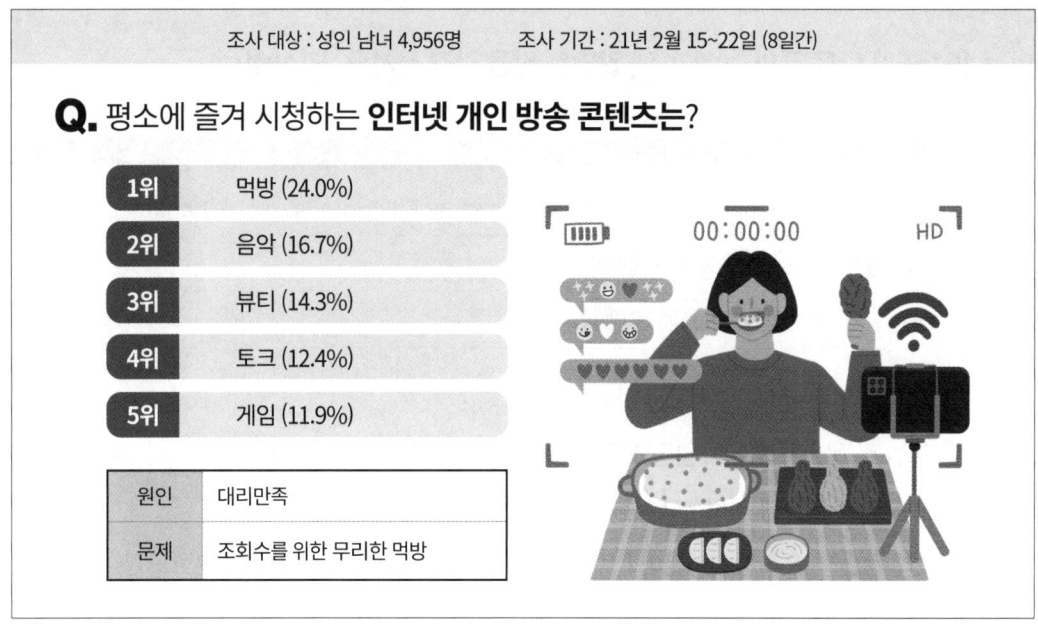

조사 대상 : 성인 남녀 4,956명		조사 기간 : 21년 2월 15~22일 (8일간)

Q. 평소에 즐겨 시청하는 **인터넷 개인 방송 콘텐츠는?**

1위	먹방 (24.0%)
2위	음악 (16.7%)
3위	뷰티 (14.3%)
4위	토크 (12.4%)
5위	게임 (11.9%)

원인	대리만족
문제	조회수를 위한 무리한 먹방

54. 다음을 참고하여 600~700자로 글을 쓰시오. 단, 문제를 그대로 옮겨 쓰지 마시오. (50점)

우리 사회가 산업사회에서 정보사회를 넘어 4차 산업혁명의 시대로 발전함에 따라 개인 정보는 전자상거래, 고객관리, 금융거래 등 사회를 구성하는 필수적인 요소이다. 그러므로 개인 정보가 유출될 경우 개인과 사회에 큰 피해를 줄 수 있다. 아래의 내용을 중심으로 '개인 정보의 보호 필요성'에 대한 자신의 생각을 쓰라.

- 개인 정보의 보호가 중요한 이유는 무엇인가?
- 개인 정보의 유출로 인해 어떤 문제가 생길 수 있는가?
- 이런 문제를 해결하기 위해서 어떤 노력이 필요한가?

* 원고지 쓰기의 예

	봄	에		많	이		발	생	하	는		미	세	먼	지	는		건	강
에		좋	지		않	다	.	미	세	먼	지	가		심	할		때	는	

제1교시 듣기, 쓰기 시험이 끝났습니다. 제2교시는 읽기 시험입니다.

한국어능력시험

TOPIK II

| 2교시 | 읽기
(Reading) |

수험번호(Registration No.)	
이 름 (Name)	한국어(Korean)	
	영어(English)	

※ **[1~2] (　　)에 들어갈 말로 가장 알맞은 것을 고르십시오. (각 2점)**

1. 나는 고등학생 때 늦잠을 자서 학교에 (　　　).

① 지각하고 싶다 　　　　　　　　② 지각해도 된다

③ 지각할 것 같다 　　　　　　　　④ 지각한 적이 있다

2. 채소를 싸게 (　　　) 시장에 가야 한다.

① 산 지 　　　　　　　　　　② 사거든

③ 사다가 　　　　　　　　　　④ 사려면

※ **[3~4] 밑줄 친 부분과 의미가 가장 비슷한 것을 고르십시오. (각 2점)**

3. 지하철을 놓칠까 봐 빠른 걸음으로 역으로 갔다.

① 놓치는 만큼 　　　　　　　　② 놓친 데다가

③ 놓치기 무섭게 　　　　　　　　④ 놓칠 것 같아서

4. 좋은 일을 하면 좋은 결과가 생기는 법이다.

① 생길 만하다 　　　　　　　　② 생기는 셈이다

③ 생기기 마련이다 　　　　　　　④ 생기기 나름이다

※ [5~8] 다음은 무엇에 대한 글인지 고르십시오. (각 2점)

5.

무더위는 이제 물러가라!
하나만 입고 다녀도 이번 여름 피서는 완벽!

① 의류　　　　② 가구　　　　③ 식료품　　　　④ 가전제품

6.

하루 세 끼 집밥을 제공합니다!
20여 년간 한결같은 마음으로 손님을 모시고 있습니다.

① 극장　　　　② 식당　　　　③ 서점　　　　④ 은행

7.

집을 잃거나 버려진 동물들의 안식처
여러분들의 따뜻한 관심과 빠른 신고를 기다립니다.

① 자연 보호　　　　② 동물 구호　　　　③ 이웃 사랑　　　　④ 범죄 예방

8.

❶ 온/오프라인으로 신청한 후에 방문하십시오.
❷ 간단한 면담 후에 등록금 고지서를 발급합니다.

① 사원 모집　　　　② 입학 안내　　　　③ 구입 문의　　　　④ 사용 규칙

실전 모의고사

※ **[9~12] 다음 글 또는 그래프의 내용과 같은 것을 고르십시오. (각 2점)**

9.

> **<학교 도서관 이용 안내>**
>
> ◆ 이용 시간 : 06:00 ~ 22:00
> ◆ 이용료 : 무료 (본교 학생에 한함, 외부인은 1일 5,000원)
> ◆ 주의 사항 : 본교 학생은 신분증 반드시 지참
>
> ※ 반려동물 입장 절대 불가

① 학교 도서관은 24시간 운영한다.
② 강아지를 데리고 도서관에 들어갈 수 있다.
③ 동네 주민은 무료로 도서관을 이용할 수 있다.
④ 본교생뿐만 아니라 외부인도 도서관을 이용할 수 있다.

10.

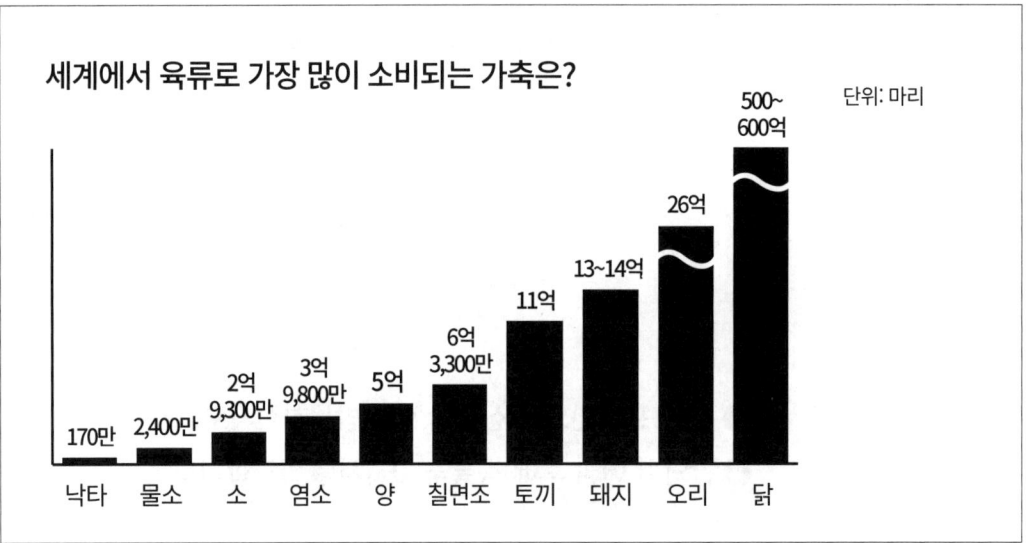

세계에서 육류로 가장 많이 소비되는 가축은?

① 닭의 소비량이 가장 많다.
② 토끼보다는 양의 소비량이 많다.
③ 소하고 오리의 소비량은 거의 같다.
④ 염소와 양의 소비량이 돼지 소비량보다 많다.

11. 　인주시에서는 올해를 '지역 방문의 해'로 정해 이곳을 찾는 방문객들에게 여러 가지 혜택을 주는 정책을 세우고 홍보하고 있다. 기본 2인 가족이 방문하면 숙박비의 20%를 할인해 주고 직계 가족 한 명이 추가될 때마다 5%씩 추가 할인 혜택을 준다고 한다. 가족 할인은 숙박비의 최대 50%까지 가능하다. 또 시장이나 식당 등에서 사용한 금액의 10%를 상품권으로 제공할 예정이다.

① 인주시에서는 모든 방문객에게 숙박비를 할인해 준다.

② 인주시에서 물건을 사는 방문객은 상품권을 받을 수 있다.

③ 인주시에서는 가족 단위 방문객에게 숙박비를 받지 않는다.

④ 인주시를 여행하는 5인 가족은 숙박비의 50%를 할인받을 수 있다.

12. 　지난 주말 오후 5시경 서울 시내 중심 광화문에서 차량 5대가 부딪쳐 운전자와 탑승자가 중경상을 입는 사고가 발생했다. 부상자들은 인근 병원으로 옮겨져 치료를 받고 있으며 경찰은 사고의 원인을 조사 중이다. 운전자 중 한 명은 과거 음주 운전 경력이 있어 추가 조사를 받는 것으로 알려졌다. 한편 가벼운 상처를 입은 운전자와 탑승자들은 경찰 조사를 마치면 귀가할 예정이다.

① 교통사고로 사망자가 발생해 근처 병원으로 옮겨졌다.

② 사고 운전자 중에 음주 운전 경력이 있는 사람은 없었다.

③ 서울 시내에서 수십 대의 차량이 충돌하는 사고가 일어났다.

④ 크게 다치지 않은 사람들은 조사 후에 집으로 돌아갈 것이다.

실전 모의고사

※ **[13~15] 다음을 순서에 맞게 배열한 것을 고르십시오. (각 2점)**

13.
> (가) 왜냐하면 친구들하고 근교에 등산을 가기로 했기 때문이다.
>
> (나) 학기 초에는 새로 만난 친구들도 교실 분위기도 낯설기만 했다.
>
> (다) 오늘은 주말이어서 학교에 가지 않지만 평소보다 일찍 일어났다.
>
> (라) 하지만 친구들의 이름도 알고 서로에 대한 이야기도 하면서 많이 가까워졌다.

① (가)-(나)-(라)-(다) ② (나)-(라)-(다)-(가)
③ (가)-(라)-(나)-(다) ④ (나)-(가)-(다)-(라)

14.
> (가) 수많은 해양 생물에게 서식처와 먹이를 제공하기 때문이다.
>
> (나) 산호초는 해양 생태계를 건강하게 유지하는 데 필수적인 보물창고이다.
>
> (다) 또한 탄소를 흡수해서 바닷속 환경을 보호하고 기후 변화를 완화하기도 한다.
>
> (라) 해양 생물들은 산호초 덕분에 적으로부터 자신을 보호하고 알을 낳아서 키울 수 있다.

① (나)-(가)-(라)-(다) ② (나)-(라)-(가)-(다)
③ (다)-(가)-(나)-(라) ④ (다)-(라)-(가)-(나)

15.
> (가) 그중에서 가장 먼저 발달하는 감각은 청각이다.
>
> (나) 하지만 가장 중요한 감각기관은 눈이라고 할 수 있다.
>
> (다) 사람에게는 시각, 미각, 후각, 청각, 촉각의 오감이 있다.
>
> (라) 사람은 시력을 통해 모든 감각의 최대 80%를 인식하기 때문이다.

① (가)-(나)-(라)-(다) ② (다)-(나)-(라)-(가)
③ (가)-(라)-(나)-(다) ④ (다)-(가)-(나)-(라)

※ [16~18] (   )에 들어갈 말로 가장 알맞은 것을 고르십시오. (각 2점)

16.

약을 복용할 때 가장 걱정하는 것은 약의 부작용이다. 하지만 이보다 더 큰 문제는 약을 먹어도 예전처럼 효과가 나지 않는 약의 내성이다. 약물을 반복해서 사용하게 되어 약효가 줄어드는 현상인 내성은 (   ) 남용하거나 오용할 때 나타난다. 그러므로 세균이나 바이러스가 완전히 치료될 때까지 의사나 약사의 지시를 따르는 것이 중요하다.

① 약물 사용을 두려워하고   ② 약을 처방대로 복용하지 않고
③ 처방된 약의 효과를 믿지 않고   ④ 환자가 임의로 약 복용을 중단하고

17.

향수는 향료를 알코올과 같은 휘발성 물질에 섞어서 희석한 화장품으로 직접 몸에 뿌리거나 의류에 사용하기도 한다. 냄새에 예민한 사람 중에는 향수를 싫어하거나 남이 사용한 향수의 냄새 때문에 두통을 겪기도 한다. 하지만 향에 예민하면서도 (   ) 오히려 여러 향을 즐길 수 있으며 이런 특성은 조향사나 향수 디자이너 같은 직업에 적합하다.

① 몸의 체취가 심하지 않은 사람이라면   ② 강한 냄새를 맡을 수 없는 사람이라면
③ 향수의 향을 싫어하지 않는 사람이라면   ④ 향수를 너무 많이 뿌리지 않는 사람이라면

18.

지구 온난화 현상이나 도심지역의 열섬현상 등으로 높아진 기온 탓에 특정 지역에 곤충이 폭발적으로 증가하는 현상이 문제가 되고 있다. 곤충의 대발생 현상은 사람들의 생활에 불편을 주고 농작물이나 가축에 피해를 주기도 한다. 전문가들은 (   ) 화학약품을 사용하는 것은 또 다른 문제를 일으킬 수 있기 때문에 이러한 곤충의 발생 원인과 생태를 파악하는 것이 우선이라고 말한다.

① 곤충을 연구하기 위해서   ② 곤충을 방제하기 위해서
③ 곤충의 문제를 알리기 위해서   ④ 곤충의 종류를 파악하기 위해서

실전 모의고사

※ **[19~20] 다음 글을 읽고 물음에 답하시오.(각 2점)**

> 매일 수많은 정보가 다양한 매체를 통해서 제공되는데 정보를 얻는 방법은 사람마다 다르다. 일반적으로 기기를 사용하기 어려운 상황에 있는 사람들은 책이나 신문 등의 인쇄 매체나 텔레비전 등의 대중 매체에 의존하고 기기 사용에 익숙한 젊은 청소년 세대는 빠르고 쉽게 정보에 접근할 수 있는 인터넷 매체를 선호한다. (   ) 정보를 얻는 방법은 세대나 환경에 따라 서로 다르지만 정보를 소비하는 모든 사람들은 허위 정보를 가려내어 객관적이고 진실한 정보를 찾으려고 노력한다.

19. (   )에 들어갈 말로 가장 알맞은 것을 고르십시오.

① 비록   ② 과연   ③ 만약   ④ 혹시

20. 윗글의 주제로 가장 알맞은 것을 고르십시오.

① 소비자들은 인쇄 매체보다 인터넷 매체를 선호한다.

② 소비자들은 정보에 쉽고 빠르게 접근하기를 바란다.

③ 소비자들은 객관적이고 거짓이 없는 정보를 얻고자 한다.

④ 소비자들은 사용할 수 있는 매체를 통해서 정보를 얻는다.

※ **[21~22] 다음 글을 읽고 물음에 답하시오. (각 2점)**

> 펜이나 연필보다는 컴퓨터 자판에 익숙해지면서 점차 손 글씨가 잊혀 가고 있지만 최근 다시 손 글씨의 매력에 빠진 사람들이 늘고 있다. 필기구를 손에 쥐고 쓰는 손 글씨에는 쓰는 사람의 생각과 감정이 드러나고 사람마다 필체가 독특하고 다르기 때문에 문서의 작성자를 알 수 있다. 특히 시간과 정성을 들여 한 자 한 자 눌러쓴 손 글씨는 읽는 사람에게 (   ) 진한 감동을 준다. 그래서 최근에는 손 글씨로 가족이나 지인에게 감사의 마음을 전하는 행사가 인기를 끌고 있다.

21. (   )에 들어갈 말로 가장 알맞은 것을 고르십시오.

① 입맛에 맞는
② 눈길을 끄는
③ 가슴을 울리는
④ 귀를 기울이는

22. 윗글의 내용과 같은 것을 고르십시오.
① 손 글씨에는 쓴 사람의 감정이 나타난다.
② 컴퓨터보다 손 글씨가 많이 이용되고 있다.
③ 손 글씨의 필체로 쓴 사람을 확인할 수 없다.
④ 독특한 손 글씨를 자랑하는 행사가 늘고 있다.

실전 모의고사

※ **[23~24] 다음을 읽고 물음에 답하십시오. (각 2점)**

> 오래전에 대학을 졸업한 나는 최근 사이버 대학의 문예창작과에 편입해 다시 공부를 시작하게 되었다. 어려서부터 문학에 관심이 많았던 나는 늘 마음 한구석에 이루지 못한 꿈에 대한 미련이 있었다. 사이버 대학을 선택한 것은 매일 학교에 나가지 않아도 되고 일을 병행할 수 있는 편의성 때문이었다. 한 달에 두 번 학교에 나가는데 처음에는 같은 과 학생들을 만나서 인사하고 교류하는 것이 무척 어색했다. 나이도 내가 제일 많은 것 같은데 괜찮을까? 공부를 한 지도 너무 오래되었는데 해낼 수 있을까? 많은 생각으로 머릿속이 복잡했다. 더구나 학생들이 나를 '선생님'이나 '선배님'이라고 불러서 더욱 거리감이 느껴졌다. 하지만 시간이 흐르면서 내가 운영하는 병원에 치료를 받으러 오는 사람도 있었고 봉사 활동과 취미 모임을 함께 하면서 친해지자 나를 부르는 호칭도 바뀌었고 어색함도 점차 사라졌다. 이제 열심히 공부해서 내 경험을 글로 써 보겠다는 꿈을 향해 가기만 하면 되는 것이다.

23. 밑줄 친 부분에 나타난 '나'의 심정으로 가장 알맞은 것을 고르십시오.

① 감동스럽다   ② 걱정스럽다

③ 불만스럽다   ④ 자랑스럽다

24. 윗글의 내용과 같은 것을 고르십시오.

① 나는 일하면서 공부하고 있다.

② 나는 글을 쓰는 일을 하고 있다.

③ 나는 선생님이라는 호칭이 좋았다.

④ 나는 최근에 문학에 관심이 생겼다.

※ **[25~27] 다음 신문 기사의 제목을 가장 잘 설명한 것을 고르십시오. (각 2점)**

25.

> 가수 김수미 표절로 가요제에서 탈락, 팬들도 싸늘

① 가수 김수미가 새 노래를 만들어서 인기가 올라갔다.

② 가수 김수미가 가요제에 참가하게 되어 팬들이 좋아한다.

③ 가수 김수미가 팬들의 도움으로 가요제에 참가하게 되었다.

④ 가수 김수미가 노래에 문제가 있어서 가요제에 참가하지 못한다.

26.

> 늦은 꽃샘추위로 전국이 꽁꽁, 봄 축제들 무더기 연기

① 밤늦게 눈이 와서 봄을 기다리는 사람들이 실망했다.

② 봄에 갑자기 날씨가 추워져서 많은 축제가 미뤄졌다.

③ 추운 날씨에도 전국에서 다양한 봄 축제가 열리고 있다.

④ 겨울에도 축제를 열기 위해서 많은 지역이 홍보하고 있다.

27.

> 달러 급등세 지속, 수입업자들 울상

① 달러의 가격이 급등했지만 수입 물품의 거래량이 늘었다.

② 수입업자들이 수입시장을 활성화하기 위해 노력하고 있다.

③ 달러의 가격이 크게 올라서 수입업자들이 힘들어하고 있다.

④ 수입업자들이 달러의 급등에 계속해서 영향을 미치고 있다.

실전 모의고사

※ [28~31] ( )에 들어갈 말로 가장 알맞은 것을 고르십시오. (각 2점)

28.

> 나이 들어 은퇴를 하면 점차 경제적 능력을 상실해 가면서 다른 분야에서도 자신감을 잃고 몸과 마음이 약해지게 된다. 하지만 오랫동안 일하면서 쌓아 온 (   ) 자원봉사를 하거나 재능 기부 등을 함으로써 자신감도 회복하고 삶의 만족도도 높일 수 있다. 자신의 능력을 발휘할 수 있는 기회를 갖고 사회적 관계를 회복하면 건강 수명도 늘어나고 행복 지수도 올라간다.

① 퇴직금을 투자해서   ② 절호의 기회를 살려서
③ 전문 지식을 활용해서   ④ 경험과 습관을 버리고

29.

> 한국의 김치와 같이 채소를 소금이나 식초, 간장 등으로 절여서 발효시켜 만든 음식은 세계 여러 나라에서 찾아볼 수 있다. 발효된 채소는 (   ) 발효 과정에서 다양한 영양 성분들이 나와서 오랫동안 두고 먹을 수 있을 뿐만 아니라 맛도 좋고 건강에도 좋다. 건강에 좋은 발효 식품으로 널리 알려진 김치는 많은 관심을 받고 있으며 세계적으로 수요가 증가하고 있다.

① 조리 시간이 짧고   ② 비용이 적게 들고
③ 누구에게나 익숙하고   ④ 저장 기간이 늘어나고

30.

　　킥보드는 발로 땅을 차서 앞으로 나아가는 탈것으로 기본적인 일반 킥보드와 전동 모터를 장착하여 전기로 움직이는 전동 킥보드 등 다양한 종류가 있다. 전동 킥보드는 도로교통법상 원동기 장치가 있는 자전거로 분류되기 때문에 (　　　　　　) 없다. 자전거 도로가 없는 곳에서는 차도의 우측 가장자리에 붙어서 통행해야 하며 인도와 차도가 구분된 곳에서는 반드시 차도로 통행해야 한다.

① 인도에서 주행할 수 　　　　　　　② 차도에서 주행할 수

③ 자전거 도로로 통행할 수 　　　　　④ 도로의 우측으로 통행할 수

31.

　　자신의 결함이나 잘못을 지적하고 타이르는 충고를 듣기 좋아하는 사람은 없다. 그래서 분명 충고가 필요한 상황임에도 듣는 사람은 받아들이기가 쉽지 않다. 왜냐하면 충고를 해주는 사람이나 충고를 받는 사람이 진심으로 상호 교감이 되었을 때만 효과를 나타내기 때문이다. 아무리 옳은 충고라고 해도 (　　　　　　) 자칫 관계가 악화될 수도 있기 때문에 원만한 관계를 위해서는 듣는 사람의 입장을 고려하고 충고의 수위를 조절하는 주의가 필요하다.

① 충고하는 내용의 필요성이 적으면

② 두 사람의 신뢰와 친밀도에 따라서

③ 충고하는 사람의 진심 여부에 따라서

④ 두 사람이 감정적으로 거리가 가까우면

※ **[32~34] 다음을 읽고 글의 내용과 같은 것을 고르십시오. (각 2점)**

32.

주 4일 근무제는 법정 근로 시간을 주 40시간에서 32시간으로 줄여 일주일에 4일만 근무하고 3일은 쉬는 제도이다. 노동 시간이 단축되어 근로자의 삶의 질이 향상되고 휴식 시간의 증가로 집중력이 향상되어 업무의 효율성이 증대된다는 장점이 있다. 하지만 근로 시간이 줄면 임금이 감소할 수도 있고 생산 현장에서는 인력이 부족해 생산성을 유지하기가 어려울 수도 있다는 문제가 제기되고 있다.

① 주 4일 근무제는 근로자의 휴식 시간을 감소시킨다.
② 주 4일 근무제는 노동 시간을 단축하는 장점이 있다.
③ 주 4일 근무제는 생산 인력을 늘리기 위해 시행한다.
④ 주 4일 근무제는 법적으로 주 40시간 일하는 제도이다.

33.

로봇은 어떤 작업이나 조작을 자동적으로 행하는 기계와 장치를 가리키는 산업용 로봇에서 출발하여 현재에는 걷기도 하고 말도 하는 인간과 유사한 기계 장치로 발전했다. 공상 과학 소설이나 영화에 자주 등장하는 가상의 생명체인 인조인간도 발달된 로봇의 일종이다. 로봇 산업의 눈부신 발전으로 인공지능 로봇이 다양한 분야에서 활약하고 있으며 휴머노이드, 사이보그 등의 활용이 실용화될 단계에 접어들었다.

① 인공지능 로봇은 현재 개발 중이다.
② 초기 로봇은 산업 분야에서 사용되었다.
③ 휴머노이드, 사이보그 등이 실용화되었다.
④ 인조인간은 가상의 물체이며 로봇이 아니다.

34.

한 세대가 독립적으로 거주하며 관리하는 단독 주택과 달리 모든 생활이 주거 지역의 동일 공간에서 이루어지고 공동으로 관리되는 편리함 때문에 아파트를 선호하는 사람이 늘고 있다. 가구나 가전제품을 갖춘 아파트가 많아지고 동체 감지 센서, 원격 제어 장치 등 첨단 장비가 설치된 아파트가 등장했으며 운동시설, 도서관, 식당 등의 편의 시설이 있는 아파트가 일반화되면서 아파트를 선호하는 추세는 계속되고 있다.

① 단독 주택은 공동으로 관리되어 편리하다.
② 아파트는 한 세대만 독립적으로 거주한다.
③ 첨단 장비를 갖춘 아파트가 생길 예정이다.
④ 아파트는 단지 내에서 모든 생활이 가능하다.

※ **[35~38] 다음을 읽고 글의 주제로 가장 알맞은 것을 고르십시오. (각 2점)**

35.

반려동물은 단순한 놀잇감이 아니라 사람과 더불어 살면서 즐거움을 주고 교감을 하는 동반자로서 살아간다는 의미에서 가족의 구성원으로 대접을 받는다. 반려동물을 키우다 보면 정서적으로 안정되어 삶의 활력소가 되는데 특히 아이들에게는 사회적, 감성적 발달을 촉진하는 긍정적인 효과가 있다. 반려동물을 기르는 이유는 사정에 따라 다르지만 어떤 경우이든 경제적, 시간적으로 동물을 돌볼 수 있어야 하며 반려동물로 인해 발생하는 문제에 대한 법적인 책임도 져야 한다.

① 반려동물을 기를 때는 타당한 이유가 있어야 한다.
② 반려동물을 가족 구성원으로 인정하고 대접해야 한다.
③ 반려동물을 제대로 돌보고 책임을 지는 것이 중요하다.
④ 반려동물에게서 얻을 수 있는 긍정적 효과를 높여야 한다.

실전 모의고사

36. 탄산음료는 맛이 산뜻하고 시원해서 특히 더운 여름철에 많은 사람이 찾는다. 마시면 이산화탄소의 효과로 트림이 많이 나오기 때문에 소화가 잘되는 느낌이 들고 청량감으로 기분이 좋아진다. 그러나 탄산음료를 지나치게 많이 마시면 오히려 소화기 계통에 나쁜 영향을 줄 수 있으며 치아를 부식시키고 당분의 과다 섭취로 당뇨병의 발생 위험이 높아질 수 있다. 그러므로 탄산음료를 지나치게 섭취하는 것을 피하고 대체 음료나 생수를 마시는 것을 적극 권장해야 한다.

① 탄산음료는 소화기가 약한 사람이 마시도록 권장해야 한다.
② 탄산음료의 과다 섭취로 인한 부정적인 면을 널리 알려야 한다.
③ 탄산음료의 섭취를 줄이고 대체 음료를 마시도록 홍보해야 한다.
④ 탄산음료가 여름철 더위를 식힐 수 있으므로 적극 섭취해야 한다.

37. 지구 온난화로 인해 해수면이 상승하고 폭염과 폭우가 잦아지며 일부 지역에서는 사막화가 촉진되는 등 재해가 끊임없이 발생하고 있다. 이러한 자연재해는 인간의 건강과 생활 전반에 엄청난 피해를 준다. 폭염과 폭우로 식량 생산이 감소하고 기후의 변화로 인한 호흡기 질환이 전 세계를 공포로 몰아넣기도 한다. 그야말로 지구촌 전체가 지구 온난화의 피해 대상인 것이다. 지구 온난화를 늦추고 인류의 생존과 안전을 지키기 위해서는 각국이 정보를 공유하고 공동 대책을 세우는 등 전 세계가 협력해 함께 대응해 나가야 한다.

① 지구 온난화로 인한 자연재해의 발생 정보를 알아야 한다.
② 지구 온난화로 큰 피해를 입은 지역에 도움을 주어야 한다.
③ 지구 온난화를 막기 위해 각국의 적극적인 노력이 필요하다.
④ 지구 온난화는 지구촌 전체가 대책을 세우고 대응해야 한다.

38.

> 장수는 오랜 역사 속에서 보편적으로 나타나는 인간의 가장 큰 소망이다. 최근 세계보건기구가 0~17세는 미성년, 18~65세는 일괄적으로 청년으로 분류하고 66~79세는 중년, 80세가 넘으면 노인, 100세를 넘으면 장수 노인으로 구분한다는 새로운 기준을 발표했다. 진위 여부를 떠나 이런 내용을 접하고 많은 사람들이 즐거워한 것은 사실이다. 하지만 문제는 평균 수명의 연장과 함께 건강하게 그 나이까지 도달하는 건강 수명의 연장이라는 숙제가 남아 있다.

① 장수는 평균 수명이 연장될 때 진정한 의미가 있다.

② 장수는 건강한 삶의 기간을 연장하는 것이 중요하다.

③ 장수는 세계보건기구가 나서서 문제를 해결해야 한다.

④ 장수는 분류 기준에 따라서 구분하는 연령이 달라야 한다.

※ **[39~41] 주어진 문장이 들어갈 곳으로 가장 알맞은 것을 고르십시오. (각 2점)**

39.

> 반면 비가 너무 많이 와서 피해가 클 때는 기청제를 지내서 비가 그만 내리고 날씨가 맑아지기를 기원했다.

> 비가 오지 않을 때 비가 내리기를 기원하며 지내는 제사를 기우제라고 한다. (㉠) 주로 농경 사회에서 하늘이나 용과 같은 자연신에게 비를 내려 달라고 비는 의례이다. (㉡) 기우제는 국가 차원에서 왕이 직접 제사를 지내거나 나라에서 주관해서 마을 단위로 행해졌다. (㉢) 기우제든 기청제든 효과를 확인하기는 어렵지만 불안한 민심을 안정시키는 데는 큰 역할을 했다. (㉣)

① ㉠   ② ㉡   ③ ㉢   ④ ㉣

40.

> 이처럼 현재도 생활 속에서 많이 활용되고 있지만 정확하게 알지 못했던 절기에 대한 흥미로운 설명이 독자들의 관심을 받고 있다.

> 민속학자 김경민 씨가 『24절기와 생활』이라는 신간을 내놓았다. (㉠) 이 책은 동아시아 지역에서 오랫동안 사용되어 온 절기와 생활의 관계를 재미있게 풀어나간다. (㉡) 예로 들면 '오늘은 절기상 대한이지만 큰 추위 없이 온화하겠습니다.'와 같은 일기예보는 절기를 통해 날씨를 예측하는 경우라고 설명한다. (㉢) 절기에 따라 농사일을 계획하고 생활했던 옛사람들의 지혜를 배울 수 있는 안내서의 역할을 할 것으로 기대된다. (㉣)

① ㉠   ② ㉡   ③ ㉢   ④ ㉣

41.

> 즉, 사랑의 감정은 호르몬 분비와 밀접한 관련이 있으며 사랑의 단계에 따라 지배적인 호르몬의 종류가 달라진다.

> 사랑에 빠지면 뇌의 특정 부위가 활성화되고 다양한 호르몬들이 분비되면서 감정에 변화가 생긴다. (㉠) 초반에는 열정적인 사랑을 느끼게 하는 호르몬이 우세하고 시간이 지나면 이러한 호르몬의 분비가 감소하기 때문에 열정이 식는다. (㉡) 하지만 안정적인 관계를 유지하고 유대감을 형성하게 하는 호르몬이 증가하면서 사랑이 유지된다. (㉢) 그래서 사랑은 화학적인 작용이라는 설명이 가능하다. (㉣)

① ㉠   ② ㉡   ③ ㉢   ④ ㉣

※ [42~43] 다음을 읽고 물음에 답하십시오. (각 2점)

미연은 멍한 표정으로 창밖을 보았다. 어린아이 둘을 남겨 두고 유학을 가야겠다는 결정을 하는 것은 보통 힘든 일이 아니었다. 사랑하는 아이들하고 몇 년 동안 떨어져 지내야 한다는 심적인 부담감과 상실감도 문제이지만 현실적인 면에서 더욱 그랬다. (중략) 미연의 남편은 자신의 꿈을 위해 용기를 내라며 미연의 편이 되어 주었다. 하지만 몇 날 며칠 미연의 머릿속이 복잡했다.

'내가 없어도 아이들이 괜찮을까? 내가 너무 이기적인 걸까? 내가 과연 잘 해낼 수 있을까?' 생각이 닿는 곳마다 답이 없는 질문들뿐이었다. 미연은 답답한 마음을 시부모님께 털어 놓았다.

"이번 기회를 놓치면 후회할 것 같은데 아이들을 어떻게 해야 할지 모르겠어요. 아이들을 생각하면 제가 포기해야 하는데 쉽지가 않네요." 미연의 마음 한구석에서는 시부모님들의 협조를 얻고 싶었는지도 모르겠다. 결과가 어찌 되었든 다른 방법이 없으니 지푸라기라도 잡는 심정으로 하소연을 한 것이다.

"회사에서 네 능력을 인정하고 그런 기회를 준 건데 어렵더라도 함께 노력해 보자. 그동안 일하면서 아이들을 돌보느라고 고생했는데 이번 기회에 네 시간을 가져 보면 좋겠구나." 미연의 시부모님은 자랑스러운 일이라며 흔쾌히 손주들을 맡겠다고 하셨다. 미연은 감사한 마음에 왈칵 눈물이 났다. 결국 손주들을 돌보는 일의 최종적인 결정권과 책임을 모두 시부모님에게 넘기고 미연은 유학길에 올랐다.

42. 밑줄 친 부분에 나타난 '미연'의 심정으로 가장 알맞은 것을 고르십시오.

① 후회스럽다　　　　② 걱정스럽다

③ 불만스럽다　　　　④ 자랑스럽다

43. 윗글의 내용으로 알 수 있는 것을 고르십시오.

① 미연은 유학을 가고 싶어 하지 않았다.

② 미연은 시부모님의 도움을 받지 못했다.

③ 미연의 남편은 미연의 유학을 찬성했다.

④ 미연은 아이들과 함께 유학을 가기로 했다.

실전 모의고사

※ **[44~45] 다음을 읽고 물음에 답하십시오. (각 2점)**

산업 혁명이란 18세기에 시작된 사회경제적 변화와 기술의 혁신을 통한 인류 문명의 역사적 변혁을 이르는 말이다. 현대 사회를 이루는 문화와 제도의 대부분은 이 시기에 완성되었으며 제조업과 공업의 기계화로 대량생산이 가능해지면서 자본주의 경제가 확립되었다. 유럽에서 시작된 산업 혁명은 북미와 아시아로 확산되었고 수공업에 기초한 작업장들이 (   ) 공장제로 전환되었다. 계속적인 발명과 기술혁신을 바탕으로 농업 중심의 이전 사회와는 전혀 다른 산업사회가 출현하게 되었고 지속적인 경제성장이 가능해졌다. 비약적으로 발전한 생산력은 인류에게 물질적인 풍요를 가져다주고 빈곤을 극복할 수 있는 수단과 기반을 마련해 주었다.

44. (   )에 들어갈 말로 가장 알맞은 것을 고르십시오.

① 공급량을 줄이는
② 기계 설비를 갖춘
③ 물가를 조절하는
④ 식량을 생산하는

45. 윗글의 주제로 가장 알맞은 것을 고르십시오.

① 산업 혁명은 사회의 변화와 혁신을 통해서 출현하게 된 변혁이었다.
② 산업 혁명은 유럽의 문화가 북미와 아시아로 전해지는 계기가 되었다.
③ 산업 혁명은 대량생산을 가능하게 함으로써 물질적 풍요를 가져 왔다.
④ 산업 혁명은 농업을 기반으로 하는 세계 경제의 기초를 마련해 주었다.

※ **[46~47] 다음을 읽고 물음에 답하십시오. (각 2점)**

교육은 일반적으로 적절한 인생 나이의 적기에 하는 것이 가장 효과적이고 바람직한 것이다. 신체적, 정신적으로 기초적인 발달을 해야 할 시기에 과도한 조기 교육은 성장기 아이들에게 스트레스를 주어 불안 심리를 키우고 학습 의욕을 떨어뜨리며 자기 조절 능력에 부정적 영향을 줄 수 있기 때문에 신중하게 접근하지 않으면 안 된다. 일부 전문가들은 언어 교육에 있어서 조기 교육이 효과가 있다고 주장하거나 영재성이 있는 아이들에게 조기 교육이 필요하다고 해서 적극 권장하는 것도 사실이다. 하지만 지나친 조기 교육은 아이들의 자율성을 저하시키고 또래 집단과의 관계에 어려움을 겪게 하며 심지어 신체적인 발달에 장애를 가져 올 수도 있다. 조기 교육이 아이의 정상적인 성장을 막는 것이나 다름없다. 그러므로 아이의 나이와 발달 수준에 맞춰 적절한 교육을 제공하는 것이 무엇보다 중요하며 학업 이외에 문화 체험이나 또래와의 놀이, 스포츠 활동 등 다양한 경험을 할 수 있도록 도와야 한다.

46. 윗글에 나타난 필자의 태도로 가장 알맞은 것을 고르십시오.

① 조기 교육은 신체적, 정서적 발달에 가장 효과적이다.

② 조기 교육은 다양한 체험과 활동에 도움을 줄 수 있다.

③ 조기 교육보다 연령과 발달 과정에 맞는 교육이 중요하다.

④ 조기 교육의 필요성을 강조하고 적극적으로 권장해야 한다.

47. 윗글의 내용과 같은 것을 고르십시오.

① 조기 교육이 아이의 자발적인 학습 의욕을 높인다.

② 언어 교육에서 조기 교육이 효과적이라는 주장이 있다.

③ 또래와의 관계에 어려움이 있는 경우 조기 교육이 필요하다.

④ 대부분의 전문가들은 조기 교육의 장점과 중요성을 강조한다.

실전 모의고사

※ **[48~50] 다음을 읽고 물음에 답하십시오. (각 2점)**

> 최근 유전자 가위로 인간의 배아 유전자를 조작하여 선천성 심장병을 예방할 수 있는 새로운 기술이 개발되었다는 것이 화제가 되었다. 병을 일으키는 돌연변이 유전자를 교정하여 유전성 질환이 더 이상 유전되지 않도록 만든 것이다. 이러한 기술은 다양한 분야에서 활용되어 유전병 치료, 생명 연장, 유전자 조작 식품과 의약품의 개발 등이 한창 진행 중이다. 유전자 조작 기술을 경제적 발전에 기여할 미래의 산업으로 인식한 세계 각국은 적극적인 투자와 지원을 아끼지 않고 있다. 이처럼 유전자 조작이 각종 질병을 치료하고 식량 문제를 해결할 가능성이 있지만 아직까지 (   ) 생명 윤리의 문제를 야기할 우려가 남아 있다. 유전자 조작 식품이 인체에 안전한 것인지 충분히 확인되지 않았으며 유전자 조작에 대한 확실한 기준이 마련되어 있지 않아서 법적으로 규제하거나 제한할 수가 없다. 기술 개발과 연구에 대한 지원에 앞서 유전자 조작의 안전성을 충분히 재고해 보아야 하며 인간의 존엄성을 훼손하지 않도록 적극적으로 감시해야 할 것으로 보인다.

48. 윗글을 쓴 목적으로 가장 알맞은 것을 고르십시오.
① 유전자 조작의 혜택을 분석하려고
② 유전자 조작의 문제점을 지적하려고
③ 유전자 조작의 연구 결과를 알리려고
④ 유전자 조작에 대한 지원을 당부하려고

49. (   )에 들어갈 말로 가장 알맞은 것을 고르십시오.
① 기술 수준이 높지 않고   ② 안전성이 검증되지 않았고
③ 투자와 지원이 불충분하고   ④ 치료 효과가 확인되지 않았고

50. 윗글의 내용과 같은 것을 고르십시오.
① 유전자 조작 연구에 대한 규제와 제한이 심하다.
② 유전자 조작 기술의 개발에 투자하지 않고 있다.
③ 유전자 조작 식품으로 식량 문제를 해결할 수 없다.
④ 유전자 조작 기술로 선천성 질병을 예방할 수 있다.

1	③	2	①	3	④	4	③	5	①
6	②	7	③	8	③	9	④	10	②
11	②	12	④	13	③	14	③	15	①
16	②	17	③	18	③	19	①	20	④
21	③	22	①	23	③	24	②	25	②
26	④	27	③	28	③	29	④	30	②
31	③	32	④	33	②	34	②	35	③
36	③	37	④	38	①	39	④	40	④
41	④	42	①	43	④	44	②	45	②
46	①	47	①	48	④	49	④	50	①

1   ③

듣기 대본   여자 : 바람이 많이 부네요.

남자 : 저쪽에 있는 카페에 가서 커피 한잔 할까요?

여자 : 네. 좋아요.

풀이   바람이 불고 있는 상황에서 카페를 가리키며 대화하는 상황이다.

2   ①

듣기 대본   남자 : 여기 앉으세요.

여자 : 아니에요. 괜찮아요. 그냥 앉으세요.

남자 : 전 다다음 정류장에서 내려요.

풀이   남자가 나이가 많은 여자에게 자리를 양보하는 대화이다.

3   ④

듣기 대본   남자 : 한 조사 결과에 따르면 10대와 60대의 스마트폰 사용 시간은 지난해에 비해 모두 늘어난 것으로 나타났습니다. 그러나 사용 내용은 조금 달랐는데요. 10대는 게임, 문자, 음악 듣기 등의 순서인 반면 60대는 전화, 문자, 뉴스 보기 등의 순서로 나타 났습니다.

풀이   10대와 60대 모두 스마트폰 사용 시간이 늘었다. 사용하는 내용은 10대는 게임, 문자, 음악 듣기의 순이고 60대는 전화, 문자, 뉴스 보기의 순으로 나타났다.

4	③

듣기 대본
남자 : 어제 모임이 끝나지도 않았는데 왜 일찍 집에 갔어?
여자 : 좀 피곤해서 쉬려고. 모임은 잘 끝났어?
남자 : _____

풀이 여자가 어제 모임이 끝나기 전에 집에 가서 남자가 걱정했다는 내용의 대화이다.

5	①

듣기 대본
여자 : 거실에 놓을 소파를 사야 하지 않을까요?
남자 : 소파를 두면 거실이 너무 좁을 것 같아요.
여자 : _____

풀이 거실이 좁기는 하지만 소파가 필요하다는 내용이다.

6	②

듣기 대본
남자 : 수미야, 옷 수선을 맡겼어?
여자 : 어제 야근하느라고 못 맡겼어.
남자 : _____

풀이 여자가 어제 옷 수선을 맡기지 못해서 오늘 남자가 맡기겠다는 대화이다.

7	③

듣기 대본
남자 : 산책하러 갈까요?
여자 : 오늘은 미세먼지가 심해서 공기가 안 좋대요.
남자 : _____

풀이 미세먼지가 심하니까 산책하지 말고 집에서 쉬는 게 좋다는 대화이다.

8	③

듣기 대본
여자 : 다음 학기 등록하러 왔는데요.
남자 : 등록 기간이 끝났습니다. 어제가 등록 마감이었어요.
여자 : _____

풀이 다음 학기 등록이 어제로 마감된 것을 모르고 등록하러 온 여자와의 대화이다.

9	④

듣기 대본
여자 : 우리 내일 부산에 가서 뭐 할까?
남자 : 글쎄. 내가 요즘 회사 일이 바빠서 여행 준비를 전혀 못했어.

여자 : 그럼, 너는 갈 만한 관광지를 찾아봐. 난 맛집을 찾아볼게.

남자 : 알았어.

풀이   맛집을 찾겠다고 했으므로 맛있는 식당을 찾는 행동이 이어져야 한다.

10	②

듣기 대본   여자 : 핸드폰 수리를 맡기려고 하는데요.

남자 : 무슨 문제가 있습니까?

여자 : 핸드폰 화면이 깨졌는데 고칠 수 있을까요?

남자 : 번호표를 뽑고 잠시만 기다려 주십시오.

풀이   남자가 번호표를 뽑고 기다리라고 했으므로 번호표를 뽑는 행동이 이어져야 한다.

11	②

듣기 대본   남자 : 오늘 택배 온 거 없었어?

여자 : 현관에는 없던데…… 오늘 택배 올 게 있었어?

남자 : 응. 책을 주문했는데 조금 전에 배달을 완료했다는 문자가 왔어.

여자 : 그래? 잠깐만 기다려. 내가 우편함에 있는지 확인해 볼게.

풀이   우편함에 택배가 있는지 확인하러 가겠다고 했으므로 우편함으로 가는 행동이 이어져야 한다.

12	④

듣기 대본   여자 : 행사 준비는 모두 다 끝났습니다.

남자 : 고생하셨어요. 고객 명단은 어디에 있습니까?

여자 : 여기 있습니다. 저는 일찍 도착하신 분이 있는지 확인해 보겠습니다.

남자 : 네, 알겠습니다.

풀이   일찍 도착한 고객이 있는지 확인하겠다고 했으므로 도착한 고객이 있는지 확인하러 가는 행동이 이어져야 한다.

13	③

듣기 대본   여자 : 우리가 자주 가던 정문 앞에 있는 한식집이 이번 달까지만 영업을 한대.

남자 : 진짜? 음식도 맛있고 가격도 저렴해서 항상 손님들로 붐비는 곳인데. 왜 그만두신대?

여자 : 주인 할머니가 연세가 많으셔서 힘드신 모양이야.

남자 : 우리들의 추억이 있는 곳인데 없어진다니 너무 아쉽다.

풀이   ① 이 한식집은 맛있고 가격이 싸다.   ② 이 한식집에 두 사람은 자주 갔다.

        ③ 이 한식집은 이번 달까지 장사를 한다.   ④ 이 한식집은 할머니가 힘들어서 문을 닫는다.

14	③

듣기 대본 여자 : (딩동댕) 안내 말씀드립니다. 우리 병원은 환자 보호를 위해서 병실 면회 시간과 면회객 수를 제한하고 있습니다. 하루에 2명까지 면회가 가능하며 면회객들은 오후 7시 이후에는 병실에 출입할 수 없습니다. 7시 이후에 면회를 원하시는 분들은 1층 로비를 이용해 주시기 바랍니다. (딩동댕)

풀이 ① 오후 7시 이후에 로비에서 면회가 가능하다.
② 환자 면회는 병실에서도 가능하다.
③ 하루에 병실에서 면회가 가능한 인원은 2명까지이다.
④ 환자를 보호하기 위해서 병실 면회를 제한하고 있다.

15	①

듣기 대본 남자 : 오늘 새벽 4시경, 인주시 야산에서 산불이 발생하여 약 2시간 만에 모두 진화되었습니다. 인근에 살고 있는 주민 50여 명은 근처 초등학교로 대피했다가 현재 모두 집으로 돌아간 상태입니다. 경찰과 소방 당국은 인근 주민들을 대상으로 정확한 사고 원인을 파악하고 있습니다.

풀이 ① 사고 원인을 조사 중이다.
② 산불은 2시간 만에 진화되었다.
③ 이 사고는 오늘 새벽에 일어났다.
④ 인근 주민들은 초등학교로 대피했다가 집으로 돌아갔다.

16	②

듣기 대본 남자 : 배우의 길을 접고 갑자기 어린이집 원장이 되신 계기가 무엇입니까?
여자 : 1년을 준비했으니까 사실 갑자기는 아니지요. 당시 배우의 직업이 나에게 맞는지 혼란스러웠어요. 그때 우연히 동생이 운영하는 어린이집에 갔다가 아이들의 밝은 얼굴에 빠진 거지요. 어린이집 운영에 어려움이 많긴 하지만 배우를 그만두고 이 길을 선택한 것을 후회하지는 않아요.

풀이 ① 여자는 어린이집 운영에 어려움이 많다.
② 여자는 1년 동안의 준비 과정을 거쳤다.
③ 여자는 연기를 그만두고 어린이집을 운영하고 있다.
④ 여자는 아이들의 밝은 얼굴에 빠져 어린이집을 운영하고 있다.

17	③

듣기 대본 남자 : 윗집 아이들이 실내에서 뛰어다니는지 소음이 너무 심해. 아랫집에 대한 생각이 전혀 없는 것 같아.
여자 : 그렇게 불편하면 관리실에 알리는 게 좋지 않아?

남자 : 그게 나을까? 공동생활을 할 때 다른 사람에 대한 배려를 조금이라도 해 주면 이런 불편은 없을 텐데......

풀이 남자는 공동생활을 할 때 다른 사람에 대한 배려가 필요하다고 생각한다.

18	③

듣기 대본
남자 : 출퇴근을 자유롭게 하기로 했는데 왜 출근 시간을 제한하는지 이해가 안 돼.
여자 : 너무 늦게 오는 직원들이 많아서 그런 거지.
남자 : 자기가 맡은 일만 잘하면 되는 거 아냐? 그리고 자율 출퇴근 제도를 실시한 이후 업무 효율이 떨어진 것도 아니잖아.

풀이 남자는 출근 시간을 제한하는 것이 문제가 있다고 생각한다.

19	①

듣기 대본
여자 : 이번 국회의원 선거는 투표를 하고 싶지가 않아. 뽑고 싶은 후보가 없어.
남자 : 그렇다고 해도 투표는 국민의 의무인데 포기하면 안 되지. 차선을 선택하면 되잖아.
여자 : 차선을 선택하기도 힘들 지경이야. 내가 워낙 정치에 무관심한 것도 있고.
남자 : 후보들의 공약을 꼼꼼히 잘 살펴보면 투표하고 싶은 후보가 있을 거야.

풀이 남자는 국민의 의무이므로 투표는 꼭 해야 한다고 생각한다.

20	④

듣기 대본
여자 : 오디션 심사위원으로 심사하실 때 어떤 부분을 가장 중요하게 보십니까?
남자 : 가수가 되려면 타고난 목소리가 중요하지요. 그렇지만 아무리 목소리가 좋아도 감정을 담아 내지 못하면 대중들의 마음을 움직일 수가 없어요. 가수가 되려면 노래를 잘하는 기술보다 그 노래에 담겨 있는 감정을 표현할 수 있는 능력이 중요하다고 봅니다.

풀이 남자는 가수에게는 타고난 목소리보다 감정을 표현하는 능력이 중요하다고 생각한다.

[21~22]

듣기 대본
여자 : 직원들이 쓰레기 분리수거를 제대로 하지 않아서 청소하시는 분들의 어려움이 큽니다.
남자 : 직원들이 분리수거의 필요성을 느끼지 못하는 것이 가장 큰 문제인 것 같습니다.
여자 : 좀 더 편리하게 분리수거가 가능하도록 사내에 분리수거함을 늘리고 직원들의 눈에 잘 띄는 곳에 설치하도록 하겠습니다.
남자 : 무엇보다 개개인의 인식이 중요하니까 직원들을 대상으로 하는 교육 방안을 생각해 보시기 바랍니다.

풀이   남자는 직원들의 개개인의 인식이 바뀌어야 분리수거가 제대로 이루어진다고 생각한다.

풀이   ① 회사에 분리수거함을 늘릴 것이다.

② 회사 직원들의 분리수거 인식에 문제가 있다.

③ 회사 직원들이 분리수거를 제대로 하지 않는다.

④ 회사 직원들을 대상으로 분리수거에 대한 교육을 할 예정이다.

[23~24]

듣기 대본   남자 : 안녕하십니까? 인주 기업 인사과입니다. 개발직 경력 사원 모집에 지원하셨지요?
1차 서류 심사에 합격하셨습니다.

여자 : 정말요? 감사합니다.

남자 : 다음 주 월요일 오후 2시에 면접이 있습니다. 1시 30분까지 신분증을 가지고 인사
과로 오시기 바랍니다.

여자 : 네, 알겠습니다. 감사합니다.

풀이   남자는 면접 시간과 장소를 안내하고 있다.

풀이   ① 여자는 인주 기업에 1차 서류 심사에 합격했다.

② 여자는 경력 사원 모집에 지원했다.

③ 여자는 개발부에서 근무할 예정이다.

④ 여자는 다음 주 월요일에 면접을 볼 것이다.

[25~26]

듣기 대본   여자 : 지금 대학생인 걸로 알고 있는데 창업을 하셔서 성공하셨군요. 성공하게 된 이유
가 무엇이라고 생각하십니까?

남자 : 제가 어렸을 때부터 옷에 관심이 많았어요. 같은 옷이라도 입었을 때 전혀 다른 느
낌이 들 때가 있잖아요. 저는 옷은 어떻게 입느냐가 중요하다고 생각했어요. 그래
서 다양하게 옷을 입은 모습을 SNS에 올리고 인터넷으로 옷을 판매하기 시작했
어요. 처음에는 잘 팔리지 않았는데 입소문이 나기 시작하면서 정말 많이 팔리더
라고요.

풀이   남자는 옷은 어떻게 입느냐가 중요하다고 생각한다.

풀이　① 남자의 옷은 처음에는 잘 팔리지 않았다.

　　　② 남자는 인터넷을 통해서 옷을 판매한다.

　　　③ 남자는 대학생인데 창업을 했다.

　　　④ 남자는 어렸을 때부터 옷에 관심이 있었다.

[27~28]

듣기 대본　남자 : 어제 저녁 다큐멘터리 프로그램을 봤어? 독특한 인생을 사는 사람들을 소개하는 내용이었는데 재미있었어.

　　　여자 : 나도 봤어. 30년 동안 고시 공부를 한 끝에 시험에 합격한 김인주 씨의 이야기가 감동적이었어.

　　　남자 : 그래? 난 오히려 반대의 생각이야. 자기가 하고 싶은 일을 찾는 것도 중요하지만 가족들의 희생도 생각해야 되는 거 아냐? 가족의 입장에서 본다면 사실 좀 이기적 이라고 생각할 수도 있잖아. 꿈을 이루는 과정도 생각해 볼 필요가 있다고 봐.

　　　여자 : 그분도 가족을 위해서 청소, 아파트 경비 등의 일을 하면서 공부를 했대.

27　③

풀이　남자는 꿈을 이루는 과정도 중요하게 생각해야 함을 말하려고 한다.

28　③

풀이　① 김인주 씨는 꿈을 포기하지 않았다.

　　　② 김인주 씨는 일하면서 고시 공부를 했다.

　　　③ 김인주 씨는 오랜 기간 동안 시험공부를 했다.

　　　④ 김인주 씨는 고시에 합격했다.

[29~30]

듣기 대본　여자 : 회사에서 직원을 채용할 때 무엇을 가장 중요하게 생각하십니까?

　　　남자 : 우리 회사가 필요로 하는 인재는 인공지능과 관련된 전문적인 지식을 가지고 있 는 사람들입니다. 회사의 미래가 인공지능 기술 발전에 달려 있으니까요. 그래서 저희 인사팀에서도 관련 전공자를 찾고 있습니다. 전공 관련성을 가장 중요하게 보는 거지요.

　　　여자 : 최근에는 해외에서 공부한 유학생을 대상으로 채용 설명회도 하셨다면서요?

　　　남자 : 네. 해외 유학파들을 대폭 채용할 예정입니다. 그래서 유학생들을 대상으로 회사 를 알리고 채용에 대한 설명회를 진행했습니다. 많은 유학생들이 관심을 보였습 니다.

29　④

풀이　남자는 인공지능 관련 전공자를 채용하는 일을 하는 사람이다.

풀이   ① 이 회사는 인공지능을 전공한 유학파들을 늘릴 계획이다.

② 이 회사는 해외 유학생을 채용할 계획이다.

③ 이 회사의 미래는 인공지능 개발에 달려 있다.

④ 이 회사는 해외에서 채용 박람회를 열었다.

[31~32]

듣기 대본   여자 : 이번 해외 지사에 파견할 사원을 뽑아야 하는데요. 공개적으로 모집하는 것이 어
떨까요?

남자 : 공개적으로 모집하는 것보다 회사에서 적당한 인물을 정해서 보내는 게 좋을 것
같습니다.

여자 : 해외 근무를 희망하지 않는 사람들을 보낼 필요가 있을까요? 적응하기도 힘들 것
같고요.

남자 : 지난번에 희망하는 사원을 보냈다가 문제가 된 적이 있지 않습니까? 개인의 희망
보다는 회사에서 적임자를 결정하여 보내는 것이 맞다고 봅니다.

31   ③

풀이   남자는 해외 지사에 파견할 직원은 회사에서 적당한 인물을 정해서 보내야 한다고 생각한다.

32   ④

풀이   남자는 지난번 해외 지사 파견에 문제가 있었던 사례를 들어 자신의 의견을 계속 주장하고 있다.

[33~34]

듣기 대본   여자 : 일반적으로 65세를 기준으로 노인으로 분류하는 경우가 많지요? 노인의 기준 연
령이 65세기 때문인데요. 현대인의 신체적, 정신적 건강 상태와 평균 수명을 고
려할 때 노인의 기준 연령을 높여야 한다는 의견이 많습니다. 사실 노인의 기준 연
령은 여러 가지 사회 정책과 맞물려 있습니다. 노인의 기준 연령이 상향되면 현재
65세부터 받는 노인 기초 연금이나 경로 우대 서비스 등의 혜택을 누릴 수 있는
연령 또한 상향 조정될 가능성이 큽니다. 퇴직으로 인한 소득 공백, 노인 복지의
문제 등에 대한 대처 방안이 마련되지 않은 상태에서 노인의 기준 연령을 상향하
게 되면 노인의 빈곤 문제를 가속화시킬 위험성이 있습니다.

33   ②

풀이   노인 기준 연령을 올리면 노인들의 빈곤 문제를 가속화시킬 수 있는 위험이 있다는 내용이다.

34   ②

풀이   ① 노인들의 빈곤 문제가 심해졌다는 내용은 없다.   ② 65세부터 노인 기초 연금을 받는다.

③ 현재 노인 기준 연령이 65세이다.   ④ 노인 기준 연령에 따라 경로 우대 혜택이 주어진다.

[35~36]

남자 : 오늘은 우리 인주 대학교가 개교 100주년을 맞이하는 뜻깊은 날입니다. 100년 전 바로 오늘 이곳에서 인주 공업 전문대학으로 시작하여 현재는 대한민국의 대표적인 종합대학으로 자리 잡았습니다. 한국 전쟁의 와중에도 우리 인주 대학교는 교육을 멈추지 않았고 현재까지 우수한 전문 기술 인력을 양성해 오고 있습니다. 우리 대학교는 작년에 이어 올해도 대학종합평가에서 최우수 대학으로 선정되었고 졸업생들의 취업률 역시 전국 최고권을 유지하고 있습니다. 이는 언제나 든든하게 지켜 주시는 우리 동문들과 대학 구성원들의 노력 덕분이라고 생각합니다.

35	③

풀이 　남자는 개교 100주년 기념식에서 학교의 발전 과정 등 업적에 대해 소개하고 있다.

36	③

풀이 　① 이 학교는 현재 종합대학이다.

② 이 학교는 올해 취업률이 전국 최고 수준이다.

③ 이 학교는 전쟁 시기에도 지속적으로 교육을 했다.

④ 이 학교는 작년에 이어 올해도 최우수 대학으로 선정되었다.

[37~38]

남자 : 최근 기능성 베개의 판매가 굉장히 많이 늘었는데요. 그 이유가 뭘까요?

여자 : 저는 수면의 질이 건강뿐 아니라 일반 생활 전반에 영향을 미친다고 생각합니다. 이것은 제 경험이기도 합니다. 제가 예전에는 숙면을 취하지 못하고 밤에 여러 번 깨기도 하고 많이 뒤척이기도 했습니다. 그러다가 어느 순간 베개가 달라지면 해결되지 않을까 하는 생각이 들었습니다. 그때부터 기능성 베개 개발에 매달리게 되었지요. 기능성 베개는 일반 베개에 비해 고가이지만 잘 때 목과 어깨의 피로를 줄이고 혈액 순환이 잘되게 해서 숙면을 취할 수 있도록 도와줍니다. 베개 하나가 일상생활의 만족도를 높여 주는 거지요.

37	④

풀이 　여자는 기능성 베개가 숙면을 도와주고 그 결과 일상생활의 만족도가 높아진다고 생각한다.

38	①

풀이 　① 여자는 기능성 베개 개발자이다.

② 여자는 수면 문제로 힘든 적이 있었다.

③ 최근 기능성 베개의 판매가 증가하였다.

④ 기능성 베개는 일반 베개보다 고가이다.

[39~40]

여자 : 공영 방송에서 편집으로 인한 문제가 이번이 처음이 아니었군요. 그렇다면 이러한 문제를 방지하기 위한 대책이 필요하지 않을까요?

남자 : 네. 맞습니다. 편집에 대한 규제가 시행되지 않는다면 이번처럼 악의적인 편집으로 피해를 보는 사람이 지속적으로 생길 겁니다. 그런데 문제는 규제를 만드는 게 생각처럼 간단하지가 않다는 거죠. 표현의 자유를 침해할 수도 있으니까요. 게다가 1인 방송이 많아지면서 규제하기는 점점 더 힘들어졌죠. 그렇지만 적어도 공영 방송은 편집에 대한 문제가 발생하지 않도록 방송사가 자체적으로 검토를 해야 한다고 봐요. 시청자들도 방송에 대한 문제를 발견하면 방송사에 문제를 제기해야 하고요.

39	④

풀이　이 대화 전에 공영 방송에서 악의적인 편집으로 인한 문제가 있었다는 내용에 대한 이야기를 했다.

40	④

풀이
① 1인 방송은 규제하기가 힘들다.
② 악의적인 편집을 규제하는 법을 만들기가 쉽지 않다.
③ 공영 방송 편집에 대한 문제가 있었다.
④ 방송의 규제는 표현의 자유를 침해할 수 있다.

[41~42]

여자 : 복어는 각종 성인병 예방에 도움이 되며 혈액 순환에도 좋다고 알려진 건강한 식재료입니다. 게다가 식감까지 좋아서 오랜 시간 동안 많은 사람들에게 사랑을 받아 왔습니다. 그러나 복어는 테트로도톡신이라는 강한 독성을 지니고 있는데 아직 해독제가 없습니다. 테트로도톡신은 신경계를 직접 공격하여 근육과 호흡을 마비시켜 사망에 이르게 할 수도 있는 치명적인 독소이므로 아주 위험합니다. 한국에서는 복어 요리사는 전문 자격증이 있어야 하며 독이 있는 부분은 엄격하게 폐기 절차를 거치도록 규제를 하고 있습니다. 따라서 전문 요리사가 요리하는 복어 전문점을 이용하신다면 크게 걱정할 필요 없이 복어 요리를 즐기셔도 됩니다.

41	④

풀이　여자는 복어는 치명적인 독이 있으므로 전문 요리점을 이용해야 한다고 설명하고 있다.

42	①

풀이
① 복어의 독으로 인해 죽을 수도 있다.
② 복어는 전문 자격증이 있어야 요리할 수 있다.
③ 복어는 건강한 식재료이며 식감도 좋다.
④ 복어는 독이 있으나 많은 사람들이 즐겨 먹는 음식이다.

[43~44]

듣기 대본   남자 : 수중 발레를 보면 여러 사람이 음악에 맞춰서 일사분란하게 움직인다. 물속에서
모든 선수들이 마치 한 사람처럼 똑같이 움직이는 것은 철저한 반복 연습의 결과
일 것이다. 수중에서 많은 선수들이 음악에 맞춰서 어떻게 똑같이 움직일 수 있는
것일까? 이것을 가능하게 하는 것이 바로 수중 스피커이다. 물은 공기보다 밀도가
높아서 물속에서는 소리가 빠르게 전파된다. 그래서 스피커가 다소 멀리 있더라
도 명확하게 음악 소리를 들을 수 있다. 수중 발레 선수들이 물속에서도 물 위에서
도 똑같이 우아한 동작을 연출할 수 있는 것은 단순히 선수들의 느낌과 감각으로
만들어지는 것이 아니라 스피커를 통해 전달되는 음악과의 조화를 통해 이루어지
는 것이다.

43	④

풀이   수중 발레는 수중 스피커를 통해 전달되는 음악을 들으며 선수들이 음악에 맞춰 움직인다는 내용이다.

44	②

풀이   ① 수중보다 물 위에서의 동작이 더 중요하다는 내용은 없다.
② 수중에서는 음악 소리가 더 빨리 전달된다.
③ 선수들은 느낌과 감각에만 의존하는 것이 아니라 음악에 맞춰 동작을 한다.
④ 수중 발레를 할 때는 스피커가 멀리 있어도 명확하게 들을 수 있다.

[45~46]

듣기 대본   여자 : 석굴암은 경상북도 경주에 있는 통일신라시대 때 즉, 약 1300년 전에 만들어진 불
교 유적입니다. 석굴암은 자연적으로 만들어진 것이 아니라 인공적인 건축물입니
다. 석굴암은 돌을 쌓아 올려 만들었는데 습기 문제를 해결하기 위해서 돌과 돌 사
이에 작은 틈을 만들어 통풍이 잘되도록 설계했습니다. 과학적으로도 아주 뛰어
난 건축물이지요. 그리고 석굴암 안에는 부처님의 불상이 있는데요. 이 불상의 모
습이 온화하고 아름다워서 세계적으로 뛰어난 예술품으로 인정받았습니다. 게다
가 석굴암은 불상의 얼굴이 햇빛에 잘 비치도록 정교하게 설계되어 있습니다. 이
러한 예술적이고 과학적인 가치를 인정받아 석굴암은 1995년 유네스코 세계 문
화유산으로 지정되기도 했습니다. 인류 전체가 보존해야 할 문화적인 가치를 인
정받게 된 것이지요.

45	②

풀이   ① 석굴암은 인공적으로 만들어졌다.   ② 석굴암에 있는 불상은 예술적 가치가 높다.
③ 석굴암은 통일신라시대에 만들어진 불교 유적이다. ④ 석굴암은 통풍이 잘되어서 습기 문제가 없다.

46	①

풀이   여자는 석굴암의 예술적, 과학적 가치에 대해 설명하고 있다.

[47~48]

듣기 대본　여자 : 이번 산불은 국내 최대의 산불이라는 기록을 남겼는데요. 여러 가지 원인이 있겠지만 산불에 대응하는 전략의 부재도 하나의 원인으로 언급되고 있습니다.

　　　　　　남자 : 네. 기온 상승, 건조한 날씨, 그리고 강풍이 이번 산불의 진화에 어려움을 겪은 주요 원인으로 분석됩니다. 하지만 이와 함께 산불 진화 시스템의 문제점이 드러나기도 했는데요. 재난에 대응하는 체계가 취약하다는 거지요. 재난 경보가 발령되기까지 시간이 지연되어 필요한 시기를 놓친 점이 없지 않습니다. 또한 응급구조 장비 등 필요한 장비가 제대로 준비되어 있지 않았고 안전 관리에 대한 지침도 없어서 구조대원들이 위험한 상황에 처하기도 했습니다. 산불의 발생 가능성은 언제나 있습니다. 산불에 대응하는 구체적이고 체계적인 전략 수립이 필요하다고 봅니다.

47　①

풀이　① 이번 산불이 국내 가장 큰 산불이다.
　　　② 재난 경보 발령이 지연되어서 문제가 있었다.
　　　③ 기온과 바람 때문에 산불 진화에 어려움을 겪었다.
　　　④ 안전 관리 지침이 없어서 구조대원들이 위험한 상황에 처하기도 했다.

48　④

풀이　산불 진화 시스템의 문제를 지적하고 체계적인 전략 수립을 요구하고 있다.

[49~50]

듣기 대본　남자 : 한국은 세계 10대 경제 대국으로 성장했습니다. 그러나 급속한 경제 성장의 과정에서 부작용도 나타났는데요. 그중의 하나가 경제적 불평등입니다. 한국 사회의 경제적 불평등의 원인은 소득 불균형과 부의 집중이라고 볼 수 있습니다. 상위 10% 고소득층이 전체 소득의 45% 정도를 차지하고 있고 하위 10%의 사람들은 생활고에 시달리고 있습니다. 정부는 경제적 불균형을 해소하기 위한 정책을 시급히 마련해야 합니다. 우선 소득의 재분배 정책을 강화해야 합니다. 정규직에 비해 현저히 낮은 임금을 받고 일하는 비정규직을 정규직으로 전환해야 합니다. 또한 지나치게 낮은 최저 임금을 현실화해야 합니다. 다음으로 교육 격차를 해소해야 합니다. 소득 불균형의 핵심적인 원인이 교육 기회의 불균형이기 때문입니다. 서울과 지방의 교육 격차, 사교육으로 인한 격차 등을 해소하기 위해 공교육을 강화해야 합니다. 한국이 진정한 선진국으로 나아가기 위해서는 경제적 불평등 문제를 우선적으로 해결해야 합니다.

49　④

풀이　① 소득 불균형의 가장 큰 원인이 교육 기회의 불균형이다.
　　　② 한국은 세계 10대 경제 대국이다.

③ 한국의 최저 임금은 너무 낮으므로 현실화되어야 한다.

④ 상위 10% 고소득층이 전체 소득의 45%를 차지하고 있다.

50 ①

풀이　남자는 한국 사회의 경제적 불균형을 해소하기 위한 해결책을 제시하고 있다.

쓰기
답안 예시

51

㉠ 학교 주변의 식당을 이용해 주시기 바랍니다

㉡ 원만하게 진행될 수 있도록

52

㉠ 개인의 건강과 생산성에 부정적인 영향을 미칠 수 있다

㉡ 스트레스를 효과적으로 관리할

53

	성	인		남	녀		4,	95	6	명	을		대	상	으	로		즐	겨
보	는		인	터	넷		개	인		방	송		콘	텐	츠	에		대	해
조	사	한		결	과	에		따	르	면		먹	방	이		24	%	로
가	장		많	았	으	며		그		다	음	으	로	는		음	악	방	송
인		것	으	로		나	타	났	다	.	이	처	럼		먹	방	이		인
기	를		끄	는		이	유	는		식	사	량	을		조	절	해	야
하	는		사	람	들	이		방	송	을		통	해	서		대	리		만
족	을		느	낄		수		있	기		때	문	이	다	.	그	러	나
이	러	한		먹	방	은		조	회	수	를		늘	리	기		위	해	서
무	리	하	게		많	이		먹	기		때	문	에		건	강	을		해
치	는		등		문	제	점	도		나	타	나	고		있	다	.

100

200

개인의 신원이나 위치, 성향, 활동 등 사생활과 관련된 개인 정보는 개인의 사생활을 보호하고 피해를 예방하기 위해서 반드시 보호되어야 한다. 또한 데이터 경제 시대를 맞아서 개인 정보가 포함된 데이터는 기업이나 기관의 이윤과 관련된 중요한 가치를 지니기 때문에 이를 안전하게 관리하는 것은 기업이나 국가의 신뢰와 경쟁력을 강화하는 일이다.

　개인 정보가 유출되면 신분이나 명의가 도용되어 금융 사기 등의 피해로 이어질 수 있으며 이로 인한 금전적, 정신적인 고통을 야기할 수 있다. 현대 사회는 다양한 분야에서 개인 정보가 활용되기 때문에 개인 정보가 유출되면 디지털 사회의 안정성을 확보하기가 어려워진다. 개인은 기업을 신뢰하지 않게 되고 기업 이미지는 크게 훼손될 수 있으며 나아가 국가 경제에도 악영향을 미칠 수 있다.

　개인 정보를 보호하기 위해서는 개인적으로 강력한 보안 장치가 필요하며 주기적으로 비밀번호를 변경해서 정보가 유출되더라도 이후에 발생할 수 있는 문제를 예방해야 한다. 절대로 다른 사람과 개인 정보를 공유해서는 안 되며 보안이 취약한 환경에서는 개인 정보를 입력하지 말아야 한다. 기업은 고객들의 개인 정보를 보호할 수 있는 프로그램을 설치하고 정부는 개인 정보 보호와 관련된 법규를 강화해서 개인 정보가 안전하게 관리되는 환경을 조성하도록 해야 한다.

읽기
정답 및 풀이

1	④	2	④	3	④	4	③	5	①
6	②	7	②	8	②	9	④	10	①
11	②	12	④	13	②	14	①	15	④
16	②	17	③	18	②	19	①	20	③
21	③	22	①	23	②	24	①	25	④
26	②	27	③	28	③	29	④	30	①
31	②	32	②	33	②	34	④	35	③
36	③	37	④	38	②	39	③	40	③
41	①	42	②	43	③	44	②	45	③
46	③	47	②	48	②	49	②	50	④

1 ④
풀이　고등학생 때 학교에 지각한 경험이 있다는 내용이다.

2 ④
풀이　채소를 싸게 사고 싶으면 시장에 가야 한다는 내용이다.

3 ④
풀이　지하철을 놓칠 것을 걱정해서 빨리 걸어갔다는 내용이다.

4 ③
풀이　좋은 일을 하면 당연히 좋은 결과가 생긴다는 내용이다.

5 ①
풀이　여름에 입으면 시원한 의류에 대한 광고이다.

6 ②
풀이　집에서 먹는 것과 같은 음식을 파는 식당에 대한 광고이다.

7 ②
풀이　집을 잃거나 버려진 동물을 구조하고 보호하는 활동에 대한 광고이다.

8	②

풀이   신청한 후에 방문해서 면담을 하면 등록금 고지서를 준다는 입학 안내에 대한 광고이다.

9	④

풀이   ① 이 도서관은 오전 6시부터 오후 10시까지 이용할 수 있다.

② 반려동물을 데리고 도서관에 들어갈 수 없다.

③ 동네 주민은 5,000원을 내면 도서관을 이용할 수 있다.

④ 본교 학생뿐만 아니라 외부인도 도서관을 이용할 수 있다.

10	①

풀이   ① 닭의 소비량이 가장 많다.

② 토끼보다는 양의 소비량이 적다.

③ 소하고 오리의 소비량은 차이가 크다.

④ 염소하고 양의 소비량이 돼지보다 적다.

11	②

풀이   ① 인주시에서는 가족 단위 방문객에게 숙박비를 할인해 준다.

② 인주시에서 물건을 사는 방문객은 사용한 금액의 10%를 상품권으로 받을 수 있다.

③ 인주시에서는 가족 단위 방문객에게 숙박비를 할인해 준다.

④ 인주시를 여행하는 5인 가족은 숙박비의 35%를 할인받을 수 있다.

12	④

풀이   ① 교통사고로 중경상을 입은 사람들이 근처 병원으로 옮겨졌다.

② 사고 운전자 중에 음주 운전 경력이 있는 사람은 한 명 있었다.

③ 서울 시내에서 5대의 차량이 부딪치는 사고가 일어났다.

④ 크게 다치지 않은 사람들은 조사 후에 귀가할 예정이다.

13	②

풀이   처음에는 낯설었던 친구들이 서로에 대해 이야기하면서 친해졌고 오늘은 친구들과 등산을 가기로 해서 평소보다 일찍 일어났다는 내용이다.

14	①

풀이   해양 생물에게 서식처와 먹이를 제공하기 때문에 산호초는 해양 생태계를 유지하는 데 필수적이며 바닷속 환경을 보호하고 기후 변화를 완화하는 역할도 한다는 내용이다.

15	④

풀이   오감 중에서 가장 먼저 발달하는 것은 청각이지만 사람은 시력을 통해서 모든 감각의 최대 80%를 인식하기 때문에 시각이 가장 중요하다는 내용이다.

16 ②

풀이　약의 내성은 의사나 약사의 처방대로 약을 복용하지 않고 너무 많이 사용하거나 잘못 사용할 때 생긴다는 내용이다.

17 ③

풀이　향에 예민하면서도 향수의 향을 싫어하지 않는 특성을 가진 사람은 향수를 만드는 조향사나 향수 디자이너 같은 직업에 적합하다는 내용이다.

18 ②

풀이　대발생한 곤충을 없애기 위해서 화학약품을 사용하는 것은 여러 가지 문제를 일으킬 수 있기 때문에 먼저 곤충의 발생 원인과 생태를 파악해야 한다는 내용이다.

19 ①

풀이　정보를 얻는 방법은 세대나 환경에 따라 많이 다르지만 모든 사람들이 원하는 것은 객관적이고 진실한 정보라는 내용이다.

20 ③

풀이　정보를 소비하는 모든 사람들은 거짓이 없고 객관적인 정보를 찾으려고 노력한다는 내용이다.

21 ③

풀이　정성스럽게 쓴 손 글씨가 읽는 사람의 가슴을 울리는 감동을 준다는 내용이다.

22 ①

풀이　① 손 글씨에는 쓴 사람의 생각과 감정이 나타난다.
　　　② 컴퓨터를 많이 이용하면서 손 글씨가 잊히고 있다.
　　　③ 손 글씨의 필체가 사람마다 다르기 때문에 글을 쓴 사람을 알 수 있다.
　　　④ 손 글씨로 가족이나 지인에게 감사의 마음을 전하는 행사가 늘고 있다.

23 ②

풀이　나이도 많고 대학을 졸업한 지도 오래되어서 공부를 잘할 수 있을지 걱정스러웠다는 내용이다.

24 ①

풀이　① 나는 일과 공부를 병행하고 있다.
　　　② 나는 병원을 운영하고 있다.
　　　③ 나는 선생님이라는 호칭에 거리감을 느꼈다.
　　　④ 나는 어려서부터 문학에 관심이 많았다.

25 ④

풀이 가수 김수미가 남의 노래를 표절해서 가요제에 참가하지 못하게 되었고 팬들도 좋아하지 않는다는 내용이다.

26 ②

풀이 봄에 갑자기 날씨가 추워져서 전국의 기온이 겨울처럼 내려갔기 때문에 봄에 열리는 많은 축제들이 계획한 날짜에 열리지 못하고 미뤄졌다는 내용이다.

27 ③

풀이 계속해서 달러의 값이 올라가서 수입하는 업자들이 울 정도로 힘들어하고 있다는 내용이다.

28 ③

풀이 오랫동안 일하면서 쌓아 온 전문 지식을 활용해서 자원봉사를 하거나 재능 기부 등을 하면 자신감도 회복하고 삶의 만족도도 높일 수 있다는 내용이다.

29 ④

풀이 발효된 채소는 저장 기간이 늘어나서 오랫동안 두고 먹을 수 있을 뿐만 아니라 발효 과정에서 다양한 영양 성분들이 나와서 맛도 좋고 건강에도 좋다는 내용이다.

30 ①

풀이 전동 킥보드는 도로교통법상 원동기 장치가 있는 자전거로 분류되기 때문에 사람이 다니는 인도에서 주행할 수 없다는 내용이다.

31 ②

풀이 충고를 할 때는 두 사람이 진심으로 상호 교감이 되었을 때 효과가 나타나기 때문에 두 사람의 신뢰와 친밀도에 따라서 잘못하면 관계가 나빠질 수도 있다는 내용이다.

32 ②

풀이 ① 주 4일 근무제는 근로자의 휴식 시간을 증가시킨다.

② 주 4일 근무제는 노동 시간을 단축하는 장점이 있다.

③ 주 4일 근무제를 시행하면 생산 인력이 부족해지는 문제가 있다.

④ 주 4일 근무제는 법적으로 주 32시간 일하는 제도이다.

33 ②

풀이 ① 인공지능 로봇은 개발되어 현재 다양한 분야에서 활용되고 있다.

② 초기 로봇은 산업 분야에서 자동으로 행하는 작업에 사용되었다.

③ 휴머노이드, 사이보그 등은 가까운 미래에 실용화될 것이다.

④ 인조인간은 가상의 생명체로서 발달된 로봇의 종류이다.

34 ④

풀이 ① 단독주택은 독립적으로 거주하고 관리하는 주거 형태이다.
② 아파트는 공동으로 거주하고 공동으로 관리되는 주거 형태이다.
③ 첨단 장비를 갖춘 아파트가 이미 등장했다.
④ 아파트는 주거 지역의 동일 공간에서 모든 생활이 가능하다.

35 ③

풀이 반려동물을 기르는 이유는 다양하지만 반려동물을 키우는 사람은 경제적, 시간적으로 동물을 제대로 돌볼 수 있어야 하며 발생하는 문제에 대한 법적인 책임도 져야 한다는 내용이다.

36 ③

풀이 탄산음료를 지나치게 섭취하면 소화기와 치아에 나쁜 영향을 줄 수 있고 당뇨병을 발생시킬 수 있기 때문에 다른 음료나 생수를 마시도록 권장해야 한다는 내용이다.

37 ④

풀이 지구 온난화에 대처하기 위해서 전 세계가 협력해 공동 대책을 세우고 함께 대응해야 한다는 내용이다.

38 ②

풀이 단순히 평균 수명을 연장하는 것이 아니라 건강하게 오래 사는 문제를 해결해야 장수에 대한 소망을 이룰 수 있다는 내용이다.

39 ③

풀이 기우제와 반대가 되는 내용이므로 기우제에 대한 설명이 끝나는 문장의 다음인 ㉢에 들어가야 한다.

40 ③

풀이 현재도 생활 속에서 많이 활용되고 있다는 내용이므로 대한과 추위의 관계를 활용한 일기예보를 설명한 문장의 다음인 ㉢에 들어가야 한다.

41 ①

풀이 앞에서 설명한 내용을 다시 설명하는 문장이므로 사랑의 감정이 호르몬의 분비와 관련이 있다는 문장의 다음인 ㉠에 들어가야 한다.

42 ②

풀이 자신이 없어도 아이들이 괜찮을지, 유학 생활을 잘 할 수 있을지 걱정스럽다는 내용이다.

43 ③

풀이 ① 미연은 유학의 기회를 놓치고 싶지 않았다.
② 미연은 시부모님의 도움으로 아이들을 맡기고 유학을 갈 수 있었다.
③ 미연의 남편은 미연의 편이 되어 미연의 유학을 찬성했다.
④ 미연은 아이들을 시부모님께 맡기고 유학을 떠났다.

44 ②

풀이 수공업에 기초한 작업장들이 산업 혁명을 통한 기술의 발전으로 기계 설비를 갖춘 공장제로 바뀌었다는 내용이다.

45 ③

풀이 산업 혁명은 제조업과 공업의 기계화를 통해 대량생산이 가능해지면서 인류에게 물질적인 풍요를 가져다주고 빈곤을 극복할 수 있는 수단과 기반을 마련해주었다는 내용이다.

46 ③

풀이 조기 교육은 부작용이 있으므로 아이의 나이와 발달 수준에 맞춰 적절한 교육을 제공하는 것이 무엇보다 중요하다는 내용이다.

47 ②

풀이 ① 조기 교육이 아이의 자발적인 학습 의욕인 자율성을 저하시킨다.
② 일부 전문가들은 언어 교육에서 조기 교육이 효과적이라고 주장한다.
③ 조기 교육이 또래와의 관계에 어려움을 초래할 수 있다.
④ 일부 전문가들이 조기 교육의 장점과 필요성을 강조한다.

48 ②

풀이 유전자 조작 기술의 안전성이 확인되지 않았고 연구를 규제하거나 제한할 수 없는 문제를 제기하려고 쓴 내용이다.

49 ②

풀이 아직까지 유전자 조작 기술의 안전성이 검증되지 않았고 생명 윤리의 문제가 발생할 우려가 있기 때문에 안전성을 충분히 재고하고 인간의 존엄성을 훼손하지 않도록 해야 한다는 내용이다.

50 ④

풀이 ① 유전자 조작 연구에 대한 기준이 없어서 법적으로 규제하거나 제한할 수 없다.
② 유전자 조작 기술의 개발에 적극적인 투자와 지원을 아끼지 않고 있다.
③ 유전자 조작 식품으로 식량 문제를 해결할 가능성이 있다.
④ 유전자 조작 기술인 유전자 가위로 선천성 심장병을 예방할 수 있는 기술이 개발되었다.

번호		답	란	
1	①	②	③	④
2	①	②	③	④
3	①	②	③	④
4	①	②	③	④
5	①	②	③	④
6	①	②	③	④
7	①	②	③	④
8	①	②	③	④
9	①	②	③	④
10	①	②	③	④
11	①	②	③	④
12	①	②	③	④
13	①	②	③	④
14	①	②	③	④
15	①	②	③	④
16	①	②	③	④
17	①	②	③	④
18	①	②	③	④
19	①	②	③	④
20	①	②	③	④

번호		답	란	
21	①	②	③	④
22	①	②	③	④
23	①	②	③	④
24	①	②	③	④
25	①	②	③	④
26	①	②	③	④
27	①	②	③	④
28	①	②	③	④
29	①	②	③	④
30	①	②	③	④
31	①	②	③	④
32	①	②	③	④
33	①	②	③	④
34	①	②	③	④
35	①	②	③	④
36	①	②	③	④
37	①	②	③	④
38	①	②	③	④
39	①	②	③	④
40	①	②	③	④

번호		답	란	
41	①	②	③	④
42	①	②	③	④
43	①	②	③	④
44	①	②	③	④
45	①	②	③	④
46	①	②	③	④
47	①	②	③	④
48	①	②	③	④
49	①	②	③	④
50	①	②	③	④

한국어능력시험
제1회 실전 모의고사

1 교시 (쓰기)

성 명 (Name)	한국어 (Korean)	
	영 어 (English)	

수험번호

8									
⓪	⓪	⓪	⓪	⓪	⓪	⓪	⓪	⓪	⓪
①	①	①	①	①	①	①	①	①	①
②	②	②	②	②	②	②	②	②	②
③	③	③	③	③	③	③	③	③	③
④	④	④	④	④	④	④	④	④	④
⑤	⑤	⑤	⑤	⑤	⑤	⑤	⑤	⑤	⑤
⑥	⑥	⑥	⑥	⑥	⑥	⑥	⑥	⑥	⑥
⑦	⑦	⑦	⑦	⑦	⑦	⑦	⑦	⑦	⑦
⑧	⑧	⑧	●	⑧	⑧	⑧	⑧	⑧	⑧
⑨	⑨	⑨	⑨	⑨	⑨	⑨	⑨	⑨	⑨

문제지 유형 (Type)

홀수형 (Odd number type)	○
짝수형 (Even number type)	○

※ 결 시 확인란	결시자의 영어 성명 및 수험번호 기재 후 표기	○

본인 확인 및 수험번호 표기가 정확한지 확인

※ 감독관 확 인	서명 또는 날인

주관식 답안은 정해진 답란을 벗어나거나 답란을 바꿔서 쓸 경우 점수를 받을 수 없습니다.
(Answers written outside the box or in the wrong box will not be graded.)

51	㉠	
	㉡	
52	㉠	
	㉡	

53 아래 빈칸에 200자에서 300자 이내로 작문하십시오 (띄어쓰기 포함).
(Please write your answer below; your answer must be between 200 and 300 letters including spaces.)

															50
															100
															150
															200
															250
															300

※ 54번은 뒷면에 작성하십시오. (Please write your answer for question number 54 at the back.)

주관식 답란(Answer sheet for composition)

아래 빈칸에 600자에서 700자 이내로 작문하십시오 (띄어쓰기 포함).
(Please write your answer below; your answer must be between 600 and 700 letters including spaces.)

50

100

150

200

250

300

350

400

450

500

550

600

650

700